이 책을
나의 구주 나의 하나님 예수 그리스도와
예복교회 교우들과 사랑하는 가족
그리고
40여년 부흥의 현장에서 만난 믿음의 동역자와 성도들에게 바칩니다!

소진우 목사

신앙 칼럼 123
하늘 나그네 세상 이야기

초판 1쇄 발행 2025년 9월 9일

지은이	소진우
펴낸곳	**좋은책만드는사람들**
펴낸이	박도현
디자인	박현실
등 록	제2014-000339호 (2005년 7월 16일)
주 소	서울 마포구 서교동 395-181
전 화	02-3452-7785
E-mail	dsmarthall.com
표지디자인	308아트크루 이신호
그 림	박진수

ⓒ 소진우 **좋은책만드는사람들** 2025

ISBN   979-11-990173-3-7   03230

* 책값은 뒤표지에 있습니다.

신앙 칼럼 123

하늘 나그네 세상 이야기

소진우 지음

좋은책만드는사람들

하늘 나그네 세상 이야기

　저는 충청남도 부여의 작은 농촌 마을에서 아들만 다섯인 집안의 막내로 태어났습니다. 늦둥이로 태어나 가족의 사랑을 듬뿍 받으며 보내던 어린 시절, 교회 하나 없던 우리 시골 마을에 24인용 군용 천막으로 된 교회가 들어서면서 아랫집 누님 손에 이끌려 나의 신앙생활은 시작되었습니다.
　유교 사상이 뼛속 깊이 뿌리박혀 있던 그 시절에는 흔히들 서양 귀신이라고 표현하던 예수를 믿는다는 것이 그리 녹록지 않았습니다. 교회를 다닌다고 했을 때 부모님과 형제들보다 집안 어르신들의 반대가 더 심했습니다.

　어린 시절 교회에 첫발을 디딘 후, 흔들림 없이 꾸준한 신앙생활을 유지하며 믿음으로 성장할 수 있었습니다. 어려서는 '소 전도사' 군대에서는 '소 목사'로 불리며 신앙을 더욱 굳건히 했습니다.
　어느 때부턴가 주님께서 나를 목회자로 부르신다는 것을 느꼈지만 두려움에 바로 순종하지 못했습니다. 과연 '내가 주님이 원하시는 모습의 목회자로 끝까지 사명을 잘 감당할 수 있을까?' 고민의 시간이었습니다. 그 후 여러 차례 고난과 죽음의 고비를 경험하였습니다. 세 번의 연탄가스 중독과 식도암으로 사형선고를 받았습니다.
　세 번째 연탄가스 중독에서는 사경을 헤매다 하루 만에 깨어났습니다. 그 하루 동안 하나님은 천국과 지옥을 정확히 보여주셨습니다. 이후 식도암 선고를 받았을 때는 금식기도를 통해 주님을 더 깊이 체험하게 해주셨습니다. 성령님의 강권적인 역사로 건강을 회복하면서 "복음 선포와 선교가 네게 주어진 사명이란다."라는 말씀을 따르기로 결심하고 교회를 개척하고 부흥사역도 시작하게 되었습니다.

　"나는 주님의 심부름꾼이다"
　이는 목회를 시작할 때부터 지금까지 다짐하며 지켜온 신념입니다. 주님이 마음껏 사용하시길 원하며 충실한 심부름꾼으로 주님만 바라보고 달려오다 보니 어느덧 40여 년이 되었습니다.

돌아보면 목회의 순간순간마다 주님께서는 나의 계획보다 더 놀랍고 아름답게 인도해 주셨습니다. 동네 누님의 손에 이끌려 교회에 첫발을 디뎠던 그 꼬마가 은퇴를 앞둔 70대 목사가 되기까지 세상에 눈 돌리지 않고 하나님의 자녀로, 목회자로, 부흥사로, 방송인으로 일할 수 있었던 것은 전적인 주님의 크신 은혜입니다.

짧지 않은 시간 동안 부흥사와 방송 칼럼니스트로 사역을 해왔던 터라 여러 출판사에서 출판 제의가 있었습니다. 그러나 부족한 글을 책으로 내어놓는다는 것에 용기가 나질 않아 매번 고사했습니다. 그러다가 30여 년 전에 내 설교 테이프를 제작해 주셨던 장로님께서 '그동안 방송됐던 칼럼과 설교를 목사님의 신앙과 삶의 이야기와 함께 나눠주시면 누군가에게는 신앙의 도전과 결단의 기회가 될 수도 있고, 후배 목사님들에게도 설교의 예화가 될 수 있으니 글로 남겨 놓아야 합니다.'라는 설득과 장로님의 헌신에 용기를 내었습니다.

이 책에 실린 글들은 본래 원고가 있던 글들이 아닙니다. 수백 편의 방송과 칼럼들을 찾아 하나하나 채록하고 정리하여 세상에 나오게 되었습니다. 이 책을 위하여 수년 동안 수고와 헌신으로 함께 해주신 많은 분께 진심 어린 감사의 인사를 전합니다.

부디 이 책을 통해 세상 나그넷길을 살아가는 주님의 자녀들이 그 삶과 신앙의 여정 속에서 하나님의 사랑과 은혜를 다시 한번 깨닫고 함께 나눌 수 있는 은혜의 시간이 되기를 소망하며 모든 영광을 오직 하나님께만 올려드립니다.

2025년 **예복교회** 담임목사 소진우

목차

선택

1. 몸살 · 12
2. 토끼와 거북이 · 14
3. 바라보는 곳이 바뀌면 · 16
4. 어느 부인의 두 가지 고민 · 18
5. 어머니의 머리카락 · 20
6. 왜 갈릴리인가 · 22
7. 마지막이 아름다운 사람 · 24
8. 고민이십니까? · 26
9. 중심의 축을 옮겨라 · 28
10. 하나님의 사인에 반응하라! · 30
11. 버려라 · 32
12. 나는 너에게 가시를 준 적이 없단다 · 34
13. 복을 복이 되게 하라 · 36
14. 누구를 위한 일입니까? · 38
15. 은혜와 기회 · 40
16. 내일은 · 42
17. 결단 · 44
18. 어떤 눈물입니까? · 46
19. 확실하게 살자 · 48
20. 인정하라 · 50

변화

21. 만두 가게 이야기 · 54
22. 되로 주고 말로 받기 · 56
23. 그냥 하하하 · 58
24. 낙타 물혹 · 60
25. 균형을 이루라 · 62
26. 닳을지언정 녹슬지 않게 하라 · 64
27. 정말 있나요? · 66
28. 단, 불신자는 허락합니다 · 68
29. 그래 하나님은 다 아신다. 그런데 · 70
30. 항상 점검하라 · 72

	31	설교보다 어려운 것 · 74
	32	이름값 · 76
	33	그렇게 어려운 게 아닙니다 · 78
	34	그때와는 다르답니다 · 80
	35	모범의 성도들 · 82
	36	됨됨이 · 84
	37	그것만으로 안 됩니다 · 86
	38	나를 통하여 · 88
	39	진정한 기도는 · 90
	40	반드시 반응하신다 · 92
근성	41	근성 · 96
	42	속을 푸세요 · 98
	43	다움의 신앙으로 · 100
	44	공짜는 없습니다 · 102
	45	속부터 채워라 · 104
	46	낮말은 새가 듣고 밤말은 쥐가 듣는다 · 106
	47	똑똑한 놈, 고집센 놈 · 108
	48	그걸 싫어하신대요 · 110
	49	왜? 하필이면 그때! · 112
	50	공감 · 114
	51	나를 바라보는 눈이 얼만데 · 116
	52	세월만큼 아름답게 · 118
	53	주님의 사람이니까 · 120
	54	만약에 · 122
	55	주 함께라면 · 124
	56	내용이 아니라 진심입니다 · 126
	57	긍휼의 복 · 128
	58	무조건 긍정하라 · 130
	59	엄마! 엄마는 왜 그래? · 132
	60	남이 칭찬하는 사람 · 134
	61	봐! 봐! 봐! 믿음으로 · 136

섬 김

62	무엇이 부럽습니까?	· 140
63	당연한 것이 아니었습니다	· 142
64	그 속에는	· 144
65	흉내 내지 말고	· 146
66	아! 그래서 그렇군요	· 148
67	비우니까 쉬워지네요	· 150
68	여러분에게도 있습니까?	· 152
69	평안하십니까	· 154
70	사실인가?	· 156
71	다윗의 간절한 소원	· 158
72	어르신 때 좀 밀어 드릴까요?	· 160
73	그 성이 주는 교훈은?	· 162
74	그것도 귀합니다	· 164
75	채워라	· 166
76	오해하지 마라	· 168
77	내가 그를 알아봅니다	· 170
78	더 두려워해야 할 것이 있습니다	· 172
79	더 감사한 일	· 174
80	진정한 예배란	· 176
81	위기 속의 믿음	· 178
82	그 기도가	· 180
83	땅의 부자 천국 부자	· 182

관 계

84	그 자리에 나도 갑니다	· 186
85	기다림	· 188
86	어찌 한 명도 없을까요?	· 190
87	그래야 이길 수 있습니다	· 192
88	더불어	· 194
89	혹시	· 196
90	그래, 일러라!	· 198
91	그게 복음입니까?	· 200
92	올바른 예배 생활	· 202

	93	무엇이 문제입니까? · 204
	94	조건보다 갖춤입니다 · 206
	95	당신은 어떻습니까? · 208
	96	그 믿음이 진짜입니다 · 210
	97	끝까지 갑니다 · 212
	98	그 이름에 합당하게 · 214
	99	그런 사람을 가까이 하라 · 216
	100	광야 · 218
	101	희망을 주는 것 · 220
	102	하나님을 우선하라 · 222
	103	누구의 눈높이인가? · 224
순 종	104	제자리로 돌려놔라 · 228
	105	살길이 있습니다 · 230
	106	그래서 미리 알려주신 것이다 · 232
	107	참 그렇군요 · 234
	108	기왕이면 · 236
	109	어느 집사 부부의 이야기 · 238
	110	그것이 증거다 · 240
	111	기회일 수는 있지만 · 242
	112	영원한 것은 없다 · 244
	113	의무가 아니고 특권입니다 · 246
	114	무엇이 중요합니까? · 248
	115	타협과 양보 · 250
	116	진짜 사랑하십니까? · 252
	117	예수님이 오시기까지 · 254
	118	믿음의 사람이란? · 256
	119	한 단계 더 나아가라 · 258
	120	그 수준을 뛰어 넘어라 · 260
	121	함께 두려워 합시다 · 262
	122	그 예배 후에 · 264
	123	우리 하나님은요 · 266

선 택

신앙생활이란
갈림길에서 내 판단의 결과를 쫓는 것이 아니라
하나님이 선하게 여기시고
기뻐하시는 편을 선택하며 가는 것이다.

[로마서 5장 2-4절]

몸살

어느 책을 읽는 중에 괄목하게 들어 온 단어 풀이가 있었습니다. 그 단어는 '몸살'이었습니다. 흔히 '삭신이 쑤신다'고 표현되는 말로 사전적 정의에 따르면, '몸이 몹시 피로하여 팔다리가 쑤시고 오한이 나거나 기운을 차리지 못하는 병'이라고 되어 있는데, 이 책에서 몸살은 '몸을 살리는 것'이라고 했습니다.

몸살이란, 몸을 살리는 것이라는 내용을 보는 순간 웃음이 나오기도 했지만 생각해 보니 정말 맞는 말이었습니다. 몸살이 올 때를 생각해 보면 몸 상태가 곧 죽을 것 같은 상황으로 몰아갑니다. 그런데 몸살을 앓다가 죽었다는 사람을 본 적이 없고, 오히려 몸살을 앓고 나면 몸이 거뜬하고 개운하게 회복되는 것을 많이 보았습니다. 지난주에도 우리 교회 권사님 두 분이 몸살을 앓아 교회를 못 나오셨습니다. 걱정이 되어 전화를 했습니다.
- 권사님, 얼마나 편찮으시기에 교회를 못 나오셨어요?
- 아이고 목사님, 나 죽는 줄 알았어요. 나 이렇게 아픈 건 처음이에요.
그 권사님은 몸살을 앓으시면서 이렇게 아픈 것이 처음이라고 했습니다. 몸살을 앓을 때는 모두가 죽을 것 같았다고 합니다. 오죽하면 '앓느니 죽는다'라고 하겠습니까? 그런데 그 몸살을 앓고 나서는 오히려 몸이 개운해졌다는 말들을 합니다.

그 모습을 보며 '육신의 몸살만 있는 것이 아니라 영적인 몸살도 있다'는 생각을 했습니다. 예수 믿는 사람이라고 고난이 없는 것은 아닙니다. 누구나 어려움은 있게 마련입니다. 다만 하나님 안에서 주시는 고난은 절대 죽지 않는다는 것입니다. 이스라엘 백성들이 출애굽 하여 가나안 땅에 들어가기까지 하나님의 인도하심을 받으면서도 수많은 고난을 만났습니다. 그것이 영적 몸살일 수 있습니다. 놀라운 것은 하나님의 명령에 따라 살아가는 그들을 시험과 연단을 통해 절대 죽이지 않으셨습니다. 하나님께서는 광야의 고난과 연단을 거쳐, 결국은 가나안 땅에 들어가게 하셨습니다. 우리가 신앙생활을 하며 기도와 헌신을 하는데도 어려운 문제가 생긴다면 걱정하지 않아도 됩니다. 하나님이 주신 몸살이라면 오히려 그 몸살을 통하여 더 좋은 결과로 바꿔 놓으실 것을 확신하기 때문입니다.

몸살을 보지 말고 그 몸살을 통하여 살리실 하나님을 바라보십시오. 문제만 보지 말고 그 문제를 통하여 나를 만들어 가시며, 나를 더 건강하고 복되게 세우실 주님을 기억하시기 바랍니다. 성경에 '여호와의 징계를 경히 여기지 말라'[잠언3:11]고 하셨습니다. 이 말은 곧, '하나님이 우리를 만들어 가시는 과정을 가볍게 보지 말라'는 뜻입니다. 하나님이 만들어 가시는 과정의 몸살이라면 반드시 하나님이 책임져 주실 줄로 믿습니다. 이제 영적인 몸살을 통과한 여러분이 건강한 일꾼이 되어 하나님을 경험하는 귀한 일꾼이 되기를 주님의 이름으로 축복합니다.

> 또한 그로 말미암아 우리가 믿음으로 서 있는 이 은혜에 들어감을 얻었으며
> 하나님의 영광을 바라고 즐거워하느니라
> 다만 이뿐 아니라 우리가 환난 중에도 즐거워하나니 이는 환난은 인내를
> 인내는 연단을 연단은 소망을 이루는 줄 앎이로다
> [로마서5장2-4절]

토끼와 거북이

[빌립보서 3장 13-14절]

어려서부터 익숙한 <토끼와 거북>이라는 우화를 다들 잘 알고 있을 것입니다. 언젠가 그 우화를 읽다가 기독교적인 입장에서 큰 교훈을 얻은 적이 있습니다. 그래서 부흥회를 가면 가끔 이런 질문을 합니다.

- 토끼와 거북이의 우화를 아시지요? 누가 이겼습니까?

그러면 다들 이렇게 말합니다.

- 거북이가 이겼어요!

그러면 또 묻습니다.

- 토끼는 왜 졌습니까?

그럼 대답하기를

- 잠을 자서 졌습니다.

그럼 거북이는 어떻게 이겼습니까?

- 거북이는 쉬지 않고 갔기 때문입니다!

　물론 틀린 말은 아닙니다. 그러나 그 뻔한 답을 듣기 위해 질문한 것이 아닙니다. 여기에는 우리가 받아야 할 교훈이 숨어 있습니다. 토끼와 거북이는 똑같이 출발합니다. 그리고 그들이 가야 할 목적지는 산꼭대기의 깃발입니다. 여기까지는 우리 모두가 알고 있습니다. 그런데 재미있는 것은 토끼는 단 한 번도 산꼭대기의 깃발을 보고 간 적이 없다는 것입니다. 토끼의 관심은 오로지 거북이였습니다. '거북이는 어디쯤 올까?', '아이고 저렇게 느린 거북이쯤이야 누워 떡 먹기다'라는 식으로 그의 관심은 오로지 거북이였지 산꼭대기의 깃발에는 관심이 없었습니다. 그런데 거북이는 똑같이 출발했지만 '어떻게 재빠른 토끼하고 나하고 게임을 붙이냐! 이건 불공평해'라며 불평을 말 하지 않았습니다. '토끼는 왜 저렇게 빨리 가지? 앞서간 토끼는 왜 안 보이지?'하며 자신의 부족함을 탓하지 않았습니다. 거북이는 재빠른 토끼에게는 관심이 없었습니다. 거북이의 관심은 오직 산꼭대기에 꽂혀 있는 깃발이었습니다.

우리가 신앙생활을 하면서 자주 시험에 들고 넘어졌던 것은 '십자가를 푯대로' 삼지 않았기 때문입니다. 토끼처럼 주님의 부르심에 부응하지 않고 사람이 푯대가 되고, 사람에 초점을 맞춘 신앙생활을 했기 때문입니다. 그러나 거북이는 단 한 번도 빨리 가는 토끼를 원망하거나, 토끼와 게임을 하게 했다고 불평을 하지 않았습니다. 그저 묵묵히 산꼭대기에 꽂혀 있는 목표를 향하여 갔습니다.

우리 모두는 천국을 향해 가는 순례자들입니다. 주님의 부르심에 따라 목적지인 천국까지 가는 것이 우리의 목표입니다. 대개의 경우 신앙생활을 하면서 시험에 들었다는 사람들의 공통점은 무엇입니까? 다들 '사람'때문입니다. 사람 때문에 상처받고 사람 때문에 예수님조차 저버리는 우둔한 인생인 것입니다.

우리, 사람에게 관심 두지 말고 그 누가 나를 몰라준다 하더라도 주님께서는 알고 계신다는 믿음으로 나를 알아주시는 주님만을 바라보며 살아가는 복된 인생이 되기를 주님의 이름으로 축복합니다.

> 형제들아 나는 아직 내가 잡은 줄로 여기지 아니하고
> 오직 한 일 즉 뒤에 있는 것은 잊어버리고 앞에 있는 것을 잡으려고 푯대를 향하여
> 그리스도 예수 안에서 하나님이 위에서 부르신 부름의 상을 위하여 달려가노라
> [빌립보서3장13-14절]

[고린도전서 3장 16-17절]

바라보는 곳이 바뀌면

크리스천으로 세상에 살다 보면 우리는 많은 사람을 만나서 부딪히며 살아갑니다. 그 가운데 의외로 음주나 흡연, 취미생활이나 인간관계로 갈등하며 고민하는 사람들도 많이 보게 됩니다. 얼마 전 우리 교회 청년 한 사람이 찾아와서 이런 질문을 했습니다.

- 목사님, 성경에 담배 피우지 말라는 말이 있습니까?

그 청년이 던지는 질문의 의도는 표정만 봐도 알 수 있었습니다. 그래서 되물었습니다.

- 그러면 성경에 담배 피우라는 말은 본 적 있니?

왜 이런 질문을 했냐 하면, 성도들은 자기 편한 대로 성경을 해석하려 하기 때문입니다. 순종하고 싶을 때는 '성경이 그렇게 말씀하니까 순종한다'라고 하고, 순종하기 싫거나 따르기 싫을 때는 '꼭 그렇게 해야 하나?'라고 반문을 합니다. 그래서 나는 그 청년에게 다시 물었습니다.

- 우유에 발암 물질이 들어있다고 포장지에 쓰여 있으면 사람들이 그 우유를 마실까? 절대 안 먹을 걸! 그런데 희한하게 담배는 많은 발암 물질이 들어있다는 데도 그걸 악착같이 피우는 사람들이 있잖아, 어디 그뿐이야? 그 사람들 담배 피우는 것을 보면 연기를 깊이 들이마시고 나서 다시 내뿜더라구. 생각해 봐! 내 안에 계신 성령님을 무슨 담배 연기로 민방공 훈련시킬 일 있냐구?

그랬더니 그 청년도 깔깔 웃으며 멋쩍어하며 말을 못 하는 것이었습니다.

내가 어느 쪽을 바라보느냐, 무엇을 생각하느냐에 따라 예수 믿는 것이 쉬울 수도 있고, 어려울 수도 있습니다. 예수님 제자들 중에 어부들이 많지 않았습니까? 어부인 그들에게 그물과 배는 생활이고, 생명이며, 가족이고,

자기 삶의 전부였습니다. 그런 그들이 예수님을 만나고 난 뒤에는 예수님을 따를 수만 있다면 자기들이 가지고 있던 모든 것을 다 버려도 아깝지 않다고 생각했습니다. 구약성경에는 다윗과 친하게 지냈던 '요나단'이 나옵니다. 요나단은 왕자였습니다. 왕자라면 왕이 될 사람이잖아요. 그런데 자기가 올라갈 그 자리에 다윗이 올라가게 되자 그는 다윗을 적극적으로 밀어주고 진심으로 후원했습니다. 보통 사람의 시각에서 보면 이해가 쉽지 않습니다. 어떻게 그럴 수 있었을까요? 요나단은 자리에 연연하지 않는 마음이 있었기 때문에 가능했던 것입니다. 다윗과의 관계, 즉 사람과의 관계를 중요하게 여겼기 때문에 자기 자리를 양보할 수 있었던 것입니다.

목회를 하면서 많은 사람을 만나다 보니 한 가지 정리되는 것이 있습니다. 삶의 가치관을 어디에 두느냐? 무엇을 바라보고 사느냐? 어떤 생각을 하며 사느냐에 따라 삶의 모습이 달라진다는 것입니다. 남들 다 마시는 술을 못 마시는 건 바보지만 '안 마시는 것은 능력'입니다. 남들 다 피우는 담배를 못 피우는 건 바보지만 '안 피우는 것은 능력'입니다. 예수 믿는 사람이 기도할 때 부들부들 떨면서 하는 것이 능력이 아닙니다. 남들 방언 다 하는데 방언을 못 한다고 바보가 아닙니다. 진정한 능력은 다 할 수 있음에도 불구하고 주님 때문에 안 하는 것! 마실 수 있는데 주님 때문에 안 마시는 것! 못 하는 것이 아니라 안 하는 것! 그것이 '능력'인 것입니다. 우리는 하나님의 사람이고 믿음의 사람입니다. 혹시라도 지금까지 세상을 바라보고 살아왔다면 이제부터는 하나님만 바라보며 하나님이 주시는 능력으로 세상을 이기고 승리하는 삶을 살아가기를 주님의 이름으로 축복합니다.

> 너희는 너희가 하나님의 성전인 것과 하나님의 성령이 너희 안에 계시는 것을 알지 못하느냐
> 누구든지 하나님의 성전을 더럽히면 하나님이 그 사람을 멸하시리라
> 하나님의 성전은 거룩하니 너희도 그러하니라
> [고린도전서3장16-17절]

[마태복음 6장 31-32절]

어느 부인의 두 가지 고민

어느 날 한 번은 심방을 가느라 심방 대원들과 교회 차를 타고 시동을 걸자 라디오 방송이 흘러나왔습니다. 애청자가 사연을 보내면 그 사연을 읽어주는 방송이었습니다. 때마침 어느 부인이 보낸 사연이 나오기 시작했습니다.

- 저에게는 평생 두 가지 고민이 있습니다. 하나는 아침을 먹으면 저녁엔 뭘 먹을까 하는 거고요. 다른 고민은 이 남자, 지금 나와 같이 살고 있는 남편과 언제까지 살아야 할까 라는 것입니다.

이 방송을 듣고 차 안에 있던 심방 대원들 모두 빵! 터져서 차 안이 뒤집어지게 웃었는데, 그 중에 여자 집사님 한 분이 길게 한숨을 내 쉬며,

- 아이고, 저 여자도 나하고 똑같네!

이렇게 말하는 것이었습니다. 그래서 차 안은 또다시 웃음바다가 되었습니다. 모두 웃고 나자, 그 집사님이 나를 보고 '이럴 때는 어떻게 해야 하냐'고 해서 이렇게 말했습니다.

- 집사님, 여기 심방 가는 여자분들이 매일 하는 고민이 이런 고민이 아니겠어요? 아침 먹고 나면 저녁엔 뭐 해 먹을까 하는 고민이잖아요? 그런 고민 할 거 하나도 없어요. 아침 먹으면서 저녁은 뭐 해 먹을까 고민해 봤자 밥상 차릴 때 보면 그 밥에 그 반찬이던데 고민은 왜 해? 어차피 마찬가지일 바에야 고민하지 말고 편안하게들 드셔요. 그리고 남편 문제도 그래요, 젊어서 애 낳고 지금까지 이십 년, 삼십 년을 살고 있잖아요. 저 남자하고 내가 언제까지 살아야 하나, 그러면서도 살고 있잖아요. 앞으로도 그 남자 못 버리고 같이 살 거면서 왜 그런 고민을 사서들 하세요? 나 같으면 고민을 바꾸겠네!

그랬더니 '어떻게 고민을 바꾸냐'고 물어오기에

- 어차피 그 남자 못 버리고 계속 살 거라면, 어제보다 오늘이, 오늘보다 내일이 더 나아질 거라는 희망을 갖고 살아야지 왜 생산적이지 못한 고민을 하면서 시간을 낭비하나요? 생각해 보세요. 저 남자하고 언제까지 살아야 되나 고민하며 사는 여자가 행복하겠어요? 아니면 긍정적인 생각으로 맞춰가며 사는 것이 행복하겠어요?

그랬더니 연세 드신 권사님이
- 맞아! 맞아! 이 젊은 것들아! 속 좀 차리고 살아! 지금 그놈 버리고 딴 놈 만나면 별수 있을 줄 알아? 지금까지 몇 년을 살아도 그 타령인데 또 다른 사람을 만나서 그 고생을 또 해? 그냥 살아.

모두 한바탕 웃었습니다.

남편의 허물을 십자가 사랑으로 덮어주고 그 십자가 사랑을 지고 나갈 때 주님께서는 우리 가정을 통하여 믿음의 가정과 가문으로 세워 가신다는 사실을 기억해야 합니다. 방송에 나온 그 부인의 고민에 공감하는 분들이 많을 것입니다. 그러나 버릴 수도 없고 끊을 수도 없고 포기할 수도 없는 상황이라면, 오늘보다 내일이 나을 수 있다는 긍정의 힘으로 살아가기를 부탁드립니다. 긍정적이고 생산적인 사고로 십자가의 주님을 바라보며 살아갈 때 우리 주님께서는 우리의 삶을 긍정의 삶으로 바꿔 주실 것입니다. 누구나 하는 고민이 우리 믿음의 성도들에게는 오늘보다 더 나은 내일을 기대하며 준비하는 복된 시간이 되기를 주님의 이름으로 축복합니다.

> 그러므로 염려하여 이르기를 무엇을 먹을까 무엇을 마실까 무엇을 입을까 하지 말라 이는 다 이방인들이 구하는 것이라 너희 하늘 아버지께서 이 모든 것이 너희에게 있어야 할 줄을 아시느니라
> [마태복음 6장 31-32절]

[에베소서5장16절]

어머니의 머리카락

    요즘 들어 갑자기 머리카락이 많이 빠지고 있습니다. 가는 세월이야 누가 막을 수 있겠냐마는 그런 줄 알면서도 빠지는 머리카락을 보며 기분이 유쾌할 수는 없는 것이 사실입니다. 그런데 빠지는 머리카락을 보며 나도 모르게 내 입에서 중얼거리는 한 마디가 있습니다.
- 아이고, 우리 어머니가 그때 그런 마음이셨겠구나!
철없던 어린 시절 그때가 떠오르며 어머님 생각에 눈가가 촉촉해집니다.

    그것은 나의 옛날 초등학교 시절 때 이야기입니다. 학교에서 과외수업을 마치고 밤중이 되어서 집에 돌아와 보면 어머니가 머리를 감고 참빗으로 곱게 빗질을 하고 계셨습니다. 하얀 앞치마를 앞에 펴놓으시고 머리를 빗던 어머니께서 참빗 사이에 끼어있는 머리카락을 훑어내시고는 앞에 펴놓은 앞치마에 떨어진 머리카락을 쓸어 담아 함께 돌돌 말아 뭉치시며 한숨을 쉬시면서 한마디를 하셨습니다.
- 아이고, 머리카락은 자꾸 빠지고……
그런데 나는 그 엄마의 빠지는 머리카락이 그렇게 고맙고 좋을 수가 없었습니다. 아니 좋을 정도가 아니라 조금 더 빠지기를 원했던 것입니다. 지금의 젊은이들은 이해를 못 할 일이지만 우리가 어릴 때는 빠진 머리카락도 모으면 간식거리를 얻을 수 있는 가치가 있었습니다. 즉 그 머리카락은 가끔 동네에 들어오는 엿장수에게 엿을 바꿔먹을 수 있는 인기품이었던 것입니다. 그러니 어머니의 머리카락이 많이 빠진다는 것은 나에게는 엿 바꿔 먹을 기회가 더 많아진다는 것이었습니다. 지금 생각해 보면 얼마나 철없는 생각인지요! 요즘 가끔 후배 목사님들에게서 받는 질문 입니다.
- 목사님, 젊은 시절로 돌아간다면 몇 살 때로 돌아가고 싶으세요?

그러면 나는 이렇게 말합니다.
- 나는 그 어떤 시절로도 돌아가고 싶지 않아.
- 아니 왜요?
- 그 이유는 내가 살아보니 그 나이에는 그 나이의 수준 이상을 이해하고 살기가 쉽지 않더라고 사람은 자기가 그 자리에 가보지 않고는 알 수도 없고 이해도 못하더라고 그래서 나는 지금 이 나이가 좋고 지금의 내가 좋아.

그렇습니다. 내가 어머니처럼 머리카락이 빠져보니 빠지는 머리카락을 보며 한숨을 쉬시던 어머니의 마음이 이해되는 것이지요. 그 옛날 어린 시절에는 어디 어머니의 그 한숨을 이해할 수 있었겠습니까? 그 마음을 이해했다면 어머니의 머리카락이 더 빠지기를 기대했겠어요?

갈 수 없는 옛날로 돌아가기를 원하지 말고 지금, 하나님께서 허락하신 때와 할 일에 후회 없이 최선을 다하며 살아가는 여러분이 되기를 주님의 이름으로 축복합니다.

> 세월을 아끼라 때가 악하니라 그러므로 어리석은 자가 되지 말고
> 오직 주의 뜻이 무엇인가 이해하라
> [에베소서5장16절]

[마태복음 28장 7절]

왜 갈릴리인가

예수님께서 부활하신 이후에 처음 만난 여인들에게 말씀하셨습니다.
- 내 형제들에게 갈릴리로 가라 하라 거기서 나를 보리라 [마태복음28:10]

부활하신 예수님은 제자들과 첫 만남의 장소를 왜 '갈릴리'로 정했을까요? 나는 부활하신 예수님께서 제자들과 처음 만나는 장소로 갈릴리를 정하셨다는 것에 큰 의미를 둡니다. 갈릴리는 예수님의 고향이자 제자들을 처음 만난 첫사랑의 장소입니다. 제자들 입장에서도 주님을 위해 모든 것을 포기하고 따르기로 결단한 전도 사역의 출발지이자, 예수님으로부터 사명을 받은 의미 깊은 장소이기도 합니다. 이와 비슷한 내용이 구약에도 있습니다. 하나님께서 야곱에게 나타나셔서 말씀하십니다. '너는 벧엘로 올라가라' [창세기35:1] 하나님께서 왜 야곱에게 벧엘로 올라가라고 하셨을까요? 거기에도 같은 뜻이 있습니다. 야곱이 하나님을 처음 만났던 자리가 벧엘이었고, 하나님 앞에서 처음으로 서원했던 자리가 벧엘이었으며, 하나님으로부터 약속을 받았던 자리도 벧엘이었기 때문입니다. 예수님께서는 제자들과 갈릴리에서 첫사랑을 회복하여 성령을 통해 장차 이루실 언약을 말씀하시려고 갈릴리로 택하셨던 것입니다.

우리가 일을 하다가 힘들고 지치면 꾀가 나고 짜증도 납니다. 그럴 때면 초심이 중요하다고 하지 않습니까? '초심'初心, 그 뜻은 처음 갖는 마음, 첫사랑을 회복하라는 뜻입니다. 그래서 갈릴리를 통하여 내가 너희를 불러 사명을 주었던 첫사랑을 기억하라고 하시는 것입니다. 그렇다면 나에게 갈릴리는 어디일까요? 내가 주님을 처음 만난 자리는 어디였을까요? 내가 처음 살아계신 주님을 인격적으로 만난 때는 언제였나요?

목사인 나도 때로는 느슨해지고 게을러져 나태함이 엄습해 올 때가 있습니다. 그때마다 나를 조율하는 방법은, 예수님을 처음 만났던 그때로 나를 돌려놓고 이렇게 몇 번이고 되뇌이며 '소진우! 너 참 많이 컸다! 왜 까불고 그러니?'라고 채찍질합니다.

나에게 갈릴리는 식도암으로 사형선고를 받은 곳입니다. 식도염만 있어도 말하기가 불편하고 말이 잘 나오지 않는데 식도염도 아닌 식도암을 통해 주님께서는 나를 만나주시고 목사로 부흥강사로 주의 복음을 전하는 전도자로 서게 하셨기에 식도암이라는 사형선고를 받았던 그 갈릴리로 돌아가면 교만과 불평과 나태함에서 겸손할 수밖에 없는 것입니다.

예수를 믿는 사람이라면 누구나 예수님을 만난 갈릴리가 다 있을 것입니다. 병들었다가 고침을 받았던 갈릴리! 쓰러져 포기하고 있을 때 내 손잡아 일으켜 주셨던 갈릴리! 주님을 처음 영접하여 뜨거운 감격의 눈물을 흘렸던 그 갈릴리를 기억하며 다시 한번 주님과의 첫사랑을 회복하며 새롭게 다짐하는 이시간이 되기를 주님의 이름으로 축복합니다.

> 또 빨리 가서 그의 제자들에게 이르되 그가 죽은 자 가운데서 살아나셨고 너희보다 먼저 갈릴리로 가시나니 거기서 너희가 뵈오리라 하라 보라 내가 너희에게 일렀느니라 하거늘
> [마태복음28장7절]

[사무엘하 23장 8-39절]

마지막이 아름다운 사람

사무엘하 23장은 이렇게 시작합니다.
- 이는 다윗의 마지막 말이라 이새의 아들 다윗이 말함이여[사무엘하23:1]

다윗 왕이 70세의 일기로 그 수명을 다하는 시점에서 왕이 아닌 이새의 아들 다윗으로 겸허하게 마지막 고백을 드립니다. '여호와의 영이 나를 통하여 말씀하심이여 그의 말씀이 내 혀에 있도다'[사무엘하23:2] 다윗 왕은 그가 왕의 권능으로 통치했던 것이 아니라 여호와의 영이 하셨다는 자신의 정체성을 고백합니다. 이어서 3절은 하나님의 영이 다윗을 향하여 이렇게 칭찬하고 계십니다. '사람을 공의로 다스리는 자 하나님을 경외함으로 다스리는 자여 그는 돋는 해의 아침 빛 같고 구름 없는 아침 같고 비 내린 후의 광선으로 땅에서 움이 돋는 새 풀 같으니라'[사무엘하23:3-4]

나는 이 말씀을 묵상하면서 생각해 봤습니다.
- 내 인생 마지막 날 하나님 앞에 부름받기 전에 내 입술에서 어떤 마지막 말을 남길까? 또한 하나님께서는 나에게 뭐라 말씀하실까?

많은 사람들은 높은 자리에 올라갈수록 '공의'公義 보다는 '사욕'邪慾이 더 많아진다고 합니다. 높은 자리로 올라갈수록 하나님을 두려워하기 보다는 사람의 말에 민감할 수밖에 없고, 내 감정에 예민해지기 쉽기 때문에 남을 업신여기며 절제하지 못하는 자신의 감정으로 사회에 물의를 일으킬 때가 종종 있습니다. 그런데 다윗은 최고 통수권자의 자리에서도 공의를 놓지 않았습니다. 그 공의의 기준은 오직 '하나님을 경외하는 마음'이었습니다. 지금 내가 누리는 부와 권력이 나의 능력으로 만들어졌다고 착각하면서 오히려 주님께서 나에게 맡겨주신 책무를 내 편견과 아집 때문에 공의를 해치며 살고 있는 것은 아닌지 돌아보아야 합니다. 어느 위치와 자리에 있더라도 하나님을 두려워하는 마음으로 하나님 편에서 공의를 실현하는 그런 삶을 살아야 하는 것입니다.

다윗 왕은 생애 마지막에 그와 평생을 동행했던 37명의 용사들의 이름을 불러주며 기억합니다. 그중에 '스루야'라는 여인의 이름도 등장합니다. '스루야의 아들 요압의 아우 아비새'[사무엘하23:18] '스루야의 아들 요압의 무기를 잡은 자'[사무엘하23:37] 그녀는 요압, 아비새, 아사헬, 세 아들의 어미로 기록하고 있습니다. 그녀는 전장에서 큰 공을 세운 다윗의 장수도 아니었습니다. 그녀는 단지 용맹한 장수의 어머니로 오늘 우리는 기억하고 있는 것입니다. 그렇다면 '주님의 나라와 의'를 위하여 충성되게 살아가는 사람을 주님께서는 영원한 생명책에 기록하며 칭찬하실 것입니다.

사랑하는 성도 여러분!
우리는 삶의 마지막 날 무어라 고백할까요? 나를 기억하는 사람들은 나를 어떻게 기억할까요? 오늘 다윗 왕의 고백과 사도 바울의 고백처럼 '여호와의 영이 나를 통하여 말씀하셨으니… 나의 나 된 것은 하나님의 은혜로 된 것'[고린도전서15:10] 이라는 고백이 우리의 마지막 고백이 되기를 주님의 이름으로 축복합니다.

> 다윗의 용사들의 이름은 이러하니라…. 이상 총수가 삼십칠 명이었더라
> [사무엘하23장8-39절]

[창세기 39장 2-3절]

고민이십니까?

청소년부 학생 두 명과 각각 따로 만나서 상담을 했는데 신기하게도 두 학생의 고민이 똑같았습니다. 자기의 꿈이 무엇인지 모른다는 것, 꿈이 없다는 것이 고민이라는 것입니다. 그래서 이런 조언을 해 주었습니다.

- 꿈이 없는 것 때문에 고민하지 말아라! 꿈보다는 네게 주어진 일에 대하여 네가 성실하게 최선을 다하면 된다! 성실하게 최선을 다하다 보면 그 일이 다른 일과 연결되어 그 과정에서 하나님께서는 돕는 자를 붙여 주시고 또 다른 길을 열어 주셔서 너를 훌륭한 일에 사용하실 거야!

그리고 성경의 한 인물을 예로 들어주었습니다. 우리가 너무나 잘 아는 '요셉'의 이야기입니다. 요셉은 아버지의 사랑을 다른 형제들보다 많이 받은 것 때문에 형들의 질투와 미움으로 팔려가지 않았습니까? 그때 그의 나이 17살이었습니다. 집을 떠나 이방인의 땅으로 팔려간 것이 17살이었는데, 30살에 총리 자리에 올랐으니, 그 세월이 13년입니다. 그러면 13년 동안 겪었던 요셉의 생활이 탄탄대로였을까요? 결코 그렇지 않습니다. 오히려 고난의 연속이었습니다. 종으로 팔려간 요셉은 누명을 쓰고 감옥에 들어갑니다. 요셉은 그 상황에서도 이렇게 고백합니다. '여호와께서 저와 함께 하심이라'[창세기 39:23] 억울하게 누명을 쓰고 감옥에 갇힌 상황 속에서도 주님을 원망하지 않고 '형통하게 하셨더라'[창세기39:23]며 오히려 주님을 칭송합니다.

생각해 봅시다. 아버지의 사랑을 받고 있는 것이 형통亨通일까요? 이방인의 땅으로 팔려 가는 것이 형통일까요! 충성을 다하여 상을 받는 것이 형통일까요? 억울한 누명을 쓰는 것이 형통일까요! 자유인이 되는 것이 형통일까요? 감옥에 들어가는 것이 형통일까요! 인간의 눈으로 볼 때는 절대 형통이라 할 수 없는 불통不通의 상황에서도 요셉은 형통이라는 단어를 붙이고 있습니다. 왜 그럴까요? 결론은 간단합니다. 하나님께서 요셉을 총리의 자리로 올려놓기 위한 과정이기에 형통인 것입니다. 그래서 지금 고난을 받아도 형통이라고 성경은 말씀하고 있는 것입니다. 요셉을 통해 학생들에게 결론을 주었습니다.

- 요셉이 팔려 간 13년 동안 여러 가지 억울하고 분한 일도 많았지만 그래도 요셉은 언제나 그 자리에서 최선을 다했고, 언제나 성실했기 때문에 하나님은 그걸 다 알아보시고 결국은 애굽의 총리 자리까지 올려놓으셨잖아. 꿈이 없어도 상관없어, 다만 요셉처럼 힘들었던 과정 속에도 너에게 맡겨진 일을 성실하게 최선을 다하면 하나님은 그 누군가와 만나게 하실 거고 그렇게 만난 사람을 통하여 너를 높여 주실 거야!

많은 사람들이 비전이 없고, 과연 하나님이 나를 쓰시는 것일까? 의심하며 좌절하고 고민하며 살아갑니다. 하지만 하나님께서는 지금도 우리를 위해 일하고 계신다는 것을 기억해야 합니다. 우리가 하나님 앞에 맡겨진 책무와 현실에 성실히 최선을 다하면 하나님께서는 반드시 길을 열어 주실 것입니다. 요셉이 서른 살에 총리의 자리에 올라갔던 이유를 역사학자들은 서른 살이 되어야 총리 자리에 오를 수 있는 당시 법률 때문이었다고 말합니다. 하나님은 그 나라의 법에 따라 그 시간 동안 요셉을 준비된 자로 훈련시켰던 것입니다. 꿈이 없는 것이 문제가 아닙니다. 오늘을 살면서 그냥 적당히 살아가는 것, 성실하지 못한 것이 더 큰 문제입니다. 요셉같이 고난을 믿음으로 인내하며 살다가 요셉같이 쓰임 받는 우리 모두가 되기를 주님의 이름으로 축복합니다.

> 여호와께서 요셉과 함께 하시므로 그가 형통한 자가 되어 그의 주인 애굽 사람의 집에 있으니 그의 주인이 여호와께서 그와 함께 하심을 보며, 또 여호와께서 그의 범사에 형통하게 하심을 보았더라
> [창세기 39장 2-3절]

[요한복음 14장 1절]

중심의 축을 옮겨라

이솝우화 중에 <여우와 두루미>는 신앙적으로도 교훈을 주는 우화입니다. 다들 알고 있겠지만 <여우와 두루미>는 이런 내용입니다. 여우가 자기 생일에 두루미를 초대합니다. 그런데 초청한 두루미를 배려하지 않고 여우는 평소 자기가 좋아하는 스타일로 준비를 많이 했습니다. 넓적한 접시에 자기가 입으로 핥아먹기 편한 음식을 준비한 것입니다. 초대받은 두루미는 먹어보려고 했지만 뾰족한 부리로는 먹을 수가 없었습니다. 두루미는 화가 났습니다. 그래서 복수할 마음으로 자기 생일에 여우를 초대합니다. 두루미는 주둥이가 긴 호리병에 음식을 넣고 여우에게 먹으라고 했습니다. 여우가 그걸 먹으려니 주둥이가 호리병에 들어가지 않는 것입니다. 그제야 여우는 지난번 두루미를 초청했을 때, 두루미 입장을 생각지 않고 내 방식대로 했던 것을 뉘우쳤다는 내용입니다.

이 <여우와 두루미>의 우화는 많은 이들의 기도생활과 예배생활, 그리고 헌신과 드림의 삶이 얼마나 자기중심적인가에 대하여 교훈을 주고 있습니다. 교회 일을 하면서도

- 기왕 하는 거 왜 그렇게 해? 잘 좀 해봐.

그렇게 말을 하면

- 모르는 소리 하지 마! 나도 최선을 다해 잘하고 있는 거라고!

이런 말들로 다툴 때가 있습니다. 문제는 최선으로 잘하는 것, 그 '최선'과 '잘'한다는 것에 대하여 누구의 관점에서 최선이며 그 주체가 누구에게 향하고 있는지 잘 알아야 합니다. 이를 그 우화에 비추어 보면 나를 중심에 둔 열심과 최선은 어쩌면 다른 사람에게는 불편이 되고 최선이 아닐 수도 있다는 것입니다. 그 최선의 중심이 내가 아닌 하나님을 향해 있다면 거기에는

분명히 상급이 있고 남에게도 유익과 덕이 되는 복된 삶이겠지만 지금까지 내 방식과 세상의 공의로 잘 살아왔다 하더라도 그것이 하나님의 시선과 하나님의 관점에서 살아왔는지 돌아보아야 합니다.

세상 사람들의 판단 기준은 행동에 있습니다. 착한 행동을 했다면 착한 사람, 나쁜 행동을 했다면 나쁜 사람, 그 착한 행동과 나쁜 행동의 기준은 도덕적 규범과 규율에 있는 것입니다. 그것은 세상 사는 사람들의 기준이며 세상 사는 사람들의 잣대입니다. 하지만 믿음의 사람들의 행동과 원칙의 기준은 하나님 말씀에 맞춰야 하는 것입니다. 불쌍한 사람을 돕는 사람, 어려움에 처한 사람을 돕는 사람, 남을 위해 희생하는 사람을 세상에서는 의인이라 칭합니다. 하지만 로마서 3장 10절에 '의인은 없나니 하나도 없다'고 말씀하십니다. 세상의 잣대와 하나님의 잣대가 다르다는 사실입니다. 생각의 중심축을 세상 사람들의 중심축에서 하나님께로 방향을 돌리시기 바랍니다. 그때 비로소 하나님의 위대하신 역사는 일어나는 것입니다.

<여우와 두루미>처럼 오늘 우리가 다한다는 최선이 어쩌면 나의 관점에서만의 최선일 수도 있다는 것을 기억해야 합니다. 세상 욕심에서 하나님 욕심으로, 내 중심에서 하나님 중심으로 옮겨지는 삶을 살아가기를 주님의 이름으로 축복합니다.

> 너희는 마음에 근심하지 말라 하나님을 믿으니 또 나를 믿으라
> [요한복음14장1절]

[시편 32편 7-8절]

하나님의 사인에 반응하라!

등산을 좋아하는 어느 집사님이 신앙생활을 하다보니 등산 갈 시간이 없었습니다. 그래서 어느 주일날 아침에, '아, 그냥 한 번 정도는 빠져도 괜찮겠지?'라고 생각하고 등산을 갔습니다. 암벽타기를 특별히 좋아했던 그가 밧줄을 타고 암벽을 올라가는데 그만 밧줄이 뚝 끊어졌습니다. 떨어지던 그는 운 좋게 나무뿌리를 붙잡을 수 있었습니다. 아래를 보니 천 길 낭떠러지, 옆을 보니 잡을 것도 없고 주변에 도와줄 사람도 없는 그야말로 절대절명^{絶代絶命}의 신세가 되었습니다. 그때 그 집사는 믿음의 사람답게 간절하게 기도를 했습니다.

- 하나님 한 번만 살려주세요! 잘못했습니다!
- 네가 나를 믿느냐?
- 예! 믿습니다. 한 번만 살려 주세요
- 그러면 네가 잡은 손을 놓아라!
- 아니, 손을 놓으면 아래는 천 길 낭떠러진데 하나님 잘못했습니다! 한 번만 살려주세요!
- 네가 나를 믿느냐?
- 하나님! 이 판국에 내가 하나님을 안 믿으면 누구를 믿겠습니까?
- 그렇다면 네가 잡은 손을 놓아라!

아무리 살펴봐도 아래는 낭떠러지고, 주변에는 붙잡을 것이 없었습니다. 그러자 이 집사가 위를 향하여 다시 한번 목이 터져라 큰 소리로 부르짖었습니다.

- 그 위에 하나님 말고 다른 누구 없어요?

이렇게 큰 소리로 부르짖는 동안 팔의 힘이 빠지는 바람에 낭떠러지로 떨어지면서 깜짝 놀라 눈을 떠 보니 꿈이었습니다. 그 집사가 주일에 등산을 가려고 배낭을 꾸려서 머리맡에 놓고 토요일 밤에 잠을 잤는데, 주일 새벽에 그 꿈을 꾼 것입니다. '아, 하나님께서 내가 등산 갈 줄 알고 가지 말라고 이렇게 꿈으로 사인을 주시는구나!' 그래서 등산 가려고 꾸려놨던 배낭을 다 풀어놓고 교회로 왔다고 합니다.

저는 그 이야기를 들으며 이런 생각을 하게 되었습니다. 하나님은 믿는 자들에게는 말씀을 읽고 듣는 중에 때로는 기도 가운데 때를 따라 적당하게 사인을 주고 계신다는 것입니다. 그런데 어떤 사람들은 하나님의 사인을 잘 깨달아서 하나님이 기뻐하시고 바르게 여기시는 길로 가는 이들이 있는가 하면 어떤 사람들은 하나님의 사인을 받으면서도 바보같이 미련한 척, 모른 척 고집부리다가 얻어맞는 사람들이 있습니다. 그런데 이런 사람들이 공통적으로 하는 원망이 있습니다.

- 하나님, 내가 뭘 그렇게 잘못했다고 이렇게까지 때리십니까?

하나님께서 우리에게 시시때때로 깨달음을 주십니다. 주님이 기뻐하시는 일과 싫어하시는 일입니다. 주님이 기뻐하시는 일이라면 더 열심히 하고, 주님이 싫어하시는 일이라면 그 길을 가지 않도록 방향만 바꿔 가도 주님께서는 우리를 축복의 길로 인도하십니다. 깨달을 수 있을 때 깨닫고, 바꿀 수 있을 때 바꿔서 더 복된 일은 더 복 되게 받고, 피할 길은 피할 줄 아는 지혜로 하나님의 기쁨이 되는 성도가 되기를 주님의 이름으로 축복합니다.

> 주는 나의 은신처이오니 환난에서 나를 보호하시고
> 구원의 노래로 나를 두르시리이다 (셀라).
> 내가 네 갈 길을 가르쳐 보이고 너를 주목하여 훈계하리로다
> [시편 32편 7-8절]

 선택 011

[마태복음 12장 28절]

버려라

연초에 친분 있는 목사님으로부터 신년 인사 문자를 받았습니다. 그분의 사진과 무서운 호랑이 그림과 함께 '호랑이의 기운을 받아 금년 한 해도 건강하게 승리하십시오.' 이렇게 쓰여 있는 문자였습니다. 그래서 나도 '하하하! 감사합니다. 그렇지만 저는 호랑이 기운 말고 성령님 기운 받겠습니다!^^ 이렇게 웃음 표시를 달아 답글을 보냈습니다. 물론 그 목사님은 인사차 늘 전해 내려오던 습성이나 습관으로 문자를 보냈을 것입니다. 그런데 그 글을 보면서 언뜻 '예수님을 믿는 우리에게 옛날부터 내려온 전통적 관습이 우리 삶 속에 얼마나 깊게 자리를 잡고 있을까?'하는 생각을 해 보았습니다.

'금년이 무슨 띠야? 금년에는 ○○띠, ○○띠가 삼재래!' 이런 말을 많이 들어 보았을 것입니다. 특히 숫자 9를 말하는 '아홉수는 재수가 없다. 아홉수를 조심해야 된다!'라는 말과 함께 '오늘은 일진이 안 좋아. 일진이 사납다'라는 말도 자주 듣습니다. 그리고 음력설이 되면 토정비결과 일 년 운세를 보는 이들도 있습니다. 그런데 놀라운 것은 믿음의 사람 중에서도 그것을 의지하고 믿는 '마니아'Mania가 있다는 것입니다. 생각해 봅시다. 숫자 9를 말하는 아홉수에 죽은 사람이 많을까요? 아니면 0부터 8까지의 숫자에 죽은 사람이 많을까요? 통계적으로 짐작해 보아도 알 수 있습니다. 아홉수에 대하여 안 좋은 데이터를 자꾸 입력하다 보면 자신도 모르게 아홉이 되면 불안해지고, 아홉에 죽거나 불행한 일이 닥치면 '역시 아홉수라 그래!' 이렇게 말하게 되는 것입니다. 그러나 그것을 무시하는 사람들에게는 그저 숫자 9에 불과할 뿐입니다. 삼재도 마찬가지입니다. '삼재三災'라는 말은, 십이지十二支로 따지는 불길한 운수를 말하는데, 불火 물水 바람風 세 가지 재난을 뜻합니다. 삼재가 들었으니 금년엔 조심해야 된다? 이렇게 말하지만 그것은 허튼소리입니다. 오히려 우리 삶에 꼭 필요한 불火 물水 바람風 세 가지 요소를 어찌 피하며 살아갈 수 있단 말입니까? 그런 미신을 우리 신앙인 가운데에도 역술가를 찾아 삼재풀이를 해서 불길한 운수를 피한다며 액운살이를 하는 사람들이 더러 있다는 것입니다.

예수 안에서는 오직 진리를 믿을 뿐, 신화를 믿는 것이 아닙니다. 세상에서 어떤 일이 있어도 나를 도우시고 지켜주시는 분은 하나님이시고, 나에게 힘과 능력을 주시는 분도 성령님이지 호랑이나 장군? 보살? 그 어떠한 다른 것들이 우리를 지켜줄 수 없는 것입니다. '호랑이 기운을 받아 금년에 승리하라?' 절대 그럴 수 없습니다. 우리는 오직 성령님으로 승리해야 될 줄로 믿습니다. 삼재가 있다고 할지라도 우리는 '성령의 능력'으로 피해 갈 수 있고, 이길 수 있는 것입니다. 우리에게는 토정비결을 뛰어넘는 창조주 하나님, 능력의 하나님이 우리와 함께 계시기 때문입니다. 예수 그리스도의 권세를 가지고 지금까지 나도 모르게 내 안에 자리 잡고 있었던 허탄한 일들과 허탄한 신화들 그리고 망령된 일들을 뛰어넘어 주님을 바라볼 때 우리의 삶은 분명히 새로워질 줄로 믿습니다.

성경은 '세상의 망령되고 허탄한 신화에 눌리는 자가 되지 말고, 오히려 버리라'고 말씀하십니다. 그리고 '경건한 삶을 살기 위하여 스스로를 연단하라'고 합니다. 성경적 경건은 하나님의 말씀에서 벗어나지 않도록 나를 조율하며 사는 것입니다. 이러한 자기훈련을 통하여 경건의 삶을 살아갈 수 있도록 세상의 신화들을 버리고, 그 속에 진리를 채우며 살아가길 주님의 이름으로 축복합니다.

> 그러나 내가 하나님의 성령을 힘입어 귀신을 쫓아내는 것이면
> 하나님의 나라가 이미 너희에게 임하였느니라
> [마태복음 12장 28절]

[요한일서 4장 20-21절]

나는 너에게 가시를 준 적이 없단다

　코로나로 인하여 몇 년 동안 막혔던 선교지를 다녀왔습니다. 그런데 이번 선교 여정이 육체적으로는 그 어느 때보다도 힘들었던 여정이었습니다.

　교회에서 월요일 새벽 4시 30분에 출발하여 비행기 타고 자동차로 두 시간 이동 후 또 항구에서 4시간 배를 타고 다시 자동차로 두 시간을 더 이동해서 선교지에 밤 10시에 도착했습니다. 꼬박 17시간의 긴 여정이었습니다. 다시 그 여정대로 돌아오게 되는데 토요일 새벽 한국에서 출발하는 비행기가 인천공항의 기상악화로 지연되어 공항 안에서 4시간을 더 기다렸다가 비행기를 탈 수 있었습니다. 20시간의 길고도 힘든 여정을 염려한 선교사님이 미안한 마음으로 걱정하며 물었습니다.

- 목사님 젊은 사람도 쉽지 않은 여정인데 그 연세에 긴 시간 고생하셔서 어떡해요?
- 선교사님 그 고난의 여정도 선교여!
- 아니. 목사님은 어떻게 이런 상황에서도 그렇게 생각하세요?

나는 정말 그렇게 생각했고 또 그렇게 생각하며 그 시간을 보냈습니다. 그런데 그 선교사님과 주위 목사님들의 반응을 보면서 많은 것을 생각하게 되었습니다.

　선교든 사역이든 또 세상살이든 어찌 좋은 일만 있겠습니까? 생각지 못한 수없는 복병을 만나지 않겠습니까? 그러니 그 또한 인생이고 그 또한 선교이고 사역의 일부가 아닌가 생각해 봤습니다

　얼마 전에 지인으로부터 글을 하나 받았습니다. 짧은 글이었는데 참 많

은 것을 생각하게 하는 글이라서 인용을 해 봅니다.

　　장미가 하나님께 불평했답니다.
- 하나님, 하나님은 나에게 예쁜 꽃만 주시지 왜, 가시를 주셨습니까?
여러분은 어떤 답을 하실까요? 저도 우리 교회에서 물어봤더니, '사람들이 너를 함부로 대하지 말라고요', '너의 아름다운 꽃을 보호하기 위해서요' 등의 답이 나왔습니다. 그런데 그렇게 뻔한 답이었다면 내가 그렇게 감동적이지 않았을 것입니다. 그때 하나님은 불평하는 장미에게 이렇게 말씀하셨답니다.
- 나는 너에게 가시를 준 적이 없단다. 가시밖에 없는 너에게 꽃을 주었을 뿐이다.
은혜가 아닌가요? 가시밖에 없는 나무에 꽃을 주셨다는 말씀이 말입니다.

　　올 한 해도 가시밖에 없는 세상과 인생살이에 꽃을 허락하실 하나님의 은혜를 기대하며 가시 때문에 불평하며 살아가는 해가 아닌, 꽃을 보며 감사하며 행복하게 살아가는 우리 모두의 복된 한 해가 되기를 주님의 이름으로 축복합니다.

> 누구든지 하나님을 사랑하노라 하고 그 형제를 미워하면 이는 거짓말하는 자니 보는 바 그 형제를 사랑하지 아니하는 자는 보지 못하는 바 하나님을 사랑할 수 없느니라 우리가 이 계명을 주께 받았나니 하나님을 사랑하는 자는 또한 그 형제를 사랑할지니라
> [요한일서 4장 20-21절]

[누가복음 18장 21-23절]

복을 복이 되게 하라

분복(分福)이라는 말을 들은 적이 있습니까? 성경에도 분복이라는 단어가 가끔 나옵니다. 사전적 의미로는 '선천적으로 타고난 복'이라고 하는데, 하나님이 각자에게 나눠 준 복이라는 의미도 있습니다. 예를 들면 남들보다 건강하다, 젊다, 지위가 있다, 세상에서 할 일이 있다 등등 다른 사람에 비해 상대적으로 누리고 있는 것을 복이라 합니다. 그런데 성경에 보면 그 모든 것을 다 갖춘 인물이 있습니다. 누가복음 18장에 나오는 한 관원, 즉 나라의 일을 맡아보는 벼슬아치였습니다. 성경에서 소개하는 그는 부자였다고 합니다. 그리고 관원이라고도 하고 젊은이라고도 합니다. 이를 정리해 보면 사회적 지위가 있는 젊은 관원으로 재력도 갖춘 사람입니다. 이처럼 능력 있는 청년이 예수님 앞에 와서 이렇게 묻습니다.

- 선생님, 어떻게 하여야 영생을 얻을 수 있겠습니까?
- 하나님이 말씀하신 계명을 잘 지켜라!
- 저는 어려서부터 다 지켰습니다.
- 너에게 부족한 것이 하나 있다. 네게 있는 것을 다 팔아 이웃과 나눠서 쓰도록 해라!

이렇게 말하자 심각하게 근심하며 돌아갔다고 합니다. 청년은 돈이 많은 부자였기에 예수님 말씀을 실천하기 쉽지 않았던 것 같습니다. 정리해 보면, 그는 젊고 사회적 지위가 있으며, 누릴 수 있는 물질도 많았습니다. 이것은 그에게 준 복입니다. 즉, 분복입니다. 그런데 그 분복 때문에 영생의 길이 막히고, 그 복 때문에 영원한 생명의 길에 들어서지 못하고 깊이 고민하고 돌아갔다는 것입니다.

- 당신은 어떻습니까?

- 당신은 건강하십니까?

그렇다면 그것은 주님이 주신 복입니다. 물질이 있고, 재능도 있고, 지식이 있고, 일할 수 있는 시간이 있다면 그것은 분명 복입니다. 오히려 자신하는 청년의 건강 때문에, 많은 물질을 가지고 있는 것 때문에, 남보다 뛰어난 재능 때문에 주님 곁에서 멀어진다면 즉시 조율하길 바랍니다.

얼마 전에 딸들에게 이렇게 말했습니다.
- 젊을 때 하나님 앞에 아름답게 살고,
  지금 만난 사람을 30년 후에 만나도 부끄럽지 않은 삶으로 살아가라.

나 혼자 잘 먹고 잘 사는 것, 나 혼자 재밌게 사는 것, 그것은 복이 아닙니다. 하나님께서 주신 시간과 주신 환경, 그리고 보내주신 이 땅, 이 세상에서 더불어 행복하게 누리고 사는 것이야말로 진정 복을 복되게 사용하며 잘 사는 것입니다. 젊음 때문에, 돈 때문에, 사회적 지위 때문에 영생의 길이 고민이 된다면 차라리 그걸 버리고, 좋은 길로, 복된 길로 가는 영적 지혜자가 되기를 주님의 이름으로 간구해야 합니다. 많은 사람들이 중요한 것을 놓치고 그리 중요하지 않은 것에 목숨을 걸고 어리석게 살아가는 것을 종종 보게 됩니다. 내게 주신 복을 복으로 누리며 주님께는 영광이고 내게는 분복을 누림으로 살아가는 그런 성도가 되기를 주님의 이름으로 축복합니다.

> 여짜오되 이것은 내가 어려서부터 다 지키었나이다 예수께서 이 말을 들으시고 이르시되
> 네게 아직도 한 가지 부족한 것이 있으니
> 네게 있는 것을 다 팔아 가난한 자들에게 나눠 주라
> 그리하면 하늘에서 네게 보화가 있으리라 그리고 와서 나를 따르라 하시니
> 그 사람이 큰 부자이므로 이 말씀을 듣고 심히 근심하더라
> [누가복음 18장 21-23절]

[고린도전서 10장 31절]

누구를 위한 일입니까?

언젠가 성가대에 앉아 있는 청년이 '성가대를 그만두겠다'고 하기에 그 이유가 무엇인지 물었지만 말을 하지 않더군요. 눈치를 보니까 아마 성가대에서 누구와 갈등이 있었던 모양입니다. 그래서 며칠 기도해 보고 다시 만나자고 한 뒤에 다시 만났습니다. 그런데 그 표정과 말투가 지난 주일과 전혀 다르지 않은 것입니다. 그래서 그 청년에게 이렇게 말했습니다.

- 형제님이 지금까지 일하는 모든 것이 주님을 위하여 감사하는 마음으로 섬기는 줄 알았는데 지금 말하는 걸 보니 주님과 상관없이 내 의를 위하여 일한 것 같아 보이네요. 그런 마음이라면 굳이 성가대를 하지 않아도 됩니다.

그랬더니 의외로 그 청년은 이렇게 말을 합니다.

- 아니, 내가 안 하겠다면 붙잡아서라도 시켜야지 어떻게 그렇게 단번에 딱 자르십니까?

- 성가대를 그만 둔다고 하는데 내가 한 번 더 하라고 권면하지 않고 딱 자르니까 당황스러웠나요? 내가 왜 그만두라고 하는 줄 알아요? 나는 지금까지 형제님이 여러 가지 봉사를 할 때 하나님을 위하여 감사해서 하는 줄 알았어요. 그런데 지금 당신의 표정을 보고, 말을 들어보니 전혀 주님과는 무관하게 형제님을 위하여 일한 것 같아서 손을 떼라고 하는 겁니다. 하나님의 일은 나를 위하여 하는 것이 아니고 주님 때문에 하는 것인데 형제님의 그 마음이 정리되기 전까지는 안 하는 것이 좋겠다고 생각해서 그랬어요.

- 목사님, 그러면 저한테 일주일만 시간을 주십시오!

그래서 내가 말했습니다.

- 아니 일주일이 아니고 한 달을 쉬면서 내가 한 말을 가슴에 안고 기도하며 지금까지 하나님의 일을 한다고 교회에서 봉사했던 시간들이 진심으로 주님을 위한 일이었는지 그리고 주님께 정말 감사해서 했던 일인지를 돌

아보고, 그렇지 않았다면 이제부터라도 온전히 주님만을 위하여 감사하는 마음으로 일하겠다고 하는 결단이 있으면 그때 다시 그 일을 감당하면 좋겠어요.

그리고 함께 기도하고 헤어졌습니다. 한 달 후에 그 젊은이가 나에게 찾아와 말했습니다.

- 목사님, 많은 깨달음이 있었습니다. 내가 지금까지 일하면서 내가 목소리로 찬양할 수 있고, 내 몸으로 하나님의 교회를 섬길 수 있었던 것은 그냥 남이 하니까 했고, 시키니까 했지, 주님 때문에 감사함으로 해 본 적이 없었습니다. 이번 일을 통하여, 또 목사님께서 해주신 말씀을 통하여 많은 것을 깨닫고 새로운 결단의 시간이었습니다. 이제부터는 내가 하는 모든 일이 주님의 의를 위하여 온전히 헌신하겠습니다.

하나님의 교회에서 봉사자요, 헌신자로 일하면서 무엇인가에 걸려 그 일을 그만두고 싶을 때 한 번 더 생각해 보시기 바랍니다. 하나님과 상관있는 일을 하고 있었는지 내 의를 위하여 일하고 있었는지, 누군가로 인해 생긴 걸림돌 때문에 하나님의 일을 포기하는 어리석음이 있어서는 안 될 것입니다. 주님을 위하여 하는 일이고 주님 때문에 하는 일이라면, 사사로운 일 때문에 방해받지 않도록 우리의 자세를 갖추어야 합니다. 지금 내가 하는 일이 진정 주님을 위한 일이라면 주님만 바라보며 살아가기를 주님의 이름으로 축복합니다.

> 그런즉 너희가 먹든지 마시든지 무엇을 하든지 다 하나님의 영광을 위하여 하라
> [고린도전서10장31절]

[누가복음 13장 6-9절]

은혜와 기회

누가복음 13장 6절부터 9절에는 포도원에 심겨진 무화과나무의 비유가 나옵니다. 이 비유를 보면 포도원에 심겨진 무화과나무는 도저히 거기에 심겨질 수 없는 나무라는 뜻을 내포하고 있습니다. 무화과나무는 중동 지역에서 흔히 볼 수 있는 나무요, 이스라엘을 대표하는 나무이기도 합니다. 무화과나무는 높이가 12미터까지도 자란다고 합니다. 그렇게 높이가 큰 나무로 자랄 정도면 그 가지와 잎새가 차지하는 폭은 얼마나 되겠습니까! 또 그 뿌리는 얼마나 깊고, 넓게 뻗었겠습니까! 쉽게 말해서 무화과나무는 포도원에 아무런 유익이 없는 나무입니다. 그 큰 나무에 햇볕이 가려 포도 열매가 튼실하지 못할 것이고, 뿌리가 넓게 뻗어가니 포도나무에 악영향을 미칠 건 뻔합니다. 그럼에도 불구하고 그 포도밭에 무화과나무를 심었다는 것은 그 주인이 무화과나무를 배려했다는 뜻이기도 합니다. 다시 말해 그곳에 심길 수 없는 나무가 심겼다는 뜻이고, 자격도 가치도 없는 나무가 특별히 배려를 받고 심어져 가꿈을 받았다는 뜻입니다. 용서할 수 없는 나무지만 용서받고 있다는 뜻이기도 합니다.

우리는 모두 이방인입니다. 그런데 하나님의 자녀가 되었습니다. 곰곰이 생각해 보세요! 포도밭에 무화과나무가 있다고 하는 것은 주인의 배려 없이는 안되는 것입니다. 왜냐하면 포도나무에 미칠 좋지 않은 영향을 막아야 하기 때문입니다. 그런데 도저히 있어서는 아니 될 곳에 무화과나무가 있습니다. 있을 수 없는 곳에 있는 것입니다. 그런 배려 속에 문제가 발생했습니다. 무화과나무가 3년이 되어도 열매를 맺지 않는 것입니다. 그래서 주인은 그걸 찍어 버리려고 합니다. 이게 무슨 말이겠습니까? 무화과나무에게 기회를 줬는데도 그 나무는 기회를 활용하지 못하고 있다는 뜻입니다. 그래서 포도원 지기가 간청을 합니다.

- 일 년 만 더 참아주소서! 내가 거름을 주고, 잘 가꿔서 열매를 맺게 하겠습니다!

이같이 우리도 주님의 은혜로 무화과나무처럼 구원을 받았습니다. 그렇다면 주님이 우리에게 요구하시는 삶이 있을 것입니다. 그것은 바로 열매입니다. 구체적으로는 성령 안에 허락된 아홉 가지의 모든 색깔이 우리를 통하여 전도라는 열매로 나타나기를 원하고 계시는 것입니다. 나의 삶 속에 주님이 원하는 열매가 나타나고 있습니까? 혹시 지금도 부족하다는 것을 자각한다면 주님이 주신 기회를 잘 선용해서 주님 앞에 열매로 보답하는 삶이 되어야 합니다. 그러한 열매 중에 주님이 제일 기뻐하시는 열매는 단언컨대 전도의 열매입니다. 이는 죽어가는 자를 살리는 열매입니다. 나와 가장 가까운 곳에서 아직도 천국을 모르고, 주님을 모르고, 죽음을 향하여 치닫고 있는 이들을 향하여 주님이 주신 기회로 긍휼을 베풀고 손을 내밀어야 합니다. 아직도 세상 사람들은 말을 합니다. '예수 믿는 사람들이 더 해! 왜 예수를 믿는 거야?' 왜 그렇게 말을 할까요? 이는 세상 사람들이 예수 믿는 우리들을 '특별한 사람'이라고 생각하는 대목입니다. 그런 그들이 왜 그런 말을 하겠습니까? 우리에게서 보여지는 열매의 향기가 없기 때문입니다. 주님이 우리를 이 세상에 머물게 하시는 것은 주님이 영광을 받으시고자 하는 뜻이 아니겠습니까? 주님이 주신 기회, 그 기회를 잊지 말고 아름다운 열매로 그분에게 돌려드리는 청지기의 삶이 되기를 주님의 이름으로 축복합니다.

> 이에 비유로 말씀하시되 한 사람이 포도원에 무화과나무를 심은 것이 있더니 와서 그 열매를 구하였으나 얻지 못한지라 포도원지기에게 이르되 내가 삼년을 와서 이 무화과나무에서 열매를 구하되 얻지 못하니 찍어버리라 어찌 땅만 버리게 하겠느냐
> [누가복음13장6-9절]

내일은

[마태복음 6장 34절]

해마다 12월이 되면 사람들은 '참 한 해가 빠르다. 아, 빨리 지나갔다' 보통 이렇게 말들을 합니다. 나 역시 그렇습니다. 특히 코로나와 싸우다가 그 어느 때보다도 빠르게 지나간 것 같습니다. 그러다 보니 12월을 맞이하면서 '아, 우리의 생명은 내 것이 아니고, 우리의 생명은 영원한 것이 아니었구나'라고 깨달은 것이 있어서 소개해 보겠습니다.

얼마 전에 우리 교회 권사님 댁에 심방을 갔었습니다. 심방 예배를 마치고 난 후에 권사님이 큰 유리잔에 주스를 가득 채워오시며 '이거 몸에 좋은 것만 넣어서 갈은 거니까, 남기지 말고 다 드세요!' 그래서 그걸 받아 들고 꿀꺽꿀꺽 두 모금을 마셨는데 맛이 좀 이상한 거였습니다. 그래서 권사님에게 '이게 뭐냐며, 맛이 좀 이상하다'고 했습니다. 그랬더니 그 권사님은 '너무 많이 넣어서 그런 건가' 하는 거였습니다. 잠시 뒤에 갑자기 위에 경련이 나면서 호흡을 할 수가 없었습니다. 그래도 나는 아픈 표정을 지을 수 없어서 호흡을 조절하며 태연한 척하면서 권사님에게 물어보았습니다.

- 권사님, 냄새도 이상하고 뭔가 이상해요!
- 목사님, 그거요? 수삼하고, 블루베리하고, 애플망고를 많이 넣어서 그런가 봐요!
- 어~, 근데 그런 맛이 아닌데요?
- 아니에요, 맞아요!

그러면서 냉동실을 열더니 봉지 하나를 꺼내면서

- 이거예요, 애플망고!

각설탕 크기로 조각조각 담긴 것을 아내가 권사님에게 보이며,

- 권사님, 이거 한 번 맛보세요! 이거 이상해요? 무슨 맛이지요?

- 어머머머~ 어떻게 이거 마늘 같은 거네요! 아이고, 죄송해요 목사님!

식사할 때 독한 생마늘 반쪽만 먹어도 속이 아리고 쓰린데, 그 많은 마늘을 꿀꺽꿀꺽 마셨으니 위가 어땠겠습니까? 그 순간 호흡을 조절하면서 '아, 사람이 이렇게도 죽을 수 있겠구나'하는 생각을 하며 제가 늘 우리 교회에서 외치고 강조했던 말들이 생각났습니다.

- 내일은 내 날이 아니고 오늘만 내 날이니, 오늘 잘 살아라! 내일은 내 날이 아니다. 오늘 내게 주신 이날만 내 날이며, 오늘 내게 허락하신 이날만 내게 주신 시간이다.

누가복음 12장에 보면 한 부자의 비유가 나옵니다. 한 부자가 많은 소출을 내서 '많이 쌓아놓고 여러 해 먹을 거 있으니 이제 좀 먹고 즐기고 놀아보자'[누가복음12:19]고 하자 예수님이 말씀하십니다. '하나님이 오늘 네 생명을 거둬 가면 그것이 누구의 것이 되겠느냐?'[누가복음12:20]

오늘의 건강, 오늘의 물질, 오늘의 시간, 이 모든 것은 주님이 주신 것입니다. 내일은 나의 날이 아닙니다. 그러니 오늘을 잘 살아야 합니다. 건강할 때 봉사해야 합니다. 주셨을 때 헌신해야 하는 것입니다. 하나님이 주신 기회로 누려왔었던 것들이 은혜인 줄 안다면 '내일 잘 할게, 내년에 잘 할게, 그런 말 하지 말고 금년, 그것도 오늘 잘 하길 당부합니다. 내일은 나의 날이 아닙니다. 오늘 지금만 내게 허락하신 날인 줄로 믿고 건강할 때, 움직일 수 있을 때, 아직 할 수 있을 때, 예배하고, 헌신하고, 봉사하는 믿음의 사람이 되기를 주님의 이름으로 축복합니다.

> 그러므로 내일 일을 위하여 염려하지 말라
> 내일 일은 내일이 염려할 것이요 한 날의 괴로움은 그 날로 족하니라
> [마태복음6장34절]

[시편 26편 1절]

결단

빌리 그레이엄Billy Graham 목사의 일화 중에 이런 글이 있습니다. 하루는 어느 시골 농부가 빌리 그레이엄 목사를 찾아와서 한 가지 질문을 했습니다.

- 목사님, 만약에 주일에 교회를 가야되는데 소가 구덩이에 빠져서 허우적 거리고 있다면 그 소를 건져내야 될까요? 무시하고 교회를 가야 될까요?
- 당연히 소를 살려내야지요!

그 농부는 아마도 빌리 그레이엄 목사가 '당연히 주일이니 교회를 먼저 가야지요'라고 할 줄 알았는데 의외로 반대의 대답을 하니까 당황하는 모습을 보였습니다. 그러자 농부를 지켜보던 빌리 그레이엄 목사는 이렇게 말했습니다.

- 그런데요, 그 소가 주일마다 구덩이에 빠진다면 저는 그 소를 팔아버리겠 습니다!

빌리 그레이엄 목사가 대답한 말의 의도는 무엇일까요? 내 신앙생활에 거침이 되는 일들이 반복되게 나를 방해하고 있다면 나는 그 반복되는 일을 가지치기하겠다는 것입니다. 그 글을 읽으면서 '아, 우리 믿음의 사람들이 신앙생활을 할 때 이 말씀만 잘 기억해도 신앙생활의 승리자가 되겠구나' 라고 생각했습니다. 왜냐하면 많은 사람들이 작은 일 또는 하찮은 일이라고 생각하는 핑곗거리가 나중에는 습관이 되는데 아무리 신앙생활을 철저히 하는 사람이라도 핑곗거리나 장애물이 없는 것은 아니기 때문입니다. 누구라도 장애물이 있고, 핑곗거리가 있을 수 있는데 그 장애물과 핑곗거리가 신앙생활에 장애가 된다면 우리는 그것을 끊을 줄 알고, 잘라낼 줄 아는 결단이 필요합니다. 그것이 신앙생활입니다. 가끔 우리는 교회에서 이런 이야기를 합니다.

- 여러분 신앙생활이 무엇입니까? 신앙생활은 일생을 살아가는 동안에 내가 믿음의 사람으로 수없이 만나는 갈림길과 갈등 속에서도 언제나 하나님 편을 선택하는 것, 이것이 신앙생활입니다!

믿음의 사람이라고 해서, 기도하는 사람이라고 해서, 교회 일에 앞장선 일꾼이라고 해서 갈등이 없는 것은 아닙니다. 또 그 사람들이라고 해서 갈림길이 없는 것도 아닙니다. 신앙생활을 잘 한다는 것은 일생을 살아가는 동안에 수없이 만나는 갈등과 갈림길에서 언제나 하나님 편을 선택하는 삶이 진정한 신앙생활입니다. 많은 사람들이 '신자' 혹은 '신앙인'이라는 의식화는 되어 있는데 생활화가 되어 있지 않기 때문에 이방인들에게 많은 욕을 먹고 사는 것이 아닌가 하는 생각을 합니다.

우리가 하나님을 떠나서 살 수 없다면, 하나님께 푹 빠져 살아갑시다. 사는 동안에 순간적으로 급하게 어찌할지 모르는 일들이 반복되어 내 신앙생활에 방해가 되고, 장애가 되어 나를 괴롭힌다면 그것을 자를 줄도 알아야 합니다. 포기할 줄도 아는 결단이 있다면 우리의 신앙생활은 누가 봐도 아름답고 하나님이 보실 때도 칭찬할 만한 믿음이 될 것입니다. '소가 주일마다 구덩이에 빠져서 내가 교회 가는 일에 방해가 된다면 나는 그 소를 팔 것이다'라는 지혜와 결단이 있을 때 우리의 신앙생활은 믿음의 온전한 길이 될 것입니다. 하나님 뜻대로 살아가는 중에 만나는 장애물을 가지치기하고, 수 없이 만나는 갈등과 갈림길에서도 하나님 편을 선택하며 살아가는 믿음의 사람이 되기를 주님의 이름으로 축복합니다.

> 내가 나의 완전함에 행하였사오며
> 흔들리지 아니하고 여호와를 의지하였사오니 여호와여 나를 판단하소서
> [시편26편1절]

어떤 눈물입니까?

[이사야 61장 3절]

자녀들을 키우다 보면 교육상 따끔한 훈육이 필요할 때가 있습니다. 요즘은 안 될 일이지만 옛날 부모님들은 자식에게 매를 들어 훈육하던 시절도 있었지요. 그런데 그 매를 맞는 자녀들에게도 두 가지 부류가 있다는 것을 아십니까? 첫 번째 유형은 '왜 때리냐? 억울하다! 왜 내가 맞아야 되냐?' 울면서 항변하는 유형입니다. 아마도 요즘 같은 세상에선 아이들이 가정폭력으로 부모를 신고하는 일이 종종 있기도 하는 유형입니다. 두 번째 유형은 '내가 왜 엄마의 마음을 아프게 했지? 나 때문에 엄마가 매를 들고 아파하는 엄마를 보는 것이 괴롭다. 나도 이제 컸으니 엄마 마음을 아프게 하지 말아야지'하며 스스로를 반성하며 자책하는 유형입니다.

하나님 편에서도 마찬가지입니다. 하나님께 야단을 맞으며 '왜 이렇게 나만 때립니까? 왜 이렇게 나에게만 어려움을 당해야 합니까?'라고 하는 항변형 성도가 있는가 하면, 야단을 맞으면서 '하나님 뜻대로 잘 살고 싶었는데 왜 내가 또 하나님의 마음을 아프게 했을까? 내 마음은 이런 게 아니었는데 또 하나님 마음을 아프게 했구나'라고 스스로를 반성하며 자책하고 괴로워서 우는 성도가 있습니다. 여러분은 하나님 앞에서 어떤 유형의 마음을 가지고 있습니까? 세상이 주는 어려움으로 억울하다고 울면서 항변하는 첫 번째 유형인가요? 아니면 주님의 기쁨이 되지 못한 나 때문에 하나님이 아파하신다며, 주님의 마음을 아프게 해 드린 것을 반성하며 자책하는 두 번째 유형인가요?

하나님을 향한 눈물이 성숙한 눈물이 되기를 원합니다. 이해할 수 없는 고난과 시련이 와도 고난을 통해 이루실 주님을 기대하며 기쁨의 눈물을 흘리기를 바랍니다. 왜 나에게만 이런 시련을 주셨냐고 불평하고 원망하기보다 나에게만 주어진 특별한 시련을 통해 종내終乃에 이루실 주님의 의를 생각하며 감사의 눈물을 흘리기를 바랍니다. 세상 것 때문에 주님을 원망하며 주님의 마음을 아프게 하며 슬피 우는 어리석은 사람이 되지 않기를 바랍니다. '주님 왜 나만 이 억울한 일을 당해야 됩니까? 왜 나에게 또 이렇게 하십니까?'라고 하는 원망의 눈물을 그치고 주님의 기쁨이 되지 못한 회한의 눈물을 흘리는 믿음의 사람으로 살아가기를 바랍니다.

주님은 기대하십니다. 우리의 삶을 통하여 영광 받으시기를!
주님은 기대하십니다. 우리를 통하여 기쁨 받으시기를!

'나 주님의 기쁨 되기 원하네'라는 찬양이 있습니다. 찬양으로만 부르지 말고 우리의 삶과 행동이 주님의 기쁨이 되기 위하여 바뀌어야 합니다. 기도만 하지 말고 기도를 통해 우리의 삶이 바뀔 수 있도록 행동해야 합니다. 그래서 이제는 우리의 눈물이 세상사는 사람들이 흘리는 서러움과 한탄의 눈물이 아니라 주님을 위하여 흘리는 눈물이 되어야 합니다. 진정 우리의 삶이 주님의 기쁨이 되지 못하고 주님을 아프게 해 드린 것 때문에 눈물을 흘리는 성숙한 믿음의 사람이 되기를 주님의 이름으로 축복합니다.

> 무릇 시온에서 슬퍼하는 자에게 화관을 주어 그 재를 대신하며 기쁨의 기름으로
> 그 슬픔을 대신하며 찬송의 옷으로 그 근심을 대신하시고
> 그들이 의의 나무 곧 여호와께서 심으신 그 영광을 나타낼 자라
> 일컬음을 받게 하려 하심이라
> [이사야 61장 3절]

[사도행전 7장 59-60절]

확실하게 살자

　우리나라 초대교회 때 선배 목사님들이 남긴 일화를 보면 웃음과 가슴 찡한 감동과 교훈을 얻게 됩니다. 그 가운데 6. 25전쟁 때 일화입니다. 어느 날 인민군들이 기독교인을 색출하기 위하여 사람들을 일렬로 세워놓고, 검문소를 통과할 때마다 한 사람씩 직업을 물었습니다. 어느 목사님이 당신 차례가 가까워질수록 고민이 되었습니다. 솔직하게 '내가 목사요'라고 말을 할까? 속일까? 이렇게 고민하다 '목사가 목사라고 떳떳하게 말을 못 한다면 그게 무슨 목사일까!'라고 하는 생각이 들어 사실대로 말하기로 생각하고 있는데,

- 동무는 뭐 하는 사람이오?

- 나는 목사요!

- 오! 목수 동무 수고가 많소.

그러면서 통과시켰습니다. 목사라고 했는데 그 인민군은 목수라고 잘못 알아듣고 통과시킨 것입니다. 그런데 그때 그 줄 뒤쪽에 어느 목사님이 서 있었습니다. 그 목사님도 같은 생각으로 고민하고 있는데,

- 동무는 뭐 하는 사람이오?

- 나는 약장수요!

- 오! 약장수 동무 가시오.

그 약은 성경의 '구약'과 '신약'을 말한 것인데 인민군이 약사인 줄 알고 통과시켰던 것입니다.

　또 이런 내용도 있었습니다. 어떤 청년이 인민군한테 쫓겨서 교회로 들어왔습니다. 목사님은 청년을 교회의 성전 위에 있는 다락방에 숨겨줬습니다. 잠시 후 인민군이 쳐들어왔습니다.

- 목사 동무, 여기 금방 젊은이가 들어오지 않았소?

목사님은 그 성전 마룻바닥을 발로 차면서

- 여기는 없어요!

라고 했습니다. 그러자 인민군은 그 말을 믿고 돌아갔습니다. 그리고 다락에 숨어있던 그 청년이 내려와서 목사님께 물었습니다.

- 목사님, 죄송합니다. 저 때문에 목사님이 거짓말을 하게 해 드려서 정말 죄송합니다.
- 아니야, 미안할 것 없어. 난 거짓말 한 적 없네. 나는 다락에 없다고 안 했어. 여기, 바닥에 없다고 그랬지!

    우리가 겪고 있는 코로나로 예배를 드리는 것이 얼마나 귀한 일인 줄 알면서도 눈에 보이지 않는 미세한 바이러스 때문에 예배를 성전에서 드리지 못하는 모습을 봅니다. 앞으로 우리가 살아가는 세상에는 이보다 더 큰 어려운 일들과 신앙인으로 올바른 자세를 갖추고 살아가기 힘들 때를 만나게 될 것입니다. 그때 우리 신앙인들은 어떤 자세로 살아야 할까요? 잠깐의 편안함을 위하여 영원한 자리에 부끄러움을 남길 것인지, 영원한 나라의 상급을 위하여 잠시 괴로움을 감당할 것인지, 주님의 사람으로 어떤 자세를 가지고 살아야 하는 것인지 돌아보는 시간이 되길 바랍니다. 오늘, 주님 앞에서 당당한 승리자의 길을 걸어가기를 주님의 이름으로 축복합니다.

> 그들이 돌로 스데반을 치니 스데반이 부르짖어 이르되
> 주 예수여 내 영혼을 받으시옵소서 하고 무릎을 꿇고 크게 불러 이르되
> 주여 이 죄를 그들에게 돌리지 마옵소서 이 말을 하고 자니라
> [사도행전 7장 59-60절]

[디모데전서 1장 12-13절]

인정하라

우리가 세상을 살면서 신앙인으로 당당하고 겸손하게 살아갈 수 있는 비결이 있습니다. 언젠가 이런 질문을 받았습니다.

- 목사님, 예수 믿는 사람들은 뭔가 좀 기운이 없어 보이고, 맥도 없어 보이는 것 같아요.

이 질문을 받고 생각해 보니 영 틀린 말은 아닌 것도 같았습니다. 왜냐하면 성도들에게 항상 강조했던 말이었기 때문이었습니다.

- 우리 믿음의 사람들은 당당하게 살아야 합니다! 왜? 내가 누구인가를 깨달으면 우리는 당당할 수 있습니다. 여러분 우리 과거가 어땠습니까? 성경은 말합니다. 내가 전에는 죄의 종이었다고 하지 않았습니까! 맞습니다. 인정합니다. 우리의 과거는 죄의 종이었습니다. 저도 과거에는 어둠의 자식이었습니다. 그런데 놀라운 건, 현재는 예수의 보혈로 죄 사함을 받아 의인의 호칭을 받는 하나님 자녀의 반열에 있는 복된 자리로 옮겨진 사람이라는 것입니다. 로마서 8장 15절에 오늘 우리는 하나님의 성령으로 말미암아 양자의 영을 받아 하나님을 '아빠 아버지'라고 부르는 위치에 와 있는 하나님의 자녀입니다.

인정하여야 합니다! 과거의 나는 죄인이었음을 인정해야 합니다. 현재의 나는 의인의 반열에 있는 하나님의 자녀이기에 당당한 모습으로 살아가야 합니다. 어떤 근거로 당당함을 보여야 할까요?

첫째, 내 의로 의인의 반열에 있는 것이 아니라 나는 아무 공로 없는데 '하나님의 은혜'로 나는 죄에서 구원은 받은 것입니다.

둘째, 하나님의 자녀의 반열에 옮겨 놓으셔서 나는 하나님의 자녀가 되었습니다.

셋째, 죄를 사해 주셔서 죄가 없어졌다며 더 이상 죄인의 몸이 아닌, 자유의 몸이 된 것입니다.

내가 의인이 되고 싶어 의인이 된 것이 아니라 주님께서 죄인이었던 나를 불러주셔서 죄를 가리어 주시고, 씻겨 주시고, 기억하지도 않으시며, 나를 의인으로 칭해 주셨습니다. 이러한 사실을 인정하면 돌아오는 복을 겸손하게 받아들일 수 있는 것입니다.

의인의 복은 무엇일까요? 의인의 자리에 있는 것으로 끝나지 말고, 구원의 반열에 올라간 것으로 끝나지 말고, 우리에게 준비된 그 천국을 유업으로 받는 복을 누리는 것입니다. 그렇다면 천국은 어떤 곳일까요? '썩지도 않고, 더럽지도 않고, 쇠하지도 않을 나라, 눈물도 없고, 고통도 없고, 질병도 없는 영원한 나라'입니다. 이처럼 위대한 나라를 준비해 놓으시고 우리에게 유업으로 주신다고 하셨습니다. 그러나 마귀는 우리가 천국을 소유할 수 없도록 훼방합니다. 주의 일을 열심히 하려 할 때나 교회 봉사를 하려고 하면 자꾸만 과거를 회상시키며 '야, 너 왜 그래? 옛날처럼 살아! 너답지 않고 안 어울려' 이렇게 속삭이며 우리를 영적으로 죽게 만듭니다. 주님이 기억하지 않는 것을 마귀는 자꾸 끌어다가 우리를 영적으로 무력하게 만들려고 합니다. 우리는 마귀에게 속지 말아야 합니다. 하나님의 은혜로 거듭난 새사람으로 나를 인정한다면 당당하면서도 겸손할 수 있습니다.

주님 나라 갈 때까지 악의 뿌리는 깨끗이 단절하고, 하나님의 나라를 위하여 더 멋있게 전진하는 우리 모두가 되기를 주님의 이름으로 축복합니다.

> 나를 능하게 하신 그리스도 예수 우리 주께 내가 감사함은 나를 충성되이 여겨 내게 직분을 맡기심이니 내가 전에는 비방자요 박해자요 폭행자였으나 도리어 긍휼을 입은 것은 내가 믿지 아니할 때에 알지 못하고 행하였음이라
> [디모데전서1장12-13절]

변 화

진정한 기도는
기도만 하는 것이 아니라
기도하는 것만큼 내가 바뀌는 것이다.

만두 가게 이야기

[에베소서 6장 1-3절]

가정의 달, 특히 어버이날이 되면 생각나는 글이 하나 있는데 <만두 가게 이야기>라는 제목의 글로 기억합니다. 한 장소에서 10년 넘게 만두 가게를 하고 있는 어느 만두 가게 주인의 이야기입니다.

매주 수요일 오후 3시쯤이면 할아버지와 할머니는 각자 따로 오셔서 만두 한 판을 시켜 드시면서 몇 마디 이야기를 나누시다가 헤어지기가 아쉬운 듯 손을 꼭 잡고 나가시는 거였습니다. 만두 가게 주인은 그분들의 관계가 궁금해서 다음 주에 오시면 할머니 할아버지 두 분이 어떤 사이인가 물어봐야겠다는 생각을 했습니다. 왜냐면 어떻게 보면 부부 같기도 하고, 어떻게 보면 노년에 만난 애인 사이인 것 같았기 때문이죠. 그래서 다음 주 수요일을 기다렸습니다. 그런데 다음 주 수요일이 되었는데 할아버지 할머니께서 오시지 않으셨습니다. 그다음 주에도 안 오시고, 또 그 다음 주에도 오시지 않으셨습니다. 만두 가게 아저씨는 처음 몇 주간은 궁금했지만 여러 주를 안 오시다 보니 그만 그분들을 잊고 지냈습니다. 그러던 어느 수요일 3시쯤에 할아버지께서 오셨습니다. 만두 가게 아저씨는 반가운 마음으로 할아버지 테이블에 물컵을 놓아드리며 반갑게 물었습니다.

- 할아버지, 오랜만에 오셨네요. 할머니도 곧 오시겠죠?

그랬더니 기운이 하나도 없는 모습으로 할아버지께서 이렇게 말씀을 하셨습니다.

- 이제 우리 할멈 못 와요. 하늘나라 갔어요!

라고 하시는 거였습니다. 만두 가게 아저씨가 놀라서 자초지종을 물어보니 두 분은 부부셨는데 큰 며느리가 '나만 자식이 아닌데 왜 나만 모셔야 되느냐?' 그러면서 손아래 동서 보고 '자네도 부모님을 모셔, 두 분 다 모시기 힘들면 한 분씩 나눠서 모시자고!' 그래서 수원에 사는 큰아들은 아버지를 모시고, 목동에 사는 작은아들은 어머니를 모시게 되었다는 것입니다. 그래서 두 분은 헤어져 살게 되셨는데, 평생 함께 살던 부부가 떨어져 살다 보니 얼마나 보고 싶었겠어요. 그래서 수요일이면 서로 얼굴도 볼 겸 두 분이 좋아하시는 만두도 드시면서 일주일에 한 번씩 그 만두 가게에서 만나고 돌아가는 것이 일상이 됐노라고 하시면서 이렇게 말씀하셨습니다.

- 우리 할멈이 아파서 누워 있다가 하늘나라로 먼저 갔어요. 이제는 볼 수가 없어요. 그리고 나도 여기 올 일이 없을 것 같았는데 집사람이 생각나면 이 집도 생각나서 이렇게 오게 됐어요!

이 짧은 글을 읽으며 뭔가 찡하면서도 가슴 한편에선 쓸쓸한 마음이 들었습니다. 요즘 시대가 그런 건가요? 아니면 그 집 자식들만 그런 건지요…. 어버이날에 꽃 하나 달아드리고 선물 하나 사드리는 것, 건강식품 사드리고 용돈 드리는 것, 그것보다도 더 중요한 것이 있지 않겠습니까? 진정한 효도는 마음을 편하게 해 드리는 것이고, 부모님의 마음을 헤아리는 것이 아닐까요? 하나님께서 우리에게 '너희는 부모를 공경하라' 이렇게 십계명으로 명령하셨습니다. 부모님을 공경하는 것은 우리의 '선택'이 아니라 주님께서 친히 명하신 '명령'인 것입니다. 그 계명을 지킬 때 하나님께서는 우리에게 '잘되고 장수하는 축복'을 주신다고 하셨습니다. 그 은혜가 우리에게 임하기를 주님의 이름으로 축복합니다.

> 자녀들아 주 안에서 너희 부모에게 순종하라 이것이 옳으니라
> 네 아버지와 어머니를 공경하라 이것은 약속이 있는 첫 계명이니
> 이로써 내가 잘되고 땅에서 장수하리라
> [에베소서6장1-3절]

[요한복음 13장 34절]

되로 주고 말로 받기

어느 부부가 차를 타고 남편이 운전을 하며 가는데 옆에 있는 아내가 잔소리를 합니다.
- 여보! 너무 속력이 빨라요. 조금 줄여요.
- 지금 규정 속도로 가고 있어. 왜 이리 잔소리가 많아!
- 아휴, 여보! 브레이크 좀 살살 밟아요. 심장이 떨려서 못 살겠어요.
- 당신 심장이 약한 거지. 이 정도 운전이면 준수한 거야. 당신은 친정엄마 한테 그렇게 잔소리하는 것만 배웠어?

대개 부부가 싸울 때 보면 친정 이야기, 시집 이야기로 싸우는 예가 많습니다. 남편의 말에 아내도 질세라
- 그래, 나는 친정엄마한테 잔소리하는 거만 배웠다! 당신은 그 더러운 성질 머리 당신 아버지한테 배운 거지?

서로 신경이 날카로워지면 언성이 높아집니다. 그러는 중에 남편이 운전하다가 도로 옆을 보니까 개 한 마리가 지나가고 있었습니다. 남편이 개를 보며 아내에게 '저기 당신 친척 지나간다!' 이렇게 빈정대자 아내가 창문을 스르르 내리더니 개를 보고 한 마디 던졌습니다. '시아버님, 어디 가세요?' 나는 이 글을 읽고 한참을 웃었습니다. 그리고 '되로 주고 말로 받는다'는 옛말이 생각났습니다. 지금이 딱 그 상황입니다. 괜히 아내한테 말 한마디 잘못 했다가 자기네 집안이 개 집안이 된 것입니다.

성경은 언어에 대하여 강조하고 있습니다. '사람은 입의 열매로 인하여 복록을 누린다'[잠언12:14], '죽고 사는 권세가 혀에 달려 있다'[잠언18:21] 그렇습니다. 세상을 살아가는 동안 말 잘해서 미움 받고, 말 잘해서 뺨 맞는 사람을 본 적이 없습니다. 교회 안에서도 마찬가지입니다. 얼마 전에 우리 교회 헌

신예배가 있었습니다. 청소년부 헌신예배인데 우리 청소년부 회장이 사회를 보았습니다. 사회를 보는 회장이 강사를 소개하는데, 그날 강사가 나였습니다. 자기 담임 목사이니 그냥 '오늘 목사님이 설교하시겠습니다'라고 하면 되는 것을 '유엔에서 인정한 세계 최강 동안이신 목사님! 세계 최고 미남 목사님을 소개하겠습니다!' 그렇게 나를 소개하지 않겠습니까. 나는 속으로 생각했습니다. '아이고, 그놈 정말 예쁘다!' 맞는 말은 아닌데 기분 좋은 말이 있고, 틀린 말은 아닌데 기분 나쁜 말이 있습니다. 누군가와 오랜만에 만나서 '아이고, 그동안 왜 그렇게 많이 늙으셨데요!' 하면 그 소리가 기분 좋을 수가 없습니다. 그런데 오랜만에 만났는데 '아니 옛날이나 지금이나 어떻게 그렇게 변함이 없으세요'라고 하면 기분이 나쁘지는 않습니다. 인간관계 속에서도 마찬가지고, 교회 안에서도 그렇습니다. 말 한마디만 잘해도 그것이 복이 되어 돌아옵니다. 말 한마디만 잘해도 그것이 내게는 씨가 되고 열매가 되어 거두게 된다는 뜻입니다.

나도 좋고, 남도 좋고, 교회도 좋고, 사회도 좋고, 이웃도 좋은 말을 써야 합니다. 그중에 가장 복된 말은 '칭찬'이고 '감사'입니다. 그 사람을 만난 것에 감사하고, 그 사람과 대화하면서 그 사람을 칭찬합시다. 목사님을 칭찬하고 성도를 칭찬합시다. 배우자를 칭찬하고 자녀를 칭찬합시다. 서로에게 칭찬이 있고 감사가 있는 삶이라면 아름다운 사회, 아름다운 교회, 아름다운 가정이 될 줄로 믿습니다. 복된 입술로 좋은 것을 거둘 수 있는 그런 일꾼이 되기를 주님의 이름으로 축복합니다.

> 새 계명을 너희에게 주노니 서로 사랑하라
> 내가 너희를 사랑한 것 같이 너희도 서로 사랑하라
> [요한복음13장34절]

[골로새서 3장 17절]

그냥 하하하

예전에 이런 글을 읽은 적이 있습니다. 어느 동네에 꿈 해몽을 잘하는 사람이 있었습니다. 너무 꿈 해몽을 잘한다고 소문이 난 터라 어떤 사람이 호기심에 꾸지도 않은 꿈을 말하면 어떻게 해몽을 해 줄까 궁금해서 그를 찾아갔습니다.

- 내가 어젯밤에 꿈을 꿨는데 돼지가 꿀꿀거리며 내게로 달려오던데, 그게 무슨 뜻일까요?
- 허허, 오늘 아마 맛있는 음식이 선물로 들어올 것 같소!

놀라운 것은 그날 시집간 딸이 연락도 없이 오랜만에 맛있는 것을 한 보따리 가져와서 아주 푸짐하게 먹게 된 것입니다. 신기한 마음에 며칠이 지난 뒤에 또 다시 해몽가를 찾아갔습니다.

- 아 글쎄, 내가 어젯밤에 꿈을 꿨는데 지난번 그 돼지가 또 꿀꿀거리고 있던데 이건 또 무슨 꿈인가요? 이번에도 먹을게 들어오는 꿈입니까?
- 하하, 좋은 이부자리나 좋은 양복이 선물로 들어오겠네요!

놀랍게도 그날, 가까운 친척이 자기에게 양복 한 벌을 선물 해 주는 것이었습니다. 참 신기해서 며칠 후에 그 해몽가를 또 찾아갔습니다.

- 거 이상하게 이번에도 그 돼지가 또 꿀꿀거리는데 이건 또 무슨 뜻일까요?
- (고개를 저으며) 허허, 다칠 일이 있겠으니. 몸조심하시오!

이번엔 왠지 뭔가 좀 엉터리 같기도 했지만 그동안 두 번이나 잘 맞힌 걸 생각해서 조심하느라고 그날은 밖에도 안 나가고 안방에 누워 있는데, 아뿔싸! 선반에 올려놨던 그릇이 자기 머리로 뚝 떨어지는 바람에 머리가 깨지는 사고가 생겼습니다. 그래서 그 상처를 치료하고 나서 해몽가를 다시 찾아갔습니다. 그리고 사실대로 말했습니다.

- 내가 이차저차 꿈을 꾸었다고 거짓으로 세 번을 물었는데 당신은 세 번 모두 정확하게 맞혔습니다. 어떻게 거짓말 꿈도 맞힐 수 있습니까?
- 그거 뭐 별로 어렵지 않은 겁니다. 첫 번째 돼지가 꿀꿀거렸다는 것은 배고파서 꿀꿀거리니 배고픈 돼지에게 밥을 주면 되지 않겠습니까? 그래서 먹을 것이 들어 오겠다고 한 것이고, 두 번째 꿀꿀거린 것은 밥을 먹고 배부른 돼지가 잠자리를 찾는다는 뜻이 아니겠어요? 그래서 이부자리나 좋은 옷이 생길 것이라고 했던 것입니다.
- 그럼 세 번째 다칠 일이 있으니. 몸조심 하라는 것은 무슨 뜻입니까?
- 생각해 보시오. 배고파 밥 달라고 꿀꿀거릴 때 밥을 줬고, 잠이 와서 꿀꿀거릴 때 잠자리까지 준비해 줬는데 또 꿀꿀거리는 돼지는 얻어터질 일밖에 더 있겠어요? 그러니까 당신이 얻어터진 거지요.

    그렇습니다. '주신 걸 감사할 줄 알고, 누리는 걸 감사할 줄 알아야지 더 달라고 꿀꿀대기만 하면 얻어터질 일 밖에 더 있겠습니까?' 지나온 날을 돌아보면 감사할 일이 가득합니다. 조금은 불편한 것도 있었을 것입니다. 그러나 주신 것을 감사하기보다는 부족한 것을 불평하다가 혹시라도 하나님 앞에 미움받아 맞을 자리에 있는 것은 아닌지 자신을 돌아보아야 합니다. 매일 하루를 맞이하며 하나님 앞에 더 감사하고, 주신 것에 더 감사하여 헌신할 줄 아는, 긍정적인 믿음으로 그냥 하하하! 웃으며 시작하는 일꾼이 되기를 주님의 이름으로 축복합니다.

> 또 무엇을 하든지 말에나 일에나 다 주 예수의 이름으로 하고
> 그를 힘입어 하나님 아버지께 감사하라
> [골로새서3장17절]

[시편 121편 1-2절]

낙타 물혹

어느 교회에 부흥회를 갔는데 예정 시간 보다 일찍 도착하여 목사님 서재에서 차를 마시며 기다리고 있는데 탁자 위에 한 권의 책이 눈에 들어왔습니다. 그 교회의 전도 책자였습니다. 무심히 책을 펴서 읽는데 '낙타의 혹'이라고 하는 제목의 글이 있었습니다. 흔히 사람들은 낙타 등에 있는 두 개의 혹을 물주머니라고 생각하고 있다는 것입니다. 나 역시 그렇게 생각하고 있었습니다. 그런데 그게 물주머니가 아니라 지방이라고 합니다. 불편하기도 하고 미관상 좋지도 않은 그 지방 덩어리로 인해 낙타는 사막의 혹독한 열기와 매서운 추위를 이겨낼 수 있다고 합니다. 또한 물이 없고 먹을 것이 없을 때 혹에 있는 지방 덩어리가 신진대사를 통하여 영양분이 되고, 그 영양분으로 인하여 사막의 열기와 추위를 견뎌내며 물 없이도 8일 정도는 견딜 수 있다고 합니다. 그리고 낙타는 짐을 싣고 가다가 힘이 들어 더 이상 갈 수 없을 때는 두 무릎을 탁 꿇고 주인 앞에 엎드려서 눈으로 이렇게 말을 한다고 합니다. '주인님, 내가 힘들어서 더 이상 갈 수 없으니 이 짐을 조금만 덜어 주세요' 그러면 주인은 그것을 알아듣고 사막을 갈 수 있도록 짐을 덜어낸다고 합니다. 이 글을 읽으면서, 우리가 살아가는 동안 때로는 외면하고 싶기도 하고, 때로는 좋지 못한 일을 당하기도 하지만 지나고 보니 그것 때문에 혹독한 삶을 견딜 수 있는 훈련의 기회가 되기도 했던 지난날을 떠올리게 되었습니다.

살다 보면 좋은 일만 있는 것은 아닙니다. 보이지도 않는 미생물인 코로나 바이러스 때문에 쩔쩔매고 두려움에 떨기도 했지만 이것은 생각하기 나름입니다. 어찌 보면 한 박자 쉬면서 우리를 한 번 더 돌아 볼 수 있는 기회도 되고, 이 험악한 세상을 어떻게 대처하며 살아가야 될 것인가를 깨달을 수 있는 기회가 아닌가 생각합니다. 살아가다가 힘들어 버거울 때 낙타처럼 주님 앞에 무릎을 꿇고 '주님, 나 지금 너무 힘들고 너무 어려우니 내 짐 조금만 덜어 주십시오. 주님, 나 조금만 좀 도와주세요'라고 하면 '감당할 만한 시험을 주시는'[고린도전서10:13] 우리 주님은 우리의 짐을 조금 더 내려 주시거나, 같이 짊어 주시거나, 아니면 전부 벗겨 주시지 않을까요?

우리가 낙타를 보면 예쁘지도 않고 쓸모없는 혹이 두 개 있다고 생각하지만 그 혹이 혹독한 사막의 시련을 이길 수 있도록 도와주는 영양분이라는 것을 생각하면 오늘 우리에게 닥치는 어려운 문제도 결코 우리를 죽일 문제가 아니라 우리를 혹독한 세상에서 잘 견딜 수 있도록 훈련하는 계기가 되는 것이 아닐까 하는 생각을 하게 됩니다. 세상을 살다 보면 쉬운 일만 있는 것이 아니라 혹독하고 어려운 일들도 만나게 됩니다. 그때마다 우리가 무릎 꿇고 하나님 앞에 호소하며 도움을 구할 수 있다는 것만으로도 이미 우리는 복을 품고 있는 사람인 것입니다. 낙타처럼 무릎을 꿇고, 낙타처럼 주님의 도우심을 간청할 때 우리의 간절한 부르짖음과 도우심을 간구하는 우리에게 주님의 손길이 뻗어지고 있음을 믿으셔야 합니다. 낙타처럼 하나님 앞에 무릎 꿇고 살아갑시다. 그리고 어떤 환경도 이겨나갈 수 있도록 훈련하시는 하나님의 훈련을 통과하는 승리자가 되기를 주님의 이름으로 축복합니다.

> 내가 산을 향하여 눈을 들리라 나의 도움이 어디서 올까
> 나의 도움은 천지를 지으신 여호와에게서로다
> [시편121편1-2절]

[마태복음 7장 1-2절]

균형을 이루라

부흥사역을 하다 보면 크고 작은 교회와 기도원을 다니게 되는데 그러다 보면 여러 가지 상황 속에서 다양한 유형의 성도들을 만나게 됩니다.

기도원에 가서 보면 기도할 때 두 손 들고 뜨겁게 온 몸을 흔들며 기도했던 성도가 예배가 끝나고 식당에 가서 길게 늘어선 줄을 보며 은근슬쩍 새치기를 하는 얌체로 변하는 모습을 종종 보게 됩니다. 기도는 열심히 하는데 새치기를 하고, 기도는 뜨겁게 하는데 버스를 탈 때 자리를 먼저 잡겠다고 가방을 던져 놓고 '내 자립니다'라고 표시하는 사람들을 보게 됩니다. 그리고 역사가 오래된 교회에 가서 집회를 하다보면 점잖고 거룩하게 보여 누가 보더라도 신앙생활을 오래 하신 티가 나는 성도들이 있습니다. 집회가 끝나고 잠시 환담을 나누다보면 스스럼 없이 나에게 이렇게 말합니다.

- 저 사람은 저렇고요, 이 사람은 이래요, 그리고 저 사람은 저러니 하나님이 주시는 복을 못 받아요!

그 성도의 눈에 걸리는 사람들이 많았던지 처음 보는 나에게 험담하는 것입니다. 그런 모습들을 보면서 '아, 신앙생활은 너무 말씀만 알아도 문제고, 너무 말씀 없이 기도만 해도 문제구나. 기도가 없어도 문제고, 말씀이 없는 것도 문제지만 너무 알기만 해도 문제이고, 너무 몰라도 문제이고 결국 신앙생활은 말씀과 기도가 겸비되어 균형을 이룰 때 그 모습이 아름다울 텐데' 이런 생각을 하게 되었습니다.

어쩌면 앞서 말한 것을 사람들은 알고 있을 것입니다. 그런데 그 앎이 나를 바꿔가는 앎이 아니라 남을 비판하는 앎이 될 때 그것이 바로 바리새인 같은 신앙인이 아니겠습니까. 교회에서 열심히 일하자고 하는 여전도회 회원이 여전도회 회비를 안 내는 사람들을 볼 때가 있습니다. 많은 것 때문에 사람들이 의가 상하고 시험에 드는 것은 아닌 것 같습니다. 권사님이 여전도회 회비를 안 내어 여전도회 회계가 시험에 드는 경우도 있습니다. 남전도회에서 회비를 안 내는 장로님 때문에 시험에 드는 경우가 더러 있습니다. 회원 중에 누군가 회비 문제로 이야기하면 다소 황당하게 말을 합니다.
- 어, 그렇게 많이 밀렸어? 왜 여태 말을 안 했어!
그걸 꼭 말을 해야 알까요? 회비가 공동체의 의무라는 것을 장로님이 모르고 계셨을까요?

'오직 주님의 말씀을 읽고 묵상하십시오!' 그 말씀 속에서 내게 주시는 주님의 음성을 들으며 내 삶에 적용하여 나를 주님의 사람으로 만들어 가야 합니다. '진솔한 마음으로 기도하십시오!' 기도 중에 나에게 뭐라 말씀하시는 주님의 음성에 귀 기울여 보세요. 달라고 요구만 하는 기도가 아니라 그 요구하는 기도 속에 주님의 음성을 들어야 합니다. 기도만 해도 문제가 되고, 너무 말씀만 읽거나 듣기만 하는 것도 문제가 됩니다. 이 두 가지 모두가 균형을 이루며 살아갈 때 우리 교회는 아름다운 주님의 공동체가 되어갈 것입니다. 더불어 남을 내 잣대로 비판하며 가르치려 들지는 않았는지 자신을 돌아보아야 합니다. 기도를 한다고 하는데 생활이 별로 달라지지 않는다면 내 안에 나만의 하나님을 모셔놓고 필요에 따라 하나님을 소환하여 내 신앙의 연륜으로 남을 정죄하며 살아가는 것은 아닌지 돌아보면서 신앙의 균형을 갖춘 아름다운 삶이 되기를 주님의 이름으로 축복합니다.

> 비판을 받지 아니하려거든 비판하지 말라
> 너희가 비판하는 그 비판으로 너희가 비판을 받을 것이요
> 너희가 헤아리는 그 헤아림으로 너희가 헤아림을 받을 것이니라
> [마태복음7장1-2절]

[로마서12장11절]

닳을지언정 녹슬지 않게 하라

　요즈음 들어 부쩍 우리 장로님들이나 가족들이 내 나이를 언급하며 '연세도 있으시니 일을 좀 줄이고 건강도 챙기세요' 하면서 얼마나 사랑의 잔소리가 많은지 모릅니다. 그래서 지난주일 낮 예배 때에는 아예 선포했습니다.

- 나는 일을 줄일 생각이 전혀 없으니, 앞으로는 나한테 일 좀 줄이라는 말은 절대 하지 마세요. 이 나이에 바쁘게 써 주시는 것도 감사하고, 일할 수 있는 건강 주신 것도 감사하고, 오라고 초청하는 곳이 많은 것도 감사하고, 또 이렇게 쓰시고 싶으셔서 생명을 연장해 주셨는데 내가 할 일을 안 하면 그분이 얼마나 섭섭하시겠습니까? 그리고 내가 일을 줄인다고 지금보다 더 건강할 수 있다는 보장이 있습니까? 그러니 나는 사명대로 살다가 주님 앞에 갈 테니 내 건강이 걱정되면 기도로 함께 해주세요

이렇게 이야기하곤, 내가 잘 아는 전도사님의 부지런한 생활 자세에 대해서 얘기했습니다.

　그 전도사님이 30여 년을 한결같이 섬기셨던 목사님이 계셨는데 그 목사님은 우리나라 목회자 중에 최장수자가 아니실까 싶은 교계에서 아주 덕망 있고 존경받으시던 분이셨습니다. 그 목사님이 생전에 늘 하시던 말씀이 '닳을지언정 녹슬게는 하지 말라!'라는 말씀이었답니다. 그래서 자기는 늘 그 말씀이 몸에 배어 게을러지고 싶다가도 '아이고, 닳을지언정 녹슬게는 하지 말아야지' 하며 부지런히 움직이다 보니 부지런함이 몸에 배었다고 합니다. 그래서 나도 닳을지언정 녹슬게는 하기 싫어서 열심히 뛰고 있으니 기도로 응원해 달라고 부탁을 했습니다.

기계라고 하는 것은 안 쓰면 녹이 슬어 사용하기 어려워질 수 있지만, 기름칠하며 사용하다 보면 닳기는 하지만 녹슬어 부식되어 못 쓰는 것보다는 오래 쓸 수가 있는 것입니다.

하나님은 우리를 각기 다른 모양과 다른 재능으로 이 세상에 보내신 것만큼 여러 모양으로 쓰시기를 원하십니다. 그러니 어떤 일이든 내게 주어진 일과 내가 해야 할 일이라면 불평과 짜증과 게으름으로 하지 말고 오직 감사로 감당해야 합니다.

데살로니가후서 3장에 보면 바울 사도께서는 데살로니가 교회 성도들에게 강력한 어조로 명령하십니다. '게으른 자를 멀리하라!' 그런데 거기에 한 마디를 더 붙이십니다. '그런 사람들의 특징은 일만 만드는 사람'이라는 것입니다. 그렇습니다. 대개는 일을 안 하는 사람의 특징이 일거리를 만들고 말거리를 만든다는 것입니다. 그러니 우리 기왕에 하나님의 사람으로 살아가며 하나님의 일을 할 거라면

1. 기쁘게 합시다. 2. 감사함으로 합시다. 3. 본이 되게 합시다. 4. 덕스럽게 합시다. 5. 복되게 합시다. 6. 말없이 합시다. 7. 끝까지 합시다.

우리는 잠깐 살다가는 인생입니다. 게으르게 살아서 녹슨 인생으로 살다가기보다는 닳도록 주님께 쓰임 받다가 영원한 나라, 천국에 상급 있는 삶으로 준비하며 살아가기를 주님의 이름으로 축복합니다.

> 부지런하여 게으르지 말고 열심을 품고 주를 섬기라
> [로마서12장11절]

[마태복음 13장 44절]

정말 있나요?

전도를 하다 보면 '천국이 정말 있는 겁니까?'라는 질문을 받을 때가 있습니다. 예수를 믿고, 신앙생활을 하는 분들 중에서도 천국에 대한 간증을 듣거나 천국과 지옥을 갔다 왔다는 사람들의 간증을 들으면서도 정말 그들이 천국을 갔다 온 것인지 의심된다는 소리를 들을 때도 있습니다. 그럴 때면 '저분이 천국을 갔다 왔는지, 지옥을 보고 왔는지 그리고 진짜 천국이 있는 것인지 없는 것인지 알 수 있는 방법이 하나 있습니다' 그렇게 말하면 많은 분들이 '그걸 알 수 있는 방법이 무엇입니까?' 되묻곤 하는데 실상은 아주 간단합니다. 그것은 천국을 보고 왔다고 하는 그 시점을 중심으로, 이전의 생활과 천국을 보고 왔다고 하는 이후의 삶이 어떻게 바뀌었나를 보면 알 수 있습니다. 천국과 지옥을 대변하는 그 삶의 모습이 곧 증거인 것입니다.

<깡통을 차고 빌어먹어도 지옥만은 가지마라>라고 하는 제목의 간증 책을 쓰신 김상호 장로님이 있습니다. 그 책의 내용은 이렇습니다. 김상호 장로님은 가족 중에 다섯 명이 무당인 가문에서 태어났습니다. 결혼 후 예수님을 믿게 됐는데 교회에 발을 딛은지 한 달 만에 첫딸이 죽었습니다. 그리고 한 달 뒤에 또 딸 하나가 죽었습니다. 딸 다섯에 아들 둘이 있었는데 일년 사이에 여섯 자녀가 죽은 것입니다. 마지막 여섯 번째로 둘째 아들이 죽었을 때는 혼절을 했습니다. 그때의 체험을 깨어나서 책에 담은 것입니다. 마치 욥처럼 일 년 사이에 여섯 자녀를 잃게 되었을 때 교회를 다니는 그에게 주변인들의 많은 비아냥과 조롱이 있었을 것입니다. 그런데도 그분이 예수님을 떠날 수 없었던 이유가 바로 그 책 속에 쓰여 있습니다. 그것이 무엇일까요? 그분은 혼절했을 때 천국과 지옥을 보았던 것입니다. 그런 뒤에 그분이 '깡통을 차고 빌어먹어도 지옥만은 가지 말아야겠다'는 것을 깨달았기

때문에 예수님을 믿는 것, 교회에 다니는 것, 자신에게 임한 신앙생활을 포기할 수 없었던 것이었습니다. 그분의 책을 읽으면서 깨달은 게 하나 있습니다. 신앙생활을 시작하여 일 년 사이에 육 남매를 잃게 되는 그런 경험이 없었더라면 그분이 끝까지 예수님을 믿을 수 있었을까? 교회를 다닐 수 있었을까? 그런데 그분이 본 천국이 너무 아름답고, 그분이 본 지옥이 너무 두려웠기 때문에 천국과 지옥을 정확하고 확실하게 전하며, 그 확실한 믿음이 있었기에 승리할 수 있었다는 것입니다.

천국은 있을까요? 지옥은 있을까요? 무엇을 보면 알 수 있나요? 그것은 천국을 보았다는 사람의 삶을 보면 알 수 있습니다. '이전의 삶'과 '이후의 삶'이 달라졌다면 분명히 그분이 본 천국은 있는 것입니다. 하지만 많은 사람들이 천국을 보았다, 지옥을 보았다 하며 간증은 하는데 그 삶은 전혀 바뀌지 않는 분들도 간혹 보게 됩니다. 그것은 어쩌면 가짜였거나 어쩌면 자기가 본 것을 정확하게 인지하지 못하고 있는 것 아닌가 하는 의문을 갖게 됩니다.

여섯 자녀를 잃고도 그 자리를 떠날 수 없었던 것, 그 믿음을 포기할 수 없었던 이유는 바로 여기에 있습니다. 그 무서운 지옥 그리고 너무도 아름다운 천국을 내가 전하지 않고는 살 수가 없고, 내가 전하지 않고는 안 되겠다고 하는 그 믿음 때문에 그는 죽도록 전도하고, 죽도록 주님을 섬기며 헌신했던 자로 기록되고 있습니다. 우리들도 천국에 대한 확신을 가지고 끝까지 승리하는 우리 모두가 되기를 주님의 이름으로 축복합니다.

> 천국은 마치 밭에 감추인 보화와 같으니 사람이 이를 발견한 후 숨겨 두고 기뻐하며 돌아가서 자기의 소유를 다 팔아 그 밭을 사느니라
> [마태복음13장44절]

[사도행전19장8절]

단, 불신자는 허락합니다

어느 목사님께서 위암으로 병원에 입원하고 있을 때 병문안을 너무 많이 오니까 병원 측에서 '환자의 안정을 위해서 면회를 금합니다.'라고 문 앞에 붙이려는데 목사님의 부탁으로 거기에 한 줄 더 삽입하였다고 합니다.

- 환자의 안정을 위해서 면회를 금합니다.
- 단, 불신자는 허락합니다.

그때 불신자인 친구가 면회를 허락받고 들어와서 친구인 목사님의 손을 잡고 위로하며 이런저런 얘기를 하다가

- 그런데 친구야 궁금한 게 있는데 왜 불신자만 면회를 허락한 거야?
- 으~응, 그거야 예수님을 믿는 성도들은 내가 죽은 후에라도 천국에서 또 만날 수 있지만 친구처럼 예수 안 믿는 사람들은 지금 못 보면 다음엔 영원히 못 볼 것 같아서 그랬지!
- 친구야 정말 궁금해서 묻는 건데 너는 정말 천국이 있다고 생각해? 목사라고 그냥 대답하지 말고 나한테만 솔직하게 말해 봐.
- 나는 천국이 있다고 생각하는 것이 아니고 천국이 있다고 믿는 거야! 그 천국이 있음을 믿으니까 죽음 앞에서도 다시 만날 수 있는 사람과 다시 만날 수 없는 사람을 구분하여 면회를 허락하는 것이 아니겠어?

그랬더니 그 친구가 심각하고도 결의에 찬 말투로 친구 목사님의 두 손을 잡더니 하는 말,

- 야, 친구야 너 보니까 진짜 천국이 있는 것 같은데 나도 교회 나가고 싶으니까 너 빨리 나아서 나 교회 데리고 가라.
- 친구야 나 퇴원하기 기다리지 말고 당장 이번 주일부터 네가 교회 가서 예수님 영접하고 나를 위해 기도해 줘! 친구 기도 덕분에 내가 더 살 수도, 아니면 내가 먼저 천국 가서 너를 맞을 수도 있지 않을까?

병상에서도 친구를 전도하여 예수님을 영접하는 기도까지 해 줬다는 이야기가 감동입니다.

바울 사도처럼 감옥이든, 법정이든, 광풍으로 인한 두려움과 공포에 휩싸인 배 안에서, 또한 핍박으로 흩어진 초대교회 성도들처럼 이방인의 땅에서든, 믿음의 사람은 있는 곳이 어디든지 그곳이 바로 선교지가 아닐까요?

죽음 앞에서 죽음을 두려워하는 불신자의 모습이 아닌, 분명 다음 세상에 대한 소망이 있음을 보며 성도들은 다음에 천국에서 다시 만날 수 있지만 불신자들과는 만날 수 없다는 천국과 지옥에 대한 확신을 가지고 '단, 불신자는 허락합니다.'라고 마지막까지 전도의 열매를 바랐던 목사님처럼 우리도 그 신앙을 본받아 전도의 사명을 끝까지 감당하며 살아가기를 주님의 이름으로 축복합니다.

> 바울이 회당에 들어가 석 달 동안 담대히 하나님 나라에 관하여 강론하며 권면하되 어떤 사람들은 마음이 굳어 순종하지 않고 무리 앞에서 이 도를 비방하거늘 바울이 그들을 떠나 제자들을 따로 세우고 두란노 서원에서 날마다 강론하니라
> [사도행전 19장 8절]

[요한복음 13장 34-35절]

그래 하나님은 다 아신다. 그런데

　내가 잘 아는 어느 교회에 분쟁이 일어났습니다. A그룹과 B그룹으로 나뉘어 조금도 좁혀질 기미가 보이지 않았습니다. 그래서 나에게 중재를 맡아달라는 부탁이 들어왔습니다. 우선은 양쪽의 상황과 사정을 먼저 들어보기로 했습니다. 먼저 A그룹의 대표자와 B그룹의 대표자를 따로 만났습니다. 다들 알다시피 일반 사회 못지않게 교회 안에도 각자 자기가 옳다는 것에 확신을 갖기 때문에 쉽게 해결하기란 여간 힘든 일이 아니었습니다. 그런데 A그룹 대표자의 이야기를 듣던 중, 믿음의 사람과 교회의 문제가 왜 그렇게 쉽게 해결되지 않는가를 알게 되었습니다.

　A그룹의 대표자와 B그룹의 대표자가 공통적으로 많이 사용하는 두 문장을 알게 되었습니다. 그 말은 '하나님은 다 아십니다. 나는 하나님 앞에 부끄러움이 없습니다!' 그래서 그 대표자분께서 하고 싶은 말을 다 하게 하고 난 다음에 내가 말을 했습니다.

- 지금 대표님의 말씀을 들어 보니 대표님은 '하나님은 다 아실 것입니다'와 '나는 하나님 앞에 부끄러움이 없습니다'라는 말을 많이 하시는데, 하나님 앞에서 바르게 살아 보려고 애를 쓰셨기에 자신 있게 말씀하시는 것 잘 알겠습니다. 그러나 대표님이 한 가지 놓치고 있는 것이 있어요.
- 제가 뭘 놓치고 있다는 건가요?
- 대표님은 하나님이 다 아신다는 것과 하나님 앞에 부끄러움이 없다는 것에 확신을 갖고는 있는 것 같은데 그보다 중요한 한 가지, 하나님이 원하고 계시는 것이 무엇인지를 놓치고 있는 것 같아요. 하나님이 다 아시고 하나님 앞에 부끄러움이 없다고 하는 대표님의 지금 행동 때문에 주님의 교회가 시끄러워져서 주변 사람들에게 손가락질을 받고 또 그 일로 인하

여 어느 성도는 교회를 떠나거나 많은 분들이 주님을 외면하게 된다면 과연 주님이 그것을 원하실까요?
- 목사님, 내가 지금 여기서 물러서면 교회가 무너집니다. 저도 그렇게까지 하고 싶지 않지만 중직자의 사명으로 교회를 지키는 것입니다.
- 대표님 냉정하게 생각해 보세요! 나 아니면 교회가 무너질 거라는 생각이 주님의 마음인지 아니면 내 생각인지를요!

간혹 이런 상황에 놓인 교회와 단체를 상대하면서 깨닫는 것이 있습니다. 그것은 '하나님은 다 아신다!'라는 것과 '하나님 앞에 부끄러움이 없다'라고 하는 오만한 자신감 때문에 하나님이 우리에게 무엇을 원하고 계시는가? 하는 것을 놓치고 있다는 것입니다. 우리 주님은 옳고 그름을 따지는 것 때문에 교회가 시끄러워지거나 어지러워지는 것을 원하지 않을 것입니다. 그리고 누구 때문에 교회가 무너지게 하실 분도 아닙니다. 나 아니면 교회가 무너질 거라는 생각이 어쩌면 교만일 수도 있지 않을까요? 나에게 있는 열심이 주님을 향한 것이라고 생각하지만 그것이 주님과 상관없는 열심이었다면 그 열심이 자칫 마귀의 통로가 될 수도 있지 않을까요? '하나님이 다 아시는 것'과 '하나님 앞에 부끄러움이 없는 삶'을 사는 것은 분명히 중요합니다. 그러나 '하나님은 무엇을 더 원하실까?' 그 소리에 귀 기울이며 깨닫는 우리가 되기를 주님의 이름으로 축복합니다.

> 새 계명을 너희에게 주노니 서로 사랑하라 내가 너희를 사랑한 것 같이 너희도 서로 사랑하라 너희가 서로 사랑하면 이로써 모든 사람이 너희가 내 제자인 줄 알리라
> [요한복음13장34-35절]

[골로새서 3장 15절]

항상 점검하라

건강하고, 복 받는 것은 모든 믿는 자들의 소망이자 바람이 아닐까 생각합니다. 그래서 이러한 뜻을 이룰 방법을 세 가지로 정리해 보았습니다.

첫째는 항상 신앙을 점검해야 합니다.
나의 신앙을 점검만 잘해도 신앙의 실패자, 또는 패배자는 되지 않을 것입니다. 그렇다면 신앙의 무엇을 점검할 것인가요? 그것은 내 신앙에 구멍 난 부분이 있는지 항상 점검해야 합니다. 내 신앙의 허점이 마귀에게 노출되지 않도록 점검해야 합니다. 군대 전술학을 보면 방어가 있고 공격이 있습니다. 방어는 공격 못지않게 중요합니다. 맥아더 장군이 이런 말을 했습니다.
- 공격에 실패한 병사는 용서받을 수가 있어도 방어에 실패한 병사는 용서받을 수 없다.

이 말을 신앙생활에 적용해 보면 우리가 마귀를 공격하는 데는 조금 모자람이 있어도 용서받을 수 있지만 마귀가 침투해 들어오는데 그걸 막지 못했다면 이건 우리의 몸과 마음과 영혼을 파괴하여 돌이킬 수 없는 패배를 가져다준다는 것입니다. 그래서 성령을 충만하게 받아야 할 이유가 바로 여기에 있습니다. 구멍 난 부분이 성령으로 채워지면 귀신의 통로, 사탄의 통로는 차단될 것입니다.

둘째는 섬김과 헌신함에 있어 병든 부분을 체크하여야 합니다.
헌신하다 보면 이렇게 다른 사람과 비교하게 됩니다.
- 왜 나만 해야 하지? 저 사람은 안 하는데! 이 짐을 왜 나만 져야 돼?
또 하나님 앞에 물질로 섬기면서도 갈등을 하는 경우도 있습니다.
- 꼭 이렇게까지 드리며 살아야 하나?

헌신이 무엇입니까? 헌신이 낡은 신발입니까? 실컷 잘해 놓고 어느 순간에 우리는 인색의 병, 게으름의 병에 노출되어 열심으로 쌓아 놓은 하늘 상급을 한순간에 깎아 먹는 어리석은 우를 범하고 있지는 않는지 체크해야 합니다. '헌신'獻身, 한자의 뜻을 보면 '몸을 드리는 것'입니다. 대가나 바람 없이 어떤 일에 열심히 기여하는 것입니다. 그렇다면 우리는 왜 헌신해야 하나요? 바로 예수님 때문에 아무런 조건 없이 헌신해야 하는 것입니다.

셋째는 누군가에게 은혜의 빚진 것은 없는지 돌아보아야 합니다. 나를 돌아본다는 것은 내 중심적 사고에서 벗어나 객관적 성찰을 통해 누군가의 입장도 헤아리게 되는 것입니다. 이처럼 나를 돌아볼 때 인간관계도 하나님과의 관계도 부드러워질 수 있습니다. 혹시 하나님께 은혜 입은 것이 있는데 감사하지 못하고, 사랑을 베풀어 준 누군가에게 감사하지 못한 것은 없는지 돌아보며 살아간다면 우리의 삶을 보다 풍족하고 따뜻하게 만들어 갈 수 있을 것입니다.

위에 열거한 세 가지만 잘해도 우리는 건강한 삶을 살 수 있습니다. 날마다 구멍 난 부분은 없는지, 나에게 병든 부분은 없는지, 하나님과 주변으로부터 받은 사랑에 감사하지 못하며 사는 건 아닌지 돌아본다면 우리의 신앙생활은 복 주시는 하나님이 보시기에도 아름다운 인생이 될 것입니다. 그 복을 누리며 살아가기를 주님의 이름으로 축복합니다.

> 그리스도의 평강이 너희 마음을 주장하게 하라 너희는 평강을 위하여 한 몸으로 부르심을 받았나니 너희는 또한 감사하는 자가 되라
> [골로새서 3장 15절]

[야고보서 3장 1-2절]

설교보다 어려운 것

어느 날 후배 목사님과 이런 대화를 나누었습니다.
- 목사님, 저는 목회를 하면 할수록, 또 설교를 하면 할수록 점점 설교가 힘이 들어요. 목사님은 목회를 하시는 동안에 제일 힘드신 일이 무엇입니까?
- 나도 힘들고 많은 목사님들이 설교는 다 힘들어해. 그런데 내가 오늘까지 살다 보니까 설교보다 더 힘든 게 있더군.
- (호기심 가득 찬 눈빛으로) 설교보다 더 힘든 게 뭐예요?
- 그것은 내가 설교한 것만큼 내가 그렇게 살지 못하고 있다는 거야!
- 맞아요! 저도 기도하고 묵상하다가 내가 한 설교를 되새겨 보면 스스로 부끄러울 때가 많더라고요.

'내 형제들아 너희는 선생된 우리가 더 큰 심판을 받을 줄 알고 선생이 많이 되지 말라'[야고보서3:1]고 성경은 말씀하십니다. 왜 선생 되기를 좋아하지 말라고 하셨을까요? 남을 가르친 것만큼 살지 못하는 것 즉, 가르치기는 했는데 정작 자신은 그렇게 살지 못하는 선생들이 나중에 더 큰 심판을 받게 되기 때문입니다. 교회에서의 위치나 직책 즉, 목사, 장로, 권사, 집사, 교사, 성가대… 그 직분이 중요한 것이 아니라는 것입니다. 남을 가르치는 것보다 '나는 얼마나 변화된 모습으로 알고 있는 것을 행동으로 옮기며 살고 있는지' 돌아보아야 한다는 말씀입니다.

정치인과 사회 지도층 인사들 중에 국민을 위해 일하고 있다는 것을 보이려고 애를 씁니다. 하지만 그렇지 못한 사람들이 더 많이 있습니다. 마찬가지입니다. 목사는 천사 같고, 장로는 천사가 될 것 같고, 기독교 계통 방송이나 신문 등 언론 쪽에서 일하는 분들은 매일 복음 속에 빠져 살고, 또

복음을 들으며 사는 분들이니까 천사같이 살거라고 생각할 수도 있습니다. 하지만 의외로 많은 사람들이 그렇게 살지 못하고 살아가는 사람들이 많이 있습니다. 그것은 아마도 선생의 위치를 고수하기 위한 자기합리화로 가득 차 있기 때문입니다. 남을 가르치고, 남에게 전달하는 것만큼 자신의 삶을 바꿀 줄 알고 조율할 줄 아는 삶으로 변화되어야 합니다. '내로남불'과 '아전인수'我田引水 같은 자기중심적 사고에서 벗어나기란 그만큼 어려운 일입니다.

하나님의 말씀을 가까이하고, 말씀에 따라 변화되어야 합니다. 행동이 달라져야 합니다. 바뀌어야 합니다. 예수님 때문에 내 삶이 바뀔 때 그곳에 주님의 영광이 있고 그곳에 주님의 기쁨이 있음을 믿어야 합니다. 우리 모두 주님의 기쁨이 되고 주님이 영광 받으시는 삶을 살아가길 주님의 이름으로 축복합니다.

> 내 형제들아 너희는 선생된 우리가 더 큰 심판을 받을 줄 알고
> 선생이 많이 되지 말라 우리가 다 실수가 많으니 만일 말에 실수가 없는 자라면
> 곧 온전한 사람이라 능히 온 몸도 굴레 씌우리라
> [야고보서 3장 1-2절]

이름값

[데살로니가후서 3장 4절]

　어느 교회에 부흥회를 갔을 때의 일입니다. 첫날 저녁 식사를 목사님과 연로해 보이시는 장로님이 함께하게 되었습니다. 그런데 식사를 마치자마자 장로님은 바쁘게 자리에서 일어서는 것이었습니다. 그래서 제가

- 장로님, 차 드시고 같이 일어나시지요.

라고 했더니

- 목사님, 죄송합니다! 제가 차량 운행을 해야 돼서 먼저 일어나야 되겠습니다.

하시면서 부리나케 나가는 것이었습니다. 이튿날이었습니다. 이번엔 점심시간에 장로님이 좀 늦게 들어왔습니다. 그래서 '장로님 늦으셨네요'라고 인사를 했더니 '차량 운행을 하고 오느라고 늦었다'고 하시더군요. 저는 '이 교회는 장로님이 집회기간에 운전을 하시나 보다'라고 생각을 했습니다. 그런데 담임목사님이 이렇게 말씀하셨습니다.

- 우리 장로님께서 60세에 운전면허를 따서 교회 차량을 운행하시는데 벌써 15년이 됐습니다.

그래서 제가 장로님에게 물어보았습니다.

- 장로님, 연세도 적지 않으신 것 같은데 어떻게 장로님이 차량을 손수 운전을 하세요?
- 목사님, 제가 장로 장립을 받을 때 교회를 위해 뭔가 꾸준하게 일을 해야겠다고 생각하고 어떤 일을 맡아서 할까 고민하다 차량 봉사하시는 분들이 자주 바뀌는 바람에 성도님들이 불편해하는 것 같아서 제가 차량 봉사를 시작하였습니다.
- 장로님, 15년이라는 세월이 결코 짧지 않은데 어쩜 그렇게 한결같이 봉사를 하셔요?
- 목사님, 제가 장로로 장립을 받았는데 장로라고 하는 이름값은 해야겠다

고 생각해서 이 일을 계속하고 있습니다. 오히려 제가 교인들에게 미안한 마음입니다.
- 아니, 교인들에게 왜 미안해요?
- 제가 나이가 많다 보니 때로는 운전이 자연스럽지 못해 불편할 수 있는데도 고마워하니 더 미안한 마음입니다.

새해가 오면 많은 사람들이 결단과 작정을 합니다. 하지만 대다수의 사람들은 작심삼일作心三日로 끝나 버리는 것이 일반입니다. 연초에 작정했던 각오를 끝까지 실천하기란 여간 쉬운 일이 아닙니다. 장로라는 이름값을 하시겠다며 15년을 변함없이 그 직분을 지켜온 장로님이 참으로 귀하게 여겨졌습니다. 그 노 장로님은 '건강이 주어지는 그날까지 운행하고 싶은데 변덕이 나지 않도록 늘 기도하고 있다'고 했습니다.

은혜를 받아 남을 구제하거나 봉사하는 일도 귀한 일입니다. 하지만 중요한 것은 그 일을 끝까지 감당한다는 것이 쉽지 않기 때문에 우리는 그 은혜를 소멸하지 않도록 항상 깨어 기도해야 합니다. 꾸준히 맡은 일을 해내는 사람들의 공통점은 부단히 기도하는 사람이라는 것을 알게 되었습니다. 15년 동안 '장로'라는 이름값을 하고자 노력했던 그 노 장로님처럼 우리도 기도하며, 우리에게 주어진 그 이름값을 해내는 주님의 일꾼이 되기를 주님의 이름으로 축복합니다.

> 너희에 대하여는 우리가 명한 것을 너희가 행하고
> 또 행할 줄을 우리가 주 안에서 확신하노니
> [데살로니가후서 3장 4절]

[데살로니가전서 5장 16-18절]

그렇게 어려운 게 아닙니다

어느 독일의 한 젊은이가 길을 지나다가 밤이 늦어 싸구려 여관에서 하룻밤을 지내게 되었습니다. 그런데 아침에 일어나보니 신발이 없어졌습니다. 화가 난 젊은이는

- 아니, 하고 많은 사람 중에 하필 제일 돈 없는 내 신발을 신고 갔단 말이냐! 어떤 놈인지 모르지만 그 신발 신고 간 놈 저주를 받아라!

이러면서 갖은 욕이 담긴 저주를 퍼붓고, 여관 주인의 신발을 얻어 신고 주인과 함께 교회에 갔습니다. 그런데 교회에 가서 기도를 하는데 옆에서 누군가가 울면서 기도를 하고 있었습니다. 옆을 봤더니 두 다리가 없는 사람이 하나님 앞에 간절히 기도드리고 있었습니다.

- 하나님 이래서 감사합니다. 저래서 감사합니다!

젊은이는 그 사람의 감사하는 기도를 보며 자기 자신이 부끄러워졌습니다.

- 저 사람은 두 다리가 없는데도 저렇게 감사하며 기도를 하는데, 나는 신발 한 켤레 없어진 것 때문에 이렇게 불평을 했단 말인가! 신발이야 돈을 주고 또 사면되지만, 저 사람은 돈을 주고도 살 수 없는 두 다리를 잃어버리고도 저렇게 감사하는데 나는 도대체 뭔가?

이런 생각을 하는 순간에 자기가 지금 누리고 있는 것들이 모두 감사로 바뀌어졌습니다.

젊은이는 두 다리가 있는 것도 감사하고, 두 팔이 있는 것도 감사하고, 이렇게 멀쩡하게 살아있는 그 자체도 감사함으로 깨닫게 되었습니다. 왜냐하면 저 사람은 돈으로 살 수 없는 다리가 없음에도 감사하는데, 나는 겨우 몇 푼짜리 신발이 없어졌다고 불평한 자신을 돌아봤더니 너무나도 많은 것을 누리고 있다는 것을 알았습니다. 그의 인생관은 그때부터 달라졌습니다.

'그래, 남보다 부족한 것 때문에 불평하기보다는 내가 누리고 있는 것에 감사하자!' 그때부터 그는 완전히 180도 달라진 인생을 살았습니다. 이 이야기는 독일 국가 발전에 크게 공헌한 훌륭한 정치가이자 재무장관을 지낸 '마티 바덴'Marty Baden의 일화입니다. 이 이야기를 책으로 읽으며 많은 감동을 받았습니다. 똑같은 환경인데 생각 하나 바꾼 것 때문에 인생이 달라진 것입니다. 남과 비교하여 불평하지 말고, 하나님이 주셔서 누리는 것에 감사하면 그 삶은 더없이 풍요롭게 될 것입니다.

요즘 사람들은 아무리 못 먹어도 옛날 임금보다 낫습니다. 옛날 임금이 동지섣달에 딸기를 먹었겠습니까? 옛날 임금이 동지섣달에 수박을 먹었겠습니까? 바나나라는 과일을 들어보기라도 했겠습니까? 우리는 옛날 임금들이 먹어보지 못한 별의별 걸 다 먹어보고, 옛날 임금들이 들어보지도 못한 과일을 우리는 먹고 있지 않습니까? 요즘 우리가 옛날 임금보다 훨씬 더 호강하며 살고 있는 것입니다.

누리는 것에 감격하며, 누리는 것에 감사하며 살아야 합니다. 그런 마음으로 살아간다면 우리의 삶은 오늘보다 내일이 더 복된 삶의 길로 열리게 될 것입니다. 하나님은 누구에게 더 많은 복을 주시겠습니까? 감사하는 자에게 복을 주십니다. 불평하는 자는 복의 줄기를 막는 자입니다. 작은 것에 감사하여야 합니다. 일할 수 있음에 감사하고, 나를 필요로 하는 자리가 있음에 감사히 여겨야 합니다. 범사에 감사하는 우리 모두가 되기를 주님의 이름으로 축복합니다.

> 항상 기뻐하라 쉬지 말고 기도하라 범사에 감사하라
> 이것이 그리스도 예수 안에서 너희를 향하신 하나님의 뜻이니라
> [데살로니가전서 5장 16-18절]

그때와는 다르답니다

[사도행전 16장 31절]

하나님께서 이 세상을 심판하실 때에 전쟁과 자연현상과 여러 가지 방법을 말씀을 통하여 보여주셨습니다. 노아와 다니엘과 욥, 이 세 사람이 심판받았을 때와 지금 우리가 심판받는 것으로 인한 구원의 결과가 그때와는 다르다는 것을 알고 있습니까? 노아 때는 하나님께서 홍수로 세상을 심판하실 것을 예고하셨습니다. 그리고 노아는 그 심판의 때를 묵묵히 준비하고 순종하며 자기 가족들을 구원했습니다. 다시 말해 노아 한 사람이 마지막 때를 준비했더니 그 가족까지 살리는 역사가 있었다는 것입니다. 그런데 마지막 때의 구원은 나 때문에 옆 사람도 같이 구원받는 것이 아닙니다. 내가 예수님과 일대일의 믿음으로 구원을 받는 것이지, 내가 예수님을 믿은 것 때문에 옆 사람도 구원받는 것이 아닙니다.

노아는 시대에 물들지 아니하고, 마지막 때를 준비하는 사람이었기에 하나님이 기뻐하셨습니다. 다니엘은 목숨이 위태로울 때에도 순교적 신앙을 지킨 자였습니다. 욥은 눈에 보이는 것 없고, 귀에 들리는 것도 없고, 손에 잡히는 것 없어도 '나의 가는 길을 오직 그가 아시나니 그가 나를 단련하신 후에는 내가 정금같이 나오리라'[욥기23:10]고 고백하는 인내의 사람이었습니다. 누가 이와 같이 인내할 수 있을까요? 소망이 있는 자가 인내할 수 있습니다. 누가 그런 걸 다 견딜 수 있을까요? 하나님이 지금도 보고 계시고 알고 계시다는 것을 느끼는 자만이 견딜 수 있고 참을 수 있는 것입니다.

구약의 때에 심판을 앞두고 하나님이 원하신 믿음의 자세를 세 가지 유형으로 정리해 보겠습니다.

1. 노아 유형類型: 주님이 제일 기뻐하시는 신앙의 자세로 세상에 물들지

아니하고, 음란한 시대에도 묵묵히 주님의 때를 준비하는 자.
2. 다니엘 유형: 순교적 정신을 가지고 순교적 신앙을 가진 자.
3. 욥 유형: 어떠한 절망에도 신앙의 중심이 흔들리지 않고 인내하는 자.

거듭 강조하건데 마지막 심판 때는 노아 때와 다릅니다. 나 한 사람의 믿음 때문에 주변 사람도 같이 구원받는 것이 아니라 내 믿음은 나의 구원과 일대일의 관계라는 것을 우리에게 교훈해 주고 있는 것을 기억하고, 우리 가족을 전도해야 하며 가까운 사람도 전도하여야 합니다. 노아처럼 심판의 때를 준비하는 신앙, 다니엘처럼 환난의 때에도 믿음을 지키는 순교적 신앙, 욥처럼 마지막 때를 준비하여 인내의 믿음으로 주님의 날을 준비하는 우리 모두가 되기를 주님의 이름으로 축복합니다.

이르되 주 예수를 믿으라 그리하면 너와 네 집이 구원을 받으리라 하고
[사도행전16장31절]

[베드로후서 1장 10절]

모범의 성도들

전 세계의 이목이 집중되었던 미국 대통령의 취임식이 있을 때였습니다. 취임 연설 중에 자막으로 뜨는 문구 중에 내 마음에 와닿는 문장이 있었습니다. '힘의 모범이 아닌 모범의 힘으로 정치를 하고, 미국을 이끌어 가겠습니다.' 다시 말하면 힘 있는 나라는 이런 게 힘 있는 나라가 아니라 힘 있는 나라는 이렇게 살아가고, 이렇게 하는 것이 힘 있는 나라의 모범이라는 것을 정치적 행동을 통해 직접 보여주겠다는 의지로 읽혔습니다. 영적인 관점에서도 매우 공감되는 내용이어서 모범된 성도와 관련해서 말씀을 나누고자 합니다.

정치인들이나 사회 지도층에 있는 사람들이 좋지 않은 뉴스에 나올 때 그 사람이 어디 어디 교회의 집사요, 장로라는 교회 직분까지 포함하여 나오는 것을 보게 됩니다. 그런 기사를 보면서 '성도라면 이래선 안 되는데'하며 답답한 마음을 금할 수 없습니다.
- 나는 어릴 때부터 교회 다녀!
  나는 큰돈을 매주 헌금해!
  나는 밥 먹을 때 기도해!
이렇게 하는 것이 기독교인인가요? 이런 수준의 교인이었기 때문에 좋지 않은 뉴스의 주인공이 된다고 생각합니다. 우리는 기독교인으로서 삶의 현장에서 '이렇게 사는 사람이 기독교인이구나'라고 하는 신앙인의 본을 보여주며 사회에도 모범이 되어야 합니다.

많은 사람들이 예수님을 믿지만 세상 사람들에게 본이 되지 못하고 오히려 손가락질 당하고 조롱당하는 이유가 무엇일까요? 그 이유는, 세상 사람들이 기독교인들에게 기대하는 모범적인 성도의 모습을 우리로부터 찾기 힘들기 때문일 것입니다.

오늘 우리는 '성도의 모범'이 아닌 '모범의 성도로' 하나님의 사람들이 어떻게 사는 것이 정석이고, 어떻게 사는 것이 세상 속의 빛이고, 소금인지 고민하며 살아가야 합니다. '힘의 모범'이 아닌 '모범의 힘'으로 정부를 이끌어 세계 속의 미국을 보여주겠다고 하는 대통령의 연설 내용처럼 신앙인들의 삶도 세상 사람들에게 본이 되어야 합니다.

시장에 가서 물건 하나를 고르고 살 때도, 사우나에 들어가서 대화를 나눌 때도, 일반 음식점을 이용할 때도 우리 믿음의 사람들은 믿음의 언어를 사용해야 합니다. 주일에 교회 가는 것, 교회에 헌금 하는 것, 밥 먹을 때 기도하는 것으로 '나는 기독교인이야!'라고 보여주는 자가 되지 말고, 삶의 현장에서 '기독교인은 다르다!'라고 인정받는 삶이 우리의 생활 가운데 묻어 나오길 바랍니다. '성도의 모범'이 아닌 '모범의 성도'로 하나님의 영광을 위하여 살아가는 우리 모두가 되기를 주님의 이름으로 축복합니다.

> 그러므로 형제들아 더욱 힘써 너희 부르심과 택하심을 굳게 하라
> 너희가 이것을 행한즉 언제든지 실족하지 아니하리라
> [베드로후서 1장 10절]

[신명기 28장 1절]

됨됨이

　　창세기 18장에 '소돔과 고모라'라는 도시가 나옵니다. 소돔과 고모라가 하나님으로부터 진노를 받았던 이유는 죄가 많았기 때문이 아니라 그 땅에 의인 열 사람이 없었기 때문입니다. 그런데 어떤 사람은 '땅이 좋지 않고 그 지역 사람이 안 좋아서'라는 말을 하기도 합니다. 어쩌면 맞을 수도 있는 말입니다. 사람이 좋으면 땅도 복을 받을 수도 있겠지만 사람이 나쁘면 좋은 땅도 저주를 받습니다. 신명기 28장에 하나님의 축복의 약속이 있습니다. '네가 나의 말과 내 법을 잘 지키면 네가 어느 곳에 가도 내가 네게 복을 주겠다. 들어가도 복을 받고, 나가도 복을 받고, 들에서도 복을 받고, 성읍에서도 복을 받는다.' 이 말씀은, 곧 복 있는 자가 도시로 가면 도시가 복을 받고, 시골로 가면 시골도 복을 받는다는 뜻입니다.

　　우리는 좋은 동네를 찾아가려고 합니다. 그런데 좋은 동네를 찾아가려고만 하지 말고 내가 사는 동네를 좋은 동네로 만들고, 그 동네에 사는 내가 하나님이 보시기에 복을 주실만한 사람으로 바뀌어 가는 것은 어떻겠습니까? 이는 땅의 문제가 아닙니다. 사람의 됨됨이가 문제입니다. 요셉을 보십시오. 요셉 한 사람이 복을 받으니 남의 집에 종살이를 가도 그 집까지 복을 받고, 남의 나라에 가서도 기근과 흉년으로 허덕였던 나라가 복을 받지 않았습니까? 소돔과 고모라에 살고 있었던 롯! 그 사람이 하나님의 사람으로 온전히 됨됨이가 갖춰져 있었다면 그의 가족과 그 성城도 복을 받았을 것입니다.

　　많은 사람들이 좋은 교회를 찾아다닙니다. 나는 목사로서 가끔 우스갯소리로 이런 말을 합니다.

- 목사로서 약 오르는 게 하나 있다. 성도들은 좋은 교회, 좋은 목사를 찾아다닐 수가 있는데 목사는 좋은 성도를 골라서 받을 수가 없다.

좋은 교회 찾아다니지 마십시오. 좋은 교회는 따로 있지 않습니다. 내가 좋은 성도가 되면 그 교회는 좋은 교회가 되는 것입니다. 교회가 문제일까요? 땅이 문제일까요? 아닙니다. 나의 됨됨이가 문제인 것입니다. 사람의 됨됨이가 죄성罪性으로 가득하다면 그 어디를 가도 그 땅은 죄성으로 가득한 땅일 수밖에 없습니다. 반대로 내가 하나님 앞에서 의롭게 살려고 노력한다면 그 땅은 하나님이 아름답게 여기시는 의로운 땅으로 바뀔 것입니다. 내가 있는 지금 이곳이 복의 땅이 되도록 나의 됨됨이를 돌아봅시다.

소돔과 고모라를 보십시오. 그 땅에 의인 열 사람만 있었다면 그 땅을 하나님이 치유하셨을 것입니다. 코로나로 온 인류가 혼돈에 빠져있습니다. 이 문제를 놓고 기도하는 교회, 기도하는 성도들이 있기에 하나님은 이 땅을 절대로 좌시坐視하지 않으시고 오히려 하나님 나라를 확장하는 방편으로 만들어 가실 것입니다. 하나님이 보시기에 우리의 됨됨이가 의인으로 갖추어질 수 있도록 오직 말씀을 곁에 두고 예배자의 자세를 갖추어야합니다. 전도하기 힘들다고 하는 이 때에 더 많은 영혼을 살리기 위하여 우리 함께 영혼 살리는 일에 앞장서서 복을 달라고 하는 자가 되지 말고, 하나님께서 복을 주실 수밖에 없는 하나님의 사람으로 다듬어지고 갖추어져 가기를 주님의 이름으로 축복합니다.

> 네가 네 하나님 여호와의 말씀을 삼가 듣고 내가 오늘 네게 명령하는 그의 모든 명령을 지켜 행하면 네 하나님 여호와께서 너를 세계 모든 민족 위에 뛰어나게 하실 것이라
> [신명기28장1절]

[마태복음 3장 9절]

그것만으로 안 됩니다

　구약의 말라기를 끝으로 신약이 있기까지 약 400여 년의 세월이 지나게 됩니다. 그 400여 년의 시기를 신학적 용어로 '영적 암흑기' 또는 '구약과 신약의 중간지대'라고 합니다. 이스라엘 백성들은 선지자들을 통하여 하나님의 음성을 듣고, 책망과 권면을 받고 소망도 얻는 시절을 보냈는데 말라기를 끝으로 하나님께서는 일을 하시지 않았습니다. 그리고 약 400여 년이 지난 후에 드디어 선지자가 나타납니다. '광야에 외치는 자의 소리' 즉, 우리가 잘 아는 '세례요한'이라는 선지자가 등장합니다. 그런데 그가 등장하여 처음 하는 말은 위로와 소망, 격려의 말도 아니었습니다.

- 이 독사의 자식들아!

아주 독한 말을 뱉습니다. 그리고 '너희들이 속으로 아브라함이 우리 조상이라고 말하지 말라.' 이 말의 속내는 '네가 지금 하나님을 떠나서 엉뚱하게 살고 있는데, 믿음의 조상인 아브라함이 너와 무슨 상관이 있겠는가'라고 하는 것입니다. 요즘 시대로 표현하면 '나 교회에 다녀, 나 예수 믿는 사람이야'라고 하면서 세상 사람들과 별반 다르지 않게 살고 있으면서 어찌 스스로 예수 믿는 사람이라고 할 수 있느냐고 질타하는 것입니다. 그러면서 그들에게 던지는 첫 번째 경고가 '회개하라! 회개에 합당한 열매를 맺어라'는 것입니다. 회개悔改는 헬라어로 '메타노이아'Metanoia 마음의 변화를 의미하는데 '방향을 바꾸다'라는 뜻도 있습니다. 이는 내가 하나님의 자녀요, 아브라함이 우리의 조상이라는 믿음을 갖고 있으니 방향을 바꾸어 회개하여 합당한 열매가 있는 삶을 살아가라는 것입니다. 그래서 '회개에 합당한 열매를 맺어라'[누가복음3:8]고 말하며 '옷 두 벌 있는 자는 옷 없는 자에게 나눠줄 것이요 먹을 것이 있는 자도 그렇게 할 것이니라'[누가복음3:11]고 합니다. 이 말씀은 삶의 현장에서 선을 베풀어 삶을 바꾸라는 것입니다. 그러면서 세리들에게도 말을 합니다. '너희가 받아야 될 것, 걷어야 될 당연한 것 외에는 억울하게 걷지 말고, 그것을 거둬서 너의 것으로 취하지도 말아라'[누가복음3:13] 군인에게도 한 마디 합니다. '사람에게서 강제로 빼앗지 말고, 거짓으로 고발하지 말고, 받는 월급을 만족하게 여겨라'[누가복음3:14] 이와 같이 구체적인 예를 들면서 회개에 합당한 열매를 맺되 방향을 바꾸는 것으로 끝나지 말고 삶을 바꿔 열매를 맺으라고 강조하는 것입니다.

기도, 열심히 해야 합니다. 예배, 열심히 드려야 합니다. 성경, 주야로 읽고 묵상해야 합니다. 하지만 그것만으로 안 됩니다. 들은 것보다 아는 것보다 더 중요한 것은 하나님이 나를 깨닫게 하실 때 우리의 삶을 바꿔야 합니다. 내가 남보다 조금 더 힘이 있고, 남보다 조금 더 높은 자리에 있다면 내가 가지고 있는 힘으로 남을 억울하게 만들지 말아야 합니다. 그런데 일부 기독교인이라고 하는 사람들 중에 그 지위와 권력을 가지고 선한 영향력을 끼치기 보다는 오히려 남을 억울하게 만드는 모습을 간혹 보게 되는 안타까운 경우도 있습니다.

우리의 삶을 통하여 남을 억울하게 하기보다는 나를 통하여 어려움에 처한 사람들에게 자유를 베풀고 선을 베풀 수 있는 일꾼으로 바뀌는 것, 이것이 진정한 하나님의 사람인 줄로 믿습니다. 예수님의 자녀라는 이름만 갖는 것, 그것만으로는 안 됩니다. 회개한 자로 온전히 바뀌는 자가 되기를 주님의 이름으로 축복합니다.

> 속으로 아브라함이 우리 조상이라고 생각하지 말라 내가 너희에게 이르노니 하나님이 능히 이 돌들로도 아브라함의 자손이 되게 하시리라
> [마태복음3장9절]

[시편 1편 1-2절]

나를 통하여

성경에 보면 영광, 존귀, 거룩이라는 단어를 하나님 이외의 다른 곳에 붙이는 일이 거의 없습니다. 그런데 존귀라는 단어를 쓴 인물이 있습니다. 바로 '야베스'입니다. 성경에서 야베스를 소개할 때에 '야베스는 모든 형제보다 귀중한 자라'[역대상4:9]고 하여 귀중, 즉 '존귀'尊貴하다고 표현하고 있습니다. 그리고 열왕기하에 등장하는 수넴 여인을 가리켜 '한 귀한 여인'[열왕기하4:8]이라고 기록하고 있습니다. 여기서도 쓰인 귀함은 존귀함을 뜻하는 단어인데 하나님께 붙여야 할 존귀라고 하는 단어가 사람에게 붙여진 것입니다. 자칫 오해하면 그들이 하나님처럼 존귀하다는 뜻일까요? 그렇지 않습니다. 여기서 존귀라고 하는 단어가 사용된 것은 그들이 존귀하다는 뜻이 아니라 그들의 삶을 통하여 하나님의 존귀하심이 보여줬다는 뜻을 갖고 있습니다. 다시 말하면 믿음의 삶을 통하여 존귀하신 하나님이 보인다는 뜻입니다.

정치하는 사람들 중에도 예수를 믿는 분들이 많습니다. 사업가나 연예계 종사자, 직장인 또 학생들 중에도 크리스천들이 많이 있습니다. 그런데 그들이 예수님을 믿는 것만큼 현장에서도 하나님의 거룩함과 하나님의 영광과 하나님의 존귀하심을 나타내는 삶을 살고 있을까요? 그에 대한 의문 때문에 야베스와 수넴 여인의 이야기를 하는 것입니다. 그들의 삶을 통하여 하나님의 영광과 존귀함을 볼 수 있다는 이야기입니다. 근무하고 있는 직장에서 전도를 하는데,

- 어머, 교회 다니세요? 의외인데요!

라고 상대방이 놀라며 되묻거나 비웃기라도 한다면 하나님의 존귀함은 커녕 오히려 나로 인해 하나님을 욕보이게 하는 것과 다르지 않을 것입니다.

누군가가 나를 볼 때 예수님 밖에 있을 때와 예수님 안에 들어왔을 때의 삶이 달라졌다는 것을 보여줘야 합니다. 연예계에서 일을 하거나 정치에 관계된 일을 하거나 사업을 하거나 혹은 공무원이든 그 어느 자리에서 내가 하나님의 사람으로 나를 통하여 하나님의 존귀와 영광이 거룩하게 드러나야 하는 것입니다. 예수를 믿는다는 것을 입으로만 떠벌리지 말고 말로만 믿지 마십시오! 예수를 오랫동안 믿었다고 자랑하지 마십시오! 중요한 것은 나를 통하여 보이지 않는 하나님의 거룩성, 보이지 않는 하나님의 영광, 보이지 않는 하나님의 존귀함이 나타나야 하는 것이 진정한 예수의 사람인 것입니다.

나는 진정 예수님의 사람인지, 나를 통하여 하나님의 존귀함이 드러나고 있는지, 나를 지켜보는 사람들이 '역시 예수 믿는 사람은 달라!'라고 하는 구분된 삶을 살아가는지 점검해야 합니다. 나를 통하여 주님의 영광이, 나를 통하여 주님의 존귀와 거룩함이 보여질 수 있도록 정돈된 모습과 변화된 모습으로 살아가는 우리 모두가 되기를 주님의 이름으로 축복합니다.

> 복 있는 사람은 악인들의 꾀를 따르지 아니하며
> 죄인들의 길에 서지 아니하며 오만한 자들의 자리에 앉지 아니하고
> 오직 여호와의 율법을 즐거워하여 그의 율법을 주야로 묵상하는도다
> [시편1편1-2절]

진정한 기도는

[야고보서 2장 26절]

집회를 위해 어느 교회에 갔을 때 그 교회 담임목사님이 이런 질문을 했습니다.
- 목사님, 제가 외국에서 오래 목회를 하다가 이 큰 교회로 청빙 받아 왔는데 한국교회 와서 내가 참 헷갈리는 것이 있습니다.

뭐가 헷갈리느냐고 물었더니 '외국에서 목회할 때 어느 성도님이 주일예배에 자주 빠지기에 믿음이 없는 줄 알았는데, 그 성도님의 어린 아들이 죽어서 천국에 갔으니 심방을 와 달라고 하여 갔더니, '하나님께서 우리 가정에 새로 아들을 선물로 주셔서 축복기도를 부탁한다고' 했습니다. 그런데 그 아이가 장애가 있는 아이였다는 것입니다. 그럼에도 그 성도는 감사하다고 했습니다. 그래서 제가 그것이 왜 헷갈릴 일이냐고 물었더니 외국에서 있었던 일 때문에 그러는 것이 아니라 한국에 와서 밤마다 기도하시는 권사님 때문이라고 합니다. 그 권사님은 무슨 문제를 갖고 와서 목사님에게 하소연을 하기에 그 목사님이,
- 권사님, 우리 같이 기도해요. 하나님께서 뭔가 더 좋은 뜻이 있으시겠지요.

그랬더니 그 권사님이
- 기도는 무슨 개뿔!

이렇게 하는 말을 듣고 큰 충격을 받았다는 것입니다.

성도들 가운데 '주여! 우리 교회에 사람들이 구름떼같이, 벌떼같이 몰려들어 부흥되게 하옵소서!'라고 기도해 놓고 막상 총동원 주일에 자기는 한 명도 안 데려오는 직분자를 볼 때가 있습니다. 또 기둥뿌리가 흔들릴 만큼 기도는 하면서도 여전도회 회비는 3년 동안 안 내는 사람도 보았습니다. 하지만 누군가는 열심으로 기도하는 것 같지 않은데 삶 속에서, 그 사람의 생

활 속에서 주님의 모습을 보게 되는 경우도 있습니다.

> 입으로 기도만 하는 자가 되지 맙시다!
> 기도로만 끝내는 자도 되지 맙시다!

진정한 기도는 기도하는 것만큼 '내가 바뀌는 것'입니다. 어떤 직분자가 목사를 위하여 기도할 때 보면 참 천사 같고, 성도들의 가정을 위하여 기도할 때 보면 정말 천사 같습니다. 그런데 천사같이 기도는 해 놓고 말로써 성도들을 이간시켜 시험에 들게 하고, 목사의 가슴에 못을 박는 말은 하기도 합니다. 기도하는 것만큼 나의 입술도 바뀌어야 되고 기도하는 것만큼 나의 행동이 바뀌어야 합니다. 말씀을 들으며 아멘만 하지 말고, 들은 것만큼, 기도하는 것만큼, 내 삶이 달라지도록 바꿔가야 하는 것이 진정한 '기도의 사람'입니다.

진정한 기도는 기도하는 것만큼 주님과 동행하는 삶입니다. 기도하는 것만큼 주님의 간섭하심을 깨달으며 실천해 나가는 삶이어야 합니다. 기도하는 것만큼 내가 바뀌어야 하고 내 주변에도 선한 영향력을 끼쳐야 하는 것입니다. 이와 같은 진정한 기도의 삶이 우리의 삶으로 이어져가기를 주님의 이름으로 축복합니다.

> 영혼 없는 몸이 죽은 것 같이 행함이 없는 믿음은 죽은 것이니라
> [야고보서 2장 26절]

반드시 반응하신다

[예레미야 33장 3절]

얼마 전에 우리 교회 집사님이 하소연 하는 마음으로 이런 질문을 했습니다.
- 목사님, 언제까지 기도를 해야 될지 모르겠어요! 기도를 시작한 지가 꽤 오래됐는데 아직까지 응답도 없고, 바뀔 것 같지 않아요. 언제까지 이 기도를 해야 하나요?
- 집사님, 그 문제로 기도한 지 얼마나 됐어요?
- 7년이나 됐어요!

그래서 지그시 웃으면서 이렇게 말했습니다.
- 집사님, 7년 기도했으면 조금 더 해 보세요. 내가 교회에 첫발을 딛을 때 우리 부모님과 가족 모두 예수 믿고 천국 가게 해달라고 하나님 앞에 기도를 했는데, 46년이 지나 47년째 되던 해에 우리 아버지가 교회를 나오셨어요! 이 말을 다른 말로 바꿔 말하면 우리 아버지를 전도하고, 우리 가족들을 전도하는데 46년이 넘게 걸렸다는 말이에요. 집사님은 이제 7년 기도했다고요? 조금만 더 기도해 보세요. 반드시 하나님께서 반응하실 거예요!

요한복음 5장에 베데스다 연못에 대한 말씀이 있습니다. 베데스다 연못은 많은 환자들이 낫기를 바라며 기다리던 곳이고 예수님이 찾아가셨던 장소였습니다. 그 많은 환자들 가운데 예수님이 찾아가 만난 사람이 있습니다. 서른여덟 해 동안 앓던 환자였습니다. 그리고 성경은 한 가지 기록을 더 붙여 놨습니다. 그의 병이 벌써 오래된 줄 알고 찾아가셨다는 것입니다. 그래서 그 말씀을 읽으면서 이런 생각을 했습니다. '거기에 있는 환자들 중에 이 사람이 제일 오래된 환자가 아니었을까?' 물론 성경에는 그런 얘기는 없지만 주님은 그의 병이 벌써 오래된 줄 알고, 그에게 찾아가셔서 묻습니다. '네가 낫고자 하느냐?'[요한복음5:6] 한 번 생각해 보세요. 예수님은 그의 병이 벌써 오래된 줄 알고 찾아가셨기 때문에 '네가 낫고자 하느냐?'라는 질문은 필요치 않았을 것입니다. 그 질문 속에는 '너 아직도 포기하지 않았니?'라고 반문하고 있는 것입니다. 서른여덟 해를 앓던 환자는 주님의 질문에 이렇게 대답을 합니다. '내가 낫고자 하여 못에 뛰어들고자 하지만 내가 못에 들어가기 전에 다른 사람들이 먼저 들어가 나를 도와줄 자가 없나이다'[요한복음5:7] 그곳에 있던 환자들은 내가 먼저 고침을 받아야지 다른 사람이 먼저 연못에 들어가서 고침 받으라고 양보할 사람이 있겠습니까? 당연히 없을 것입니다. 그런데 이 사람은 도와줄 사람을 찾았던 것입니다. 놀라운 건, 도와줄 사람은 없지만 도와주실 주님이 지금 앞에 와 계시다는 것입니다.

문제 해결을 위해 기도를 시작했다면 포기하지 말아야 합니다. 기도하는 자에게 주님은 반응하십니다. 포기하지 마십시오! 반드시 때는 오는 것입니다. 만약에 38년을 베데스다 연못 주변에 있다가 포기하고 집으로 돌아갔다면 그는 병이 낫는 경험도 못하고 38년이란 긴긴 세월을 허비하다 죽었을 것입니다. 7년? 38년? 46년? 하나님은 기도하는 자에게 반드시 응답하십니다. 지치지 말고, 포기하지 말고, 오늘도 무릎을 꿇어야 합니다. 주님은 인내하는 자, 포기하지 않는 자를 찾아가셔서 만나주시는 줄로 믿습니다. 포기하지 않고 주님의 걸음을 멈추게 하는 그 믿음으로 주님을 경험하는 기적의 주인공이 되기를 주님의 이름으로 축복합니다.

> 너는 내게 부르짖으라 내게 네게 응답하겠고
> 네가 알지 못하는 크고 은밀한 일을 네게 보이리라
> [예레미야33장3절]

근성

진정한 부자는
가진 부를 지켜내려 물질의 노예가 된 자가 아니라
물질을 선용하며 다스릴 줄 아는 부자의 근성을 가진 자다.

근성

[다니엘서 6장 10절]

어려서 아버지로부터 받은 교육 중에 특별히 생각나는 것이 있습니다. 바로 '양반 교육'입니다. 지금 생각하면 그렇게 대단한 것은 아니었는데 아버님은 '양반'이라고 하는 그 자세를 중요하다고 생각하셨던 것 같습니다. 그래서 내가 말귀를 알아듣고, 귀가 열리기 시작하자 아버님은 나를 무릎에 앉혀 놓으시고 늘 말씀하셨습니다. 걸을 때는 이렇게 걸어야 한다. 양반은 비가 와도 뛰면 안 된다. 웃을 때도 방정맞게 웃으면 안 된다. 사사건건 모든 교육이 양반 교육이었습니다.

오래전, 서울에서 뷔페 음식점이 유행하기 시작할 때에 서울에 오신 아버님을 모시고 뷔페 음식점에 갔습니다. 아버님께서

- 여기는 뭐 먹는 곳이냐?
- 아버지, 여기는 이렇게 쭉 차려놓은 음식들을 본인이 좋아하는 취향대로 가져다 먹으면 되는 곳이에요.

이렇게 말씀드리고 나니, 아버지께서는 본인이 직접 음식을 가져다가 잡수시는 것을 싫어하셨습니다. 그래서 아버님은 그냥 자리에 앉아 계시라고 하고 당신이 좋아하실 음식을 접시에다 담아 가져다드렸습니다. 그랬더니 그 접시를 받으신 아버지가 저를 보고

- 서울 사람들은 다 이렇게 먹고 사냐?

그러시는 거였습니다. 뷔페는 접시 하나에 여러 음식을 섞어 담아 먹지 않습니까? 아버님은 이게 양반 밥그릇이 아니고 '동냥아치' 밥그릇이라는 그 느낌이 싫으셨던 거였습니다. 아버님의 생각으로는 그러실 수도 있겠다고 생각했습니다. 그렇게 간단히 식사를 하고 집에 왔습니다. 집에 오셔서는 화장실에 다녀오시더니,

- 야, 서울 사람들은 며느리가 앉았던 자리 시아버지가 앉고, 시아버지가 앉
 았던 자리 며느리가 앉고, 이게 뭐 하는 짓이야?

그렇게 말씀하시면서 가방을 주섬주섬 챙기시더니 다음날 아침에 내려가셨던 기억이 납니다.

평생 양반의 체통을 지키며 양반의 자세로 살아왔던 아버지를 가만히 생각해 보니 '아버지께서 말씀하신 것이 다 옳은 건 아니지만 양반이라는 체통을 지키려는 양반의 자세와 곧은 근성만큼은 내가 본받을 만하다'라고 생각하게 되었습니다. 다소 고리타분한 사고일지 모르지만, 양반이라는 근성과 마음 자세를 신앙생활을 하는 우리에게 빗대어 생각해 보았습니다. 양반이라는 자긍심을 하나님의 사람이라는 자긍심으로, 양반의 체통을 세상 사람들이 우리 그리스도인을 바라보는 시선으로 의식하며 살아간다면 우리의 말 한마디와 행동으로 예수의 향기가 있는 삶을 살아갈 수 있겠다라는 생각을 해보았습니다.

우리 모두도 하나님의 사람으로 예수님과 믿음의 선배들의 삶을 본받아 아름다운 신앙인으로 살아가기를 주님의 이름으로 축복합니다.

> 다니엘이 이 조서에 왕의 도장이 찍힌 것을 알고도 자기 집에 돌아가서는 윗방에 올라가 예루살렘으로 향한 창문을 열고 전에 하던 대로 하루 세 번씩 무릎을 꿇고 기도하며 그의 하나님께 감사하였더라
> [다니엘서6장10절]

[요한1서 3장 18절]

속을 푸세요

　미국에서 아시안 증오 범죄로 많은 사람들이 희생되는 사건을 간혹 접하게 됩니다. 그런데 더 놀라운 것은 얼마 전 있었던 사건의 가해자는 교회 다니는 청년이라는 것입니다. 교회를 다니고 예수님을 믿는다는 청년이 어떻게 그런 일을 할 수 있을까요? 성경은 '선한 사람은 마음에 쌓은 선에서 선을 내고, 악한 자는 그 쌓은 악에서 악을 내나니 이는 마음에 가득한 것을 입으로 말함이니라'[누가복음6:45] 다시 말해 사람은 그 마음에 있는 것으로 행동에 지배를 받는다는 것입니다. 교회를 다닌다고 모두가 성령의 사람이 아닙니다.

　아시안 증오범죄 사건을 생각하면 떠오르는 한 사람이 있습니다. 다름 아닌 인도의 '마하트마 간디'Mahatma Gandhi 입니다. 그가 영국에서 학교를 다닐 때 그의 교수 중에 '피터스'라고 하는 교수는 아시안 차별주의자이었습니다. 그는 평소 간디를 못마땅하게 여기고 늘 그를 부정적으로 대하였습니다. 하루는 점심밥을 먹으러 학교 식당에 갔는데 간디가 식판을 들고 앉은 자리가 마침 피터스 교수의 옆자리였습니다. 그때 그 교수는 이렇게 말을 합니다.
- 돼지와 새가 한자리에서 같이 밥을 먹을 수 없다는 거 자네는 모르나?
그랬더니 간디가 식판을 들고 이렇게 말하며 자리를 옮겼습니다.
- 그럼 제가 다른 데로 날아가겠습니다.
무슨 말입니까? 간디는 새가 되는 것이고 그 교수는 돼지가 되는 것 아닙니까? 또 강의 시간에 이런 질문을 합니다.
- 길을 가다가 보니 자루가 떨어져 있었는데 하나는 돈 자루고 다른 하나는 지혜라고 하는 자루였네. 자네 같으면 어떤 자루를 줍겠는가?
- 그거야 당연히 돈 자루를 줍지요.

- 나 같으면 지혜의 자루를 줍겠네!

그러자 간디는 낮은 소리로 대답했습니다.

- 그거야 자기에게 부족한 것을 줍는 것이 아니겠습니까?

교수가 또 한 방 먹은 것입니다. 간디는 시험을 보면 매번 만점에 가까운 점수를 맞는 우등생이었습니다. 한 번은 간디가 시험을 봤는데 피터스 교수가 간디의 시험지에 점수 대신 '멍청이'라고 써 보낸 것입니다. 그것을 받아 든 간디가 교수에게 이렇게 말을 합니다. '교수님, 제 시험지를 받아보니 점수는 없고, 교수님의 서명만 돼 있던데요' 이렇게 또 한 방을 먹였다는 일화가 있습니다.

우리식 표현에 '속이 꼬였다'라는 말이 있습니다. 이는 부정적이고 냉소적인 사람에게 하는 말입니다. 속이 꼬이면 매사를 냉소적이고 부정적으로 보게 되는 것입니다. 아마도 피터스 교수의 마음이 꼬여 식민지 출신 간디를 좋게 볼 리가 없었던 것입니다.

교회를 다니는 것보다 더 중요한 것이 있습니다. 예수를 믿는 것보다 더 중요한 것이 있습니다. 그것은 '주님의 마음을 내 안에 품어 그리스도의 사랑을 실천하고 복음을 전하는 것'입니다. 꼬인 마음을 풀고 그 마음에 속사람으로 새로워질 때 우리의 삶에 놀라운 변화가 일어나기를 주님의 이름으로 축복합니다.

> 자녀들아 우리가 말과 혀로만 사랑하지 말고 행함과 진실함으로 하자
> [요한1서3장18절]

[마태복음 5장 16절]

다움의 신앙으로

사람들과 대화하다 보면 저 사람은 천생 여자야. 저분은 정말 여자다워. 저 사람은 남자다. 저 사람은 참 군인답다. 이런 이야기를 하거나 들을 때가 있습니다. 신앙인들 사이의 대화 속에서도

- 그냥 딱 봐도 예수 믿는 사람답다.
- 우리 장로님은 천생 장로야.

이런 얘기들을 많이 하게 됩니다. 성경은 우리를 가리켜 '너희는 세상의 소금이고 빛이다'[마태복음5:13-14]라고 합니다. 소금은 자기를 녹여서 맛을 내게 하는 것이고, 빛은 자기를 태워 어두운 곳을 밝히는 것입니다. 그런데 기독교인들이 외면을 받기도 하고, 비웃음거리가 될 때도 있는데 그 이유가 뭘까요? 아마도 소금의 맛과 빛의 역할을 제대로 하지 못하고 있다는 뜻이지 않을까요?

하나님의 사람이라면 '하나님 사람다운 모습'을 갖추도록 조율하는 것이 마땅합니다. 소금처럼 녹아야 합니다. 나를 녹여 스며들어 맛을 내야 합니다. 사람들 사이의 불화를 조성하는 자가 아니라 평안과 예수님의 맛을 내는 사람이 되어야 합니다. 하나님의 영광을 위해 복음의 통로가 되어야 합니다. 내가 빛이라면 나로 인해 어두운 곳이 환해져야 합니다. 슬펐던 곳이 기쁨이 되고, 낙심된 곳이 소망을 품게 되어야 합니다.

과실수는 열매를 맺어야 과실수입니다. 내가 달란트를 받은 자라면 그 달란트를 남을 위해 써야 하고, 무엇인가를 맡은 게 있다면 맡은 자답게 충성해야 합니다. 소금다운, 빛다운, 과실수다운 모습이 나타나 누가 보든지 '저 사람은 예수 믿는 사람답다', '저 사람은 참 교회 일꾼답다'라고 하는 모

습을 보여주는 것이 참다운 성도의 생활이 아닌가 하는 생각을 하게 됩니다.

주님의 성품 중에 대표적인 두 가지를 생각해 본다면 '온유와 겸손'일 것입니다. 우리의 마음도 온유하고 겸손하다면 어디를 가도 분쟁이 아닌 평화가 임하게 될 것이고, 어디를 가도 사랑으로 가득 차게 될 것입니다. 누군가 복음을 접하고, 내 말 한마디에 누군가가 소망을 얻을 수 있다면 우리는 그 길을 가야 합니다. 바나바처럼 '착하고 믿음과 성령이 충만한 사람'[사도행전 12:24]이라고 주변 사람들이 평가해 주는 삶, 그것이 성도다운 삶이고 그것이 하나님 자녀다운 삶이 아니겠습니까?

나를 녹여 세상 속에 스며들어 세상 사람들에게 예수님의 맛과 향기를 내는 귀한 삶이 되어야 합니다. 나를 태워야 합니다! 나의 헌신 때문에 세상이 밝아지고, 나의 헌신 때문에 주님의 나라가 넓어질 수 있도록 하여야 합니다. 이와 같은 삶으로 주님께는 영광이고, 세상에는 소금과 빛을 나타내는 성도다운 삶으로 살아가기를 주님의 이름으로 축복합니다.

> 이같이 너희 빛이 사람 앞에 비치게 하여 그들로 너희 착한 행실을 보고
> 하늘에 계신 너희 아버지께 영광을 돌리게 하라
> [마태복음 5장 16절]

[마태복음 25장 23절]

공짜는 없습니다

요즘 젊은이들에게 '네 꿈이 뭐니?'라고 물으면 일부는 '재벌 2세가 되는 거예요'라고 대답을 한다고 합니다. 그런데 '뭐가 문제니?'라고 물으면 '우리 아빠가 노력을 안 해요!'라고 대답을 한답니다. 재벌 2세가 되면 나는 그저 앉아서 먹고 놀고 싶다는 사고방식을 가진 젊은이들도 일부 있다는 것입니다. 이 말을 들으면서 크리스천들을 돌아보게 되었습니다. '예수를 왜 믿으십니까?'라고 물으면 '천국에 가고 싶어서요. 천국에 상급도 쌓고 싶어서요.'라고 대답을 합니다. 문제는 대답하는 내용의 뉘앙스가 재벌 2세를 꿈꾸는 청년들처럼 본인은 직접 하기 싫다는 것입니다. 구원을 받았으니 주님이 알아서 다 해달라는 것입니다. 세상에서 놀고 싶을 때 놀고, 즐길 거 있으면 다 즐기다 천국 갈 때 그때 천국 가서 좋은 것 누리며 살게 해 달라는 것입니다.

미국에서 이런 설문 조사를 했습니다. '천국에 가고 싶나요?' 이런 질문에 100%가 '천국에 가고 싶다'고 대답했습니다. 반면 주일예배 참석은 46%였고, 십일조는 36%만 제대로 한다는 조사가 나왔습니다. 십일조 내는 것, 주일예배에 꼬박꼬박 가는 것은 싫은데 천국은 가고 싶다는 것입니다. 나는 어떤지 우리 스스로를 돌아봅시다. 재벌 2세가 되어 그저 놀고먹고 싶다는 일부 젊은이들처럼 허황된 생각으로 신앙생활 하고 있는 것은 아닌지 돌아봐야 합니다. 우리가 주님의 이름으로 구원의 반열에 서 있다면 우리는 그분의 자녀답게 살아야 할 책임과 의무가 동시에 주어지게 됩니다.

어렸을 때 읽었던 동화 <왕자와 거지>가 생각납니다. 왕자와 닮았다는 이유로 궁궐 생활을 한 거지 왕자는 한동안 호의호식했습니다. '와! 왕자가 이런 거구나!' 그런데 며칠 지나자 간섭을 받기 시작했습니다. 웃는 것, 말하는 것, 먹는 것뿐 아니라 너무도 많은 것을 간섭받아야 했습니다. 거지 왕자는 견디다 못해 이렇게 말합니다.

- 나는 왕자가 아닙니다. 제발 나를 내보내 주세요!

왕자는 왕자로서 갖춰야 하는 품격과 언행이 있는 것입니다. 하나님 나라의 자녀도 마찬가지입니다. 거저 되는 것이 아닙니다. 세상에는 공짜가 없습니다. 우리가 하나님의 자녀로 선택된 것만으로 끝나는 것이 아닙니다. 주님은 우리를 하나님 나라의 일꾼으로 쓰시기를 원하고 계십니다. 주의 이름으로 주님의 나라를 위하여 헌신했던 모든 노고들은 천국에서 우리의 상급으로 쌓여질 것입니다.

예수님을 바라보는 삶을 살아야 합니다. 하나님 나라에 준비된 상급을 위하여 눈앞에 부끄러움과 죽음까지도 개의치 않으셨던 예수님의 그 숭고한 희생을 기억해야 합니다. 아버지가 다해 주시기를 기대하고, 나는 그저 먹기를 원하는 젊은이들의 의식이 아니라 이제는 내가 해야 될 역할과 분량이 있다는 것을 기억해야 합니다. 오늘도 주의 자녀로 맡은 바 책임을 다하며 아름다운 헌신자로 살아가기를 주님의 이름으로 축복합니다.

> 그 주인이 이르되 잘하였도다 착하고 충성된 종아 네가 적은 일에 충성하였으매 내가 많은 것을 네게 맡기리니 네 주인의 즐거움에 참여할지어다 하고
> [마태복음 25장 23절]

[요한복음 14장 27절]

속부터 채워라

사람마다 체질이 다르듯 배고플 때의 반응도 제각각입니다. 나 같은 경우 배가 고프면 숨쉬기가 힘들고, 누가 말을 거는 것조차도 짜증이 나는 그런 스타일입니다. 가끔 딸과 운전을 하고 가다 보면 그 녀석이 '아빠, 지금 배고프지요?' 하고 묻습니다. 그 소리는 내 말이 약간 거칠어지고 있다는 뜻입니다. 신기한 것은 배가 고파서 밥을 먹을 때는 옆 사람도 안 보이고 어느 정도 양이 차면 그때서야 주변 사람들이 사람이 보이는 것입니다. 물론 과장된 표현입니다. 내 속이 차야 남도 보이고, 배가 불러야 여유도 생긴다는 이야기입니다.

부자 할아버지가 옷을 남루하게 입었을 때 꼬마 녀석이,
- 할아버지는 거지 같아요.

이렇게 말을 해도 할아버지는 화를 내지 않습니다. 오히려 그 할아버지는 웃으며
- 그래 꼬마야, 이 할아버지는 거지란다.

그러면서 여유 있게 웃어주며 맞장구를 쳐줍니다. 그런데 정말 어렵게 사는 할아버지에게 어린 꼬마 녀석이 '할아버지는 거지 같아요' 이렇게 똑같은 말을 하면 '이런 어린놈이 나를 무시해!'라고 하며 화를 버럭 냅니다. '아! 아이들이 똑같은 말을 했는데 넉넉한 마음일 때는 넉넉하게 받아주고, 속 좁은 마음으로는 섭섭하게 생각할 수 있구나' 이런 생각을 하게 됩니다.

우리는 하나님의 자녀로 구원받고, 천국의 사람으로 초대받고, 천국의 사람으로 시민권을 얻었다는 것만으로 이미 복 받은 사람들입니다. 그런 여유와 넉넉함이 있다면, 누가 던지는 하찮은 말에도 섭섭한 생각이 들지 않

습니다. 당신은 어느 쪽입니까? 하찮은 말에 시험이 드나요? 아니면 하찮은 말에 웃을 수 있는 여유가 있습니까? 웃을 수 있다는 것은 맘에 여유가 있다는 것이고, 마음에 넉넉함이 있다는 것입니다. 성도들 가운데에도 많이 배우고 넉넉한 사람들에게 '당신 머릿속에는 뭐가 들었나요?'라고 물으면 그냥 웃으며 '뭐가 들었는지 모르겠어요'라고 하지만 못 배우고 어려운 사람에게 똑같이 물으면 '그래요. 나 많이 못 배웠어요. 그래서 무시하는 거예요?' 이렇게 쏘아붙이며 싸우려고 하지 않을까요?

하나님의 사랑으로 가득 채워야 합니다. 내가 받은 은혜가 큰 복인 것을 알고 속부터 충만하게 채워야 합니다. 우리 속이 꽉 차면 하찮은 것에 시험 들지 않기 때문입니다. 우리 속이 꽉 차면 섭섭한 것도 웃을 수 있기 때문입니다. 예수의 사랑으로 꽉 채우고, 천국의 복으로 마음껏 누리며 채워야 합니다. 그러면 내 주변이 넉넉해질 것입니다. 옆 사람도 보일 것입니다. 주변 사람에게 웃음을 건넬 여유도 생길 것입니다. 천국의 복으로 가득 찬 넉넉함이 있으면 옆 사람들의 위로자로 살 수 있는 여유가 생길 것입니다.

믿음의 사람들이 천국의 복과 하나님의 사랑으로 넉넉함을 가지고 세상을 볼 수 있는 눈을 가졌으면 좋겠습니다. 주님의 사랑으로 가득가득 채우기 바랍니다. 그 속에 담긴 여유로 우리 주변까지 넉넉하게 만드는 주인공이 되길 주님의 이름으로 축복합니다.

> 평안을 너희에게 끼치노니 곧 나의 평안을 너희에게 주노라
> 내가 너희에게 주는 것은 세상이 주는 것과 같지 아니하니라
> 너희는 마음에 근심하지도 말고 두려워하지도 말라
> [요한복음14장27절]

[전도서 10장 20절]

낮말은 새가 듣고 밤말은 쥐가 듣는다

우리 속담 중에 언어의 중요함을 이르는 말이 있습니다. '낮말은 새가 듣고 밤말은 쥐가 듣는다.' 와 유사한 표현으로 '바람벽에도 귀가 있다'가 있습니다.

성경에도 이와 비슷한 말씀이 있습니다. 전도서 10장 20절에 '심중에라도 왕을 저주하지 말며 침실에서라도 부자를 저주하지 말라'는 구절은 하나님이 다 듣고 계신다는 것입니다. 내가 설교나 방송, 혹은 부흥 사역을 할 때 강조하는 것 중 하나가 언어입니다. 놀랍게도 돈 들이지 않고 쉽게 복을 받을 수 있는 길이 있는데 그게 바로 언어입니다. 잠언에서는 '사람은 입의 열매로 인하여 복록을 누린다'[잠언13:2]고 합니다. '죽고 사는 권세도 혀에 달려 있다'[잠언18:21]고 합니다. 이 말을 바꿔 말하면 사람은 말만 잘해도 복 받고 죽을 길도 면한다는 말입니다. 내 입에서 떨어진 말이 곧 내게로 돌아오는 열매라는 뜻이기도 합니다.

스스로의 언어를 관찰하면 나의 미래가 복된 날일지 아닐지 알 수 있습니다. 지금 내 입에서 나오는 말, 지금 내가 사용하고 있는 언어가 어떤 유형의 언어인지를 살펴보면 내일의 나는 어떤 열매를 거두게 될 것인지 알 수 있습니다. '심중에라도 왕을 저주하지 말라, 침실에서라도 부자를 저주하지 말라' 이게 무슨 말이겠습니까? 우리는 나보다 지위가 높은 사람이나 돈 많은 부자를 좋게 말하는 경우가 거의 없습니다. TV를 보면서도 정치인들이 나오면 욕을 하며 '저런 놈들 보기 싫어서 TV를 안 본다'고 합니다. 옆에 있던 사람이 그럼 직접 국회의원 나가 보라고 하면 '더럽고 그 꼴 보기 싫어서 안 나간다'고 합니다. 나는 그런 분들을 보면서 '저 정치인이 욕은 먹지만 우리보다 무언가는 더 나아서 그 자리에 서 있는 것 같은데…'라고 생각을 합니다.

하나님이 크게 쓰시는 사람을 봅시다. 하나님이 보실 때 우리보다 나은 면이 있으니 쓰셨을 것입니다. 부자 욕하는 사람치고 부자 되는 걸 보지 못했습니다. 공부 잘하는 사람을 욕하는 사람치고 공부 잘하는 사람을 본 적도 없습니다. 대신에 부자를 부러워하며 저 사람은 어떻게 부자가 됐을까? 그 사람을 닮아 가려고 하는 사람들이 부자가 되는 것은 보았습니다. 공부 잘하는 친구의 흉내라도 내는 사람이 결국 공부 잘하는 것도 보았습니다. 나보다 높은 자리에 있는 사람, 나보다 잘되는 사람을 욕하고, 흉보고, 저주하기보다는 그 사람의 좋은 점을 닮아가려고 애쓰는 삶으로 바뀌어야 합니다. 누구를 헐뜯고 누구의 잘못을 지적하는 입술이 되기보다 누구의 잘한 것을 격려하고, 누구의 잘한 것을 응원해 줄 수 있는 마음과 입술로 바뀌어야 합니다. 하나님은 '내 귀에 들린 대로 내가 시행하리라'[민수기14:28] 하셨습니다. 내가 누구를 위해 빌어 준 그 복을 내게도 주실 것이고, 내가 누구를 칭찬해 준 그 칭찬이 내게도 돌아오게 하실 줄로 믿습니다.

이제 아무도 없는 침실에서라도 누구를 저주하기보다는 누군가를 위해 복을 빌어 주고 칭찬해 주도록 훈련하고, 행동으로 옮겨서 그 복을 누리는 우리가 되기를 주님의 이름으로 축복합니다.

> 심중에라도 왕을 저주하지 말며, 침실에서라도 부자를 저주하지 말라
> 공중의 새가 그 소리를 전하고, 날짐승이 그 일을 전파할 것임이니라
> [전도서10장20절]

[마태복음 5장 9절]

똑똑한 놈, 고집센 놈

　옛날 어느 마을에 똑똑한 놈과 고집 센 놈이 살았는데 어느 날 두 사람이 싸움을 했습니다. 그 이유는 4×7=28이다, 아니다 27이다! 하며, 자기 주장을 펼치다 큰 다툼이 붙었습니다. 똑똑한 놈은 '4×7=28이지 어떻게 4×7=27이냐!'고 말하고, 고집 센 놈은 '이런 멍청한 놈, 4×7=27이지 어떻게 4×7이 28이냐?'고 이렇게 싸움을 하다가 결국 고을 원님을 찾아가 자기들이 여기까지 오게 된 일에 대하여 말했습니다. 자초지종을 들은 그 원님이 고집 센 놈에게 물었습니다.

- 야! 이놈아, 너는 4×7= 얼마라고 생각하느냐?
- 원님! 4×7=27 아닙니까!

이번엔 똑똑한 놈에게 물었다.

- 네놈은 4×7= 얼마라고 생각하느냐?
- 원님! 4×7=28이 아닙니까? 당연한 것이 아닙니까?

그랬더니 원님은 고집 센 놈은 풀어주고 오히려 똑똑한 놈에게 곤장 10대의 형벌을 내렸습니다. 똑똑한 놈은 억울해하며 곤장 10대를 맞고 일어나 원님에게 따져 물었습니다.

- 원님! 제가 왜 틀렸습니까? 4×7=28이 아닙니까? 그럼 원님은 4×7=이 얼마라고 생각하십니까?
- 그래 이놈아 4×7=28이 아니냐!
- 아이고 원님, 그런데 왜 나를 때리십니까? 억울합니다!
- 야 이놈아 4×7=27이라고 말도 안 되는 것을 우겨대는 무식한 놈하고 싸우는 네놈이 더 한심하고 우둔한 놈이여!

　오늘날 사람들이 다투고, 싸우는 것을 보면 참 말도 안 되는 것을 가지고 싸우는 경우가 허다합니다. 교회 안에서도 그렇고, 세상 속에서도 그렇고, 사람들이 모여 다툼을 하는 것을 보면 고집 센 사람을 이기려고 하는 똑똑한 사람들이 더 우스운 작태를 보일 때가 있습니다. 무조건 이기기 위해 에너지 소비하지 말고, 지혜롭게 참을 줄 아는 마음을 가지고 산다면 교회생활도, 사회생활도, 가정생활도 조금은 편해지지 않을까요?

세상 살아가는데 정답은 없습니다!

세상에서 정의해 놓은 것이 무조건 최상의 답은 아닙니다. 하나님은 꼭, 똑똑한 사람만을 원하지 않으십니다. 물론 고집 센 사람도 원하지 않으십니다. 내가 맞는지 틀리는지는 하나님의 말씀을 기준 삼아 서로 양보하면서 화평을 이뤄가는 일꾼들이 되기를 주님의 이름으로 축복합니다.

> 화평하게 하는 자는 복이 있나니
> 그들이 하나님의 아들이라 일컬음을 받을 것임이요
> [마태복음 5장 9절]

그걸 싫어하신대요

[잠언 16장 18-19절]

하나님이 싫어하시는 것은 무엇일까요? 물론 제일 싫어하시는 것은 하나님 외에 다른 신을 섬기는 것입니다. 그리고 또 싫어하시는 것 중엔 불순종도 있을 것입니다. 성경에 보면 하나님이 싫어하시는 또 하나, 그것은 교만입니다. '교만은 패망의 선봉'[잠언16:18]이라 했습니다. 한 마디로 잘난 체 하는 것을 싫어하신다는 것입니다. 생각해 보세요. 하나님 앞에서 우리가 잘 났으면 얼마나 잘났겠습니까? 시편 2편에 사람들이 모여서 하나님이 세운 왕을 두고 웅성거릴 때 하나님이 하늘에서 그것을 내려다보시며 '하늘에 계신 이가 웃으심이여 주께서 그들을 비웃으시로다'[시편2:4]라고 표현하고 있습니다. 이 말은 하나님께서는 저가 잘났다고 이러쿵저러쿵 까불어대며 판단하는 것을 싫어하신다는 뜻입니다. 그런데 심각한 것은 스스로가 겸손한 사람인 체하면서 이렇게 말합니다. '나는 정말 교만하지 않은 편이야!', '않은 편' 그 자체가 교만이라는 것을 모르고 있는 것입니다. '오늘 내가 이렇게 살아가는 모든 것이 하나님의 은혜이며 나의 나됨도 다 주님의 은혜입니다.' 이런 고백으로 살아간다면 교만할 것도 없고, 잘난 체 할것도 없습니다. 그런데 사람들이 왜 무너질까요? 결국은 내가 잘났다고 하는 것이고, 내가 잘나서 그 일을 해냈다고 생각하기 때문입니다.

우리가 겪고 있는 코로나 시대에 제가 자주 외치는 말이 있습니다.
- 코로나 시대에 아무 생각 없이 마스크 쓰고 세월을 보내는 건 우리에게 유익이 없습니다. 하나님이 우리에게 마스크를 씌워 놓으신 이유가 무엇일까를 깨닫지 못하고 코로나 시대를 넘어가고 있다면 우리는 그야말로 고생만 했을 뿐이고 시간만 낭비했을 뿐입니다. 코로나 시대를 지나면서 깨달아야 합니다. 하나님이 코로나 시대를 통해 우리에게 어떤 믿음의 삶을

살아가도록 조율하셨는지 깨닫지 못하고 그저 마스크만 썼다 벗었다 하면 우리에게 무슨 유익이 있겠습니까?

그동안 마스크 없이 살아왔던 시간들이 은혜라는 것을 알아야 합니다. 우리 모두가 마스크를 안 쓰고도 마음껏 찬양하고, 예배하고, 기도할 수 있었던 것이 하나님의 은혜라는 것을 알면 우리의 삶 속에서 잘난 체할 일이 아무 것도 없을 것입니다.

한 번은 우리 교회의 권사님이 마스크를 막 떼었다 붙였다 하면서
- 아이고~ 목사님, 이놈의 마스크 때문에 너무 힘들어요.
- 권사님, 감사하세요. 감사!
- 목사님은 맨날 다 감사하라고 그러세요?
- 권사님, 마스크가 아니라 방독면 쓰고 살라면 어쩔 뻔했어요. 그래도 마스크 정도만 쓸 수 있다는 게 얼마나 감사해요!

그렇습니다. 방독면을 안 쓰고 마스크 정도로 지날 수 있게 하신 것도 감사해야 합니다. 그리고 믿음의 사람들은 이런 기회를 통하여 더 어려운 시대를 만났을 때를 대비하며 각성해야 합니다. 지금까지 내가 잘나서 살아왔다고 교만하게 생각하며 이 코로나 시대를 살아가고 있다면 그것은 결코 하나님이 기뻐하시는 삶의 자세가 아닐 것입니다. 잘난 체하여 하나님께 책망받는 자가 아니라, 은혜를 은혜로 알고 하나님이 기뻐하시는 길로 삶을 바꾸는 우리들이 되기를 주님의 이름으로 축복합니다.

> 교만은 패망의 선봉이요 거만한 마음은 넘어짐의 앞잡이니라
> 겸손한 자와 함께 하여 마음을 낮추는 것이
> 교만한 자와 함께 하여 탈취물을 나누는 것보다 나으니라
> [잠언16장18-19절]

[요한복음 13장 19절]

왜? 하필이면 그때!

세상을 살다 보면 원치 않는 순간들을 마주하게 됩니다. 그런데 세상 사람에게는 우연이거나 재수가 없어서 그렇다고 넘어갈 수 있는 일들이 믿음의 사람에게는 그렇지 않은 경우가 있습니다. 성경 말씀 중에 몇 가지를 예로 들어보겠습니다.

첫째, 엘리야 시대에 3년 6개월 동안 비가 오지 않은 큰 가뭄이 들었습니다. 그때 하나님은 엘리야를 사르밧 땅으로 가게 하시면서 그곳에서 한 여인을 통해 엘리야에게 먹을 것으로 섬길 것을 말씀하셨습니다. 이에 엘리야 선지자가 말씀대로 순종하여 사르밧 땅에 들어가자 처음 만나는 여인이 있었습니다. 그런데 엘리야를 섬길 그 여인은 정말 가난하고 불쌍한 과부였습니다. 엘리야는 여인에게 먹을 것을 요청합니다. 여인은 그 요청을 거절하지 않고 순종합니다. 그 여인은 왜? 하필이면 그때 거기에 있었을까요?[열왕기상 17:1-24]

둘째, 예수님이 십자가를 지고 골고다로 올라가실 때, 힘에 겨워 몇 번이고 쓰러지길 반복하자 더 이상 안 되겠다 싶었던 병사가 구경꾼으로 옆에 서 있던 시몬에게 그 십자가를 억지로 지워가게 했습니다. 그 시몬은 하필이면 그때, 왜 거기에 서 있었을까요? 군대용어로 말하자면 어쩌다가 줄을 잘 못 서서 그 십자가를 지게 된 것일까요?[누가복음23:26]

셋째, 우리가 잘 아는 에스더라는 여인의 이야기도 그렇습니다. 왜? 하필이면 '죽으면 죽으리라'는 결단을 해야 하는 왕비라는 자리에 있었을까요?[에스라4:1-17]

넷째, 사울 왕 시대에 골리앗이 군대를 이끌고 이스라엘을 치러왔을 때, 골리앗이 하나님의 이름을 모욕하며 하나님의 백성인 이스라엘을 무시하고 위력을 과시함으로 이스라엘 군대가 떨고 왕도 떨고 있다는 소리를 왜 다윗이 듣게 되었을까요?[사무엘상17:1-58]

무엇 때문에 남에게는 무심히 보이는 일과 안 들리는 소리가 나에게만 유심히 보이고 들리는 것일까요? 이 말은 하나님 편에서는 절대 우연이라는 것은 없다는 것입니다. 보이게 할 때는 보이게 하신 이유가 있고, 들리게 하실 때는 들리게 하신 이유가 있으며, 만나게 하실 때는 만나게 하신 이유가 있다는 말입니다.

간혹 이런 말을 하는 분들을 만날 때가 있습니다.
- 남들은 아무렇지도 않다는데 나는 왜 그 일이 그렇게 신경 쓰이는지 몰라요.
그런 분들에게 내가 깨달은 대로 이야기해 줍니다.
- 부담이 사명입니다.
그렇습니다. 남들은 무심히 지나가서 안 보이고, 안 들리는 일들이 왜 나에게는 보이고, 들리고, 만나게 하실까요? 거기에는 분명 나에게 주시는 사명이 있다는 것입니다. 남들에게는 아무런 생각과 감각도 없는 것이 나에게는 마음에 남아 신경이 쓰이게 하는 것이 있다면? 그 거룩한 부담이 곧 사명이라는 것을 깨닫고 실행하며 살아가기를 주님의 이름으로 축복합니다.

> 지금부터 일이 일어나기 전에 미리 너희에게 일러 둠은
> 일이 일어날 때에 내가 그인 줄 너희가 믿게 하려 함이로라
> [요한복음13장19절]

공감

[에베소서 4장 32절]

　잘 아는 목사님의 따님 결혼식이 있어서 피로연에 갔다가 목사님들과 식탁에 둘러앉아 식사를 하게 되었습니다. 그런데 맞은편에 앉아 계시던 어느 목사님의 사모님이 제가 목사님들과 대화하는 목소리를 듣더니 반갑게 인사하며 말을 건네셨습니다.

- 소진우 목사님이시죠?
- 아, 예~ 그렇습니다.

그랬더니 그 사모님이 웃으시며 이렇게 말씀하시는 것이었습니다.

- 제가 오늘 목사님을 처음 뵀는데 라디오 방송으로 목소리가 익숙해져서 소진우 목사님이신 걸 알았어요! 실은 제가 목사님 칼럼을 들으면서 펑펑 울었어요.

내가 방송을 하면서 누구를 울릴 정도로 그렇게 슬픈 내용을 방송에서 말한 적이 없다고 생각하여 그 사모님에게 어떤 내용의 칼럼이었냐고 물었더니 자초지종을 이야기해 주셨습니다.

　우리 교회에 부흥강사로 오신 어느 목사님께서 본인이 개척할 당시에 어려웠던 상황을 간증한 내용이었습니다. 그 강사 목사님께서 교회를 개척하여 한창 교회가 부흥이 되고 있을 때, 수련회를 가기위해 사전답사를 다녀오던 길에 큰 교통사고가 났고, 수련회를 가서도 학생들이 익사 사고가 나는 등 여러 사건들이 연이어 생기자, 교회가 지역에서 좋지 않은 소문으로 어려움을 겪게 되었고 성도들이 한 사람씩 떠나게 되었다고 합니다. 특히 개척교회 목회자들에게는 한 성도가 떠난다는 것은 가슴이 찢어지는 아픔입니다. 그렇게 한 사람씩 성도들이 다 떠나게 되었고, 마지막으로 목사님께 충성스러운 한 부부만 남게 되었는데, 하루는 그 집사 부부가 심방을 부탁

하여 목사님께서 가서 예배를 마치고 다과를 하는데,
- 목사님 죄송해요. 이제 저희들도 다른 교회로 옮겨야겠어요. 그래서 오늘 마지막으로 심방 예배를 드리고 축복 기도를 받고 떠나려고 합니다! 라고 하더랍니다.

어려운 환경 속에서 힘이 되어주고 버팀목이 되어 주었던 마지막 집사 부부였는데 자기들도 힘이 들어 떠나겠다고 말을 하니 목사님은 맥이 다 빠져서 고개를 떨구며 아무 말 못 하다가 그 집사 부부를 보고 이렇게 말합니다.
- 집사님, 집사님들은 좋겠어요. 힘들면 떠날 수도 있고, 또 다른 교회를 찾아갈 수가 있으니 집사님들은 좋겠어요. 나는 교회가 힘들어도 떠날 수 없고, 갈 교회도 없으니 집사님들이 부럽습니다!

아마도 방송을 들은 그 사모님께서 울었던 것은 당신도 같은 환경과 처지에 있었기에 공감하여 울었던 것이 아니었을까 생각해 보았습니다.

'공감'이란 남의 주장이나 감정, 생각 등에 찬성하여 자기도 그렇다고 느끼는 것입니다. 설교를 들으며 은혜 받을때가 있고, 반대로 시험에 들 때도 있습니다. 우리가 공감할 수 있다고 하는 것은 입장이 같을 때 공감할 수 있는 것입니다. 입장을 바꿔 생각하고 그 입장에 내가 있다면 우리는 못 받아들일 일이 없을 것이며 이해하지 못할 일도 없을 것입니다. 상대편을 이해하고 넉넉한 마음으로 받아주고 공감한다면 모두가 한마음이 될 것입니다. 우리가 상대방의 마음과 상대방의 입장으로 돌아가 한 번 더 이해하고 공감하여 좋은 사회와 좋은 세상, 좋은 교회와 좋은 성도로 살아가기를 주님의 이름으로 축복합니다.

> 서로 친절하게 하며 불쌍히 여기며 서로 용서하기를
> 하나님이 그리스도 안에서 너희를 용서하심과 같이 하라
> [에베소서4장32절]

[고린도전서 2장 13-16절]

나를 바라보는 눈이 얼만데

어느 권사님께서 하시는 말씀에 은혜와 감동을 받았습니다. 직장을 다니는 자녀를 대신하여 어린 손주를 돌보다 보니 교회 가서 기도할 시간이 적었던 것입니다. 그래서 권사님은 손주를 재우고 밤 12시부터 2시까지 거실에서 기도를 하고 잠시 눈을 붙였다가 새벽예배를 가신다는 겁니다. 그러면 남편이 이렇게 말한다고 합니다.

- 부인, 지금까지 기도하고 또 교회를 가요?
- 네, 새벽예배 시간이니 가야지요.
- 지금까지 기도 했으면 됐지 교회를 가서 또 기도해요?
- 여보, 내가 지금까지 집에서 기도한 것은 하나님과 나의 관계 속에서 기도한 것이고요. 새벽예배에 나가서 기도하는 것은 성도들에게 본이 돼야 하기 때문이에요. 교회에서 나를 보는 눈이 얼마나 많은지 아세요, 내가 행동을 잘못하면 덕이 안 되잖아요.

내가 평소에 강조하는 말 중에 '직분을 받았으면 이름값을 하고 살자'고 자주 이야기합니다. 그 권사님 말씀처럼 교회에서 나를 바라보는 많은 눈에게 본보기가 되는 삶을 살아간다면 얼마나 덕스러운 삶일까 생각을 하게 됩니다. 많은 이들이 직분을 받고, 교회 안에서 직분에 걸맞는 대접을 못 받았다고 서운해하여 교회와 성도들 사이를 이상하게 만들어 가기도 합니다. 믿음의 직분자라면 나를 보는 눈들에게 내가 덕을 끼쳐야 되고, 나를 보는 분들에게 내가 본이 되어 하나님의 영광과 교회의 덕을 세우며 살아가야 할 '의무'도 주어진다는 것을 알아야 합니다.

우리는 가끔 '하나님은 다 아셔!'라고 말합니다. 그렇습니다. 하나님은 다 아십니다. 문제는 하나님은 알고 계시는데도 우리가 덕이 되지 못하는 행동을 하며 살아갈 때가 있다는 것입니다. 권사님의 말씀을 다시 한번 생각해 보면, 집에서 기도하는 것은 하나님과의 관계에서 기도한 것이라면 교회에 나가서 기도하는 것은 그것뿐만 아니라 권사로서 성도들에게 예배와 모임과 기도생활에 대한 신앙의 본이 되기 위함도 있다는 것입니다. 나를 보는 사람들에게 권사로서 덕을 끼치려 교회에 나가서 기도한다는 그 권사님의 말씀이 우리의 마음에 큰 울림으로 와 닿습니다.

지금 이 시간 우리는 '하나님은 다 알고 계셔!'라고 하며 암묵적 자기 합리화로 덮고 살지는 않는지요. 내 형편, 내 환경을 아시는 주님께서 다 이해하여 주실 거라 생각하며 살아가지는 않는지요. 나와 하나님과의 관계도 중요하지만 교회 안, 공동체에서 내게 맡겨진 자리와 직책에 걸맞은 이름값을 하며 살아간다면 우리의 모습은 정녕 복된 인생으로 성장하지 않을까요?

- 나를 보는 눈이 얼만데?

이 말씀으로 날마다 무장하는 권사님의 그 마음, 권사님의 그 믿음, 권사님의 그 넉넉함이 우리 모두에게 전해지기를 주님의 이름으로 축복합니다.

> 우리가 이것을 말하거니와 사람의 지혜가 가르친 말로 아니하고
> 오직 성령께서 가르치신 것으로 하니
> 영적인 일은 영적인 것으로 분별하느니라
> [고린도전서2장13-16절]

[에베소서 5장 19-21절]

세월만큼 아름답게

뉴스를 통해 아파트 같은 다세대 주택에서 층간 소음으로 발생하는 살인, 폭력, 협박 등의 심각한 문제들을 자주 접하게 됩니다. 그러던 중, 어느 아이 엄마가 쓴 글을 감동적으로 읽은 적이 있습니다.

그 집에는 네 살, 여섯 살 된 아이들이 있답니다. 아랫집에는 신혼부부가 살고 있었는데 아이들에게 아무리 주의를 줘도 뛰노는 통에 늘 미안한 마음을 갖고 있었다고 합니다. 그 신혼부부가 매일 찾아와 짜증을 내니 미안함을 넘어 언제부턴가 오히려 미워졌다고 합니다. 그러던 가운데 신혼부부가 이사를 가고 어느 노부부가 이사를 오셨습니다. 그 노부부는 애들이 뛰고 난리를 쳐도 쫓아온 일도 없고, 전화하시는 일도 없으셨습니다. 미안한 마음에 찾아뵙고 '애들이 떠들어서 정말 죄송하다'고 하면 그 어르신들은 오히려 '애들이 다 그러고 크는 거'라며 오히려 괜찮다고 하셨습니다. 어느 날 물놀이를 다녀온 아이들이 피곤했는지 일찍 잠이 들었는데, 저녁 늦게 아랫층 어르신들이 올라오셨습니다. 어르신의 방문에 애들 엄마는 '올 것이 왔구나! 이제 어르신들도 참을 만큼 참으셨나 보다!' 그렇게 생각하며 미안한 마음으로

- 아니, 어쩐 일이셔요?
- 아이들 어디 갔나요? 늘 뛰던 녀석들이 뛰는 소리가 안 나니까 혹시 애가 어디 아픈가 싶어서 걱정이 돼서 올라왔어요.
- 그게 아니라 애들이 오늘 물놀이를 하고 놀고 왔는지 피곤해서 일찍 잠이 들었어요.
- 그럼 다행이네! 늘 펄쩍펄쩍 뛰던 녀석들이 조용해서 어디 아픈 건 아닌가 싶어서 왔어요.

그렇게 말씀하시며 내려가시는 뒷모습이 얼마나 고맙고 아름다운지 그날 이후로 아이들을 더 조심하도록 챙기게 되더라는 것이었습니다. 그러면서 '세월을 사신 연륜만큼 참 아름다운 어르신도 계시구나!'라고 글을 마무리 하고 있습니다.

어떤 사람은 살아온 세월만큼 나쁜 쪽으로 가는가 하면, 누군가는 세월을 살아온 만큼 아름다운 영향을 끼치는 사람들도 있습니다. 신앙생활도 마찬가지입니다. 교회생활을 오래 하신 분들을 보면 신앙의 연륜만큼 후덕한 분이 있는가 하면, 연륜이 있음에도 오히려 젊은 사람들에게 사사건건 잔소리를 하거나 힘들게 하고 야단치는 사람들도 있습니다.

신앙과 세상에 연륜이 깊으면 그만큼 경험했던 것들이 아름답게 우러나오는 삶으로 승화되어 가면 얼마나 좋겠습니까? 이러한 삶이 우리 모두의 삶 속으로 이어져 간다면 우리 교회와 이 사회가 얼마나 아름답겠습니까? 세월 따라 아름답게 변하여 가는 삶을 사는 사람이 있는 곳에는 향기가 있습니다. 그런 사람들이 있는 곳에는 아름다움이 꽃피워 갈 것입니다. 부디 우리에게서도 아름다운 연륜의 향기가 퍼져나가기를 주님의 이름으로 축복합니다.

> 시와 찬송과 신령한 노래들로 서로 화답하며 너희의 마음으로
> 주께 노래하며 찬송하며 범사에 우리 주 예수 그리스도의 이름으로
> 항상 아버지 하나님께 감사하며 그리스도를 경외함으로 피차 복종하라
> [에베소서5장19-21절]

[고린도전서 10장 33절]

주님의 사람이니까

　인천 어느 교회에서 부흥회를 인도할 때 있었던 일입니다. 새벽집회에 엄마 아빠를 따라온 유치부 학생 아이가 졸지도 않고, 맨 앞줄에 앉아서 아멘, 아멘 하며 은혜를 받는 거였습니다. 그래서 '저 녀석이 뭘 알아서 참석하고 아멘 하는 건지 제대로 은혜를 받는 건지' 궁금했습니다. 마지막 날, 그 아이 부부가 식사 대접을 하기에 제가 궁금해서 물어봤습니다.

- 그 녀석이 뭘 알아서 예배에 나오는 건가요? 아니면 엄마 아빠가 데리고 나오는 건가요?
- 아이고, 목사님! 저희들이 그 아이 때문에 새벽기도를 빠질 수가 없어 나와요. 어쩌다가 애들이 자고 있어서 우리 부부만 새벽기도 갔다 오면 자기 빼놓고 새벽기도 갔다고 아주 화를 냅니다.

이렇게 그 아이 때문에 깊은 인상을 받았던 그 교회에 몇 해 뒤에 또 부흥회를 가서 그 아이를 만났습니다. 반가운 마음에 그 아이의 어깨를 두드려 주면서 격려해 주었습니다. 그리고 마지막 날 식사를 다시 그 아이의 부모와 함께 하게 되었습니다.

- 그 녀석, 많이 크고 의젓해졌어요. 잘 지내고 있지요?
- 목사님! 아이가 학교에 들어가서 제가 학교 앞 문방구에 뭘 사러 갔더니 문방구 아주머니께서 우리 아이가 학교에서 왕따 당하는 거 같다고 하길래 같은 반 친구들에게 우리 아이가 반에서 왕따를 당하는지 물어보았습니다. 그랬더니 애들이 장난치느라고 괴롭혀도 그냥 웃으며 받아준다고 하는 거예요. 그래서 집에 와서 아들보고 물어봤지요. '아들~ 학교에서 누가 너를 괴롭히는데도 그냥 당하고 있었어?' 그렇게 물어봤더니 '엄마! 엄마가 교회 집사 맞아요? 나 앞으로 목사 될 거란 말이에요. 목사 될 내가 누가 나를 좀 괴롭혔다고 싸우면 그게 무슨 믿는 사람이고 목사 될 사람이

에요?'

나는 더 이상 아이에게 아무 말도 하지 못했습니다.

아이는 이미 목사의 자세와 목사의 마음으로 세상을 섬기며 살아가고 있었습니다. '나는 주님의 사람이니까 내가 참고 이해하면 돼요! 나는 목사님이 될 거예요'라는 그 아이의 성품과 행동은 내게도 큰 깨달음을 주었습니다. 그렇습니다. 우리가 부족해서 당하는 것과 그와 맞서 싸울 수 있는데도 참아주는 것은 차원이 다른 것입니다. 어린아이였지만 큰 울림을 안겨주었던 그 아이의 모습이 지금도 눈에 선합니다. 아마도 주의 일꾼으로 잘 성장하고 있으리라 생각합니다.

우리는 주님의 사람입니다. 이긴다고 이기는 것이 아닙니다. 졌다고 진 것도 아닙니다. 이길 수 있지만 참기도 하고, 앞서갈 수 있지만 뒤따라가 주는 것도 주님의 사람입니다. 주님을 위해 주님의 사람으로 향기 있는 삶을 살아가는 우리가 되기를 주님의 이름으로 축복합니다.

> 나와 같이 모든 일에 모든 사람을 기쁘게 하여 자신의 유익을 구하지 아니하고
> 많은 사람의 유익을 구하여 그들로 구원을 받게 하라
> [고린도전서10장33절]

만약에

[레위기 14장 22절]

'네 손이 선을 베풀 힘이 있거든
마땅히 받을 자에게 베풀기를 아끼지 말며
네게 있거든 이웃에게 이르기를
갔다가 다시 오라 내일 주겠노라 하지 말며'

[잠언 3장 27절-28절]

위 성경 구절은 우리가 선을 행할 때의 자세에 대한 말씀입니다.

첫째, 자기 형편에 맞게 하라.

성경에 보면 하나님은 우리가 제사를 드릴 때에도 각자의 형편에 맞게, 송아지를 드릴 형편이면 송아지를, 양을 드릴 형편이면 양을, 염소를 드릴 형편이면 염소를, 아무것도 없으면 산비둘기를 잡아서라도 각자의 형편에 따라 드리라고 합니다. 오늘 말씀은 '네 손이 베풀 힘이 있거든'입니다. 이 말씀은 선을 행할 때에도 자기가 할 수 있는 범위에서는 힘껏 하라는 말씀입니다.

둘째, 꼭 필요한 자에게 하라.

성경은 아무에게나 하라고 말씀하시지 않습니다. 마땅히 받을 자, 다시 말해 꼭 필요한 자에게 베풀라고 합니다. 배부른 자에게 먹을 것을 주라는 것이 아니고 따뜻한 자에게 입을 것을 주라는 것이 아닙니다. 목마르지 않은 자에게 물을 주라는 것도 아닙니다. 누군가 도움이 필요한 사람이 있다면 '그 사람에게 베풀라'는 말씀입니다.

셋째, 최선을 다하여 베풀라.

성경은 '마땅히 받을 자에게 베풀기를 아끼지 말며'라고 말씀하십니다. 베푸는 자의 마음가짐을 말하는 것입니다. 하나님은 우리가 최고가 되기를 원하시는 것보다 '최선'을 다하는 자녀로 살아가기를 원하십니다. 만약 베풀 기회가 되어 선을 행하려거든 넉넉한 마음으로 하라는 것입니다.

넷째, 미루지 말고 지금 하라.

'갔다가 다시 오면 내일 주겠다 하지 말라'고 말씀하십니다. 선을 행할 일이 있을 때에는 미루지 말고 '지금' 하라고 하십니다. 선을 행할 일이 있거든 미루지 말고 지금 행하여야 합니다. 성령님의 감동을 받아서 해야 될 일인 줄은 아는데 이 핑계 저 핑계로 미루다가 때를 놓치는 경우를 자주 보게 됩니다. '성령의 지시'에 민감하라는 것입니다.

정리해 보면, 꼭 필요한 자에게 베풀라는 것입니다. 아무에게나 무작정 하라는 것이 아닙니다. 무리하게 하라는 것도 아니고 형편에 맞게, 미루지 말고 최선을 다하여 섬기며 베풀라는 것입니다. 만약 내 눈앞에 이러한 상황이 닥치게 되면 성령님의 운행하심에 따라 '즉시' 그 선을 행함으로 주님의 기쁨이 되는 성도로 살아가기를 주님의 이름으로 축복합니다.

> 그의 힘이 미치는 대로 산비둘기 둘이나 집비둘기 새끼 둘을 가져다가
> 하나는 속죄제물로, 하나는 번제물로 삼아
> [레위기14장22절]

[로마서 12장 15절]

주 함께라면

지금은 고인이 된 미국의 41대 대통령인 조지 부시 대통령의 퇴임 후 일화 중 훈훈한 미담 하나가 있어 소개하겠습니다.

대통령 재임 기간 중에 함께 일했던 패트릭이란 경호원이 있었습니다. 그에게는 두 살짜리 아들이 있었는데, 그 아이가 그만 백혈병에 걸리고 말았습니다. 그 아이가 백혈병 투병으로 머리카락이 다 빠졌다는 소문을 들은 부시 대통령은 소년 패트릭을 위해 삭발을 했습니다. 그 아들에게 용기를 심어 주고자 삭발을 했던 것입니다. 그 소문이 점점 퍼져서 부시 대통령과 함께했던 동료 40여명이 패트릭을 위하여 머리를 깎았습니다. 이 모습은 '패트릭의 친구' Patrick's pal라는 사이트에서 볼 수 있습니다. 아픈 어린아이를 위하여 한 나라의 대통령이었던 분이 머리를 삭발했습니다. 사실 알고 보니 부시 전 대통령도 60년 전에 네 살짜리 둘째 딸 로빈을 백혈병으로 보내는 아픔을 겪었다고 합니다. 같은 아픔을 겪었던 경험이 있어 그는 마음이 남달랐던 것이었습니다. 어떤 사람들은 누군가 아프면 그것을 함께 아파하는 것이 아니라 '나는 그보다도 더 어려운 일을 겪었는데 그건 아무것도 아니야!' 이렇게 치부해 버립니다. 그런데 부시 대통령은 자기가 아팠던 때를 떠올리며 지금 그 아픔을 당하고 있는 부모를 위하여, 그 어린아이를 위하여 머리를 삭발하고 그 아픔에 함께하는 모습을 보인 것입니다.

사람들은 자기가 겪은 아픔은 크게 여기지만 남의 아픔은 가볍게 여기는 경향이 있습니다. 누군가 아픔이 있다고 하소연하면 '내가 당한 일에 비하면 그건 아무것도 아니야!'라며 무시해 버리기도 합니다. 그러나 누군가 당신에게 아픔을 얘기할 때는 위로받고 싶어 이야기하는 것입니다. 누군가 당신에게 자기 사정을 얘기할 때는 형편을 들어달라는 요청인 것입니다. 그럴 때 우리는 아팠었던 그때를 생각하며 아픔을 같이 나누어야 합니다. 그러나 많은 사람들은 선뜻 그렇게 하지 못합니다. 부시 전 대통령이 이 일화로 칭찬을 받는 이유가 무엇일까요? 나의 아픔을 기억하고, 상대의 아픔을 내 아픔처럼 함께 나누었기 때문입니다.

누군가 아파하는 사람이 있다면 같이 아파하십시오!
누군가 슬퍼하는 사람이 있다면 같이 슬퍼하십시오!

당신이 당했던 아픔과 당신이 겪었던 슬픔이 오늘 당신 앞에 있는 누군가의 아픔과 슬픔에 함께하라는 성령님의 사인인 것을 기억하십시오. 그들의 슬픔과 아픔을 함께 할 수 있는 삶이 곧 우리의 삶이 되기를 주님의 이름으로 축복합니다.

> 즐거워하는 자들과 함께 즐거워하고, 우는 자들과 함께 울라
> [로마서12장15절]

[마태복음 6장 6절]

내용이 아니라 진심입니다

목사님, 어떻게 하는 기도가 잘하는 기도인가요? 이런 질문을 받을 때가 있습니다. 이 질문의 답은 이미 예수님께서 기도의 정석에 대하여 가르쳐 주셨습니다. '주님의 기도'가 대표적입니다. 그리고 기도하는 사람의 자세에 대하여 누가복음 18장에서 말씀하고 계십니다. '바리새인과 세리'라고 하는 두 부류의 사람의 기도를 통해 들려주셨습니다. 즉, 어떤 사람의 기도를 하나님께서 받으시고, 어떤 기도가 하나님께 상달되는 기도인가에 대하여 정확한 교훈을 주셨습니다.

바리새인은 사람들 가운데 서서 두 손을 들고 이렇게 기도했습니다. '하나님, 나는 하나님이 말씀하신 율법을 다 지켰습니다. 그리고 저 사람들처럼 나쁜 짓도 하지 않았습니다. 그리고 하나님 앞에 드리라고 하는 것도 잘 드렸습니다.' 바리새인의 기도를 정리하면 첫째, 나는 하나님의 말씀을 잘 지켰습니다. 둘째, 나는 저 사람들처럼 나쁜 짓도 하지 않았습니다. 셋째, 하나님이 드리라고 하는 것을 나는 잘 드렸습니다. 정말 완벽하게 주님 말씀을 지키며 도덕적으로 많이 베풀며 잘 살고 있다고 기도하고 있습니다.

세리도 기도를 했습니다. 사람들 앞에서 기도하는 것이 아니라 조용히 은밀한 중에 하나님께 기도합니다. '하나님이시여 나를 불쌍히 여기소서. 나는 죄인입니다.'[누가복음18:13] 세리는 나는 죄인이니 긍휼을 베풀어 달라는 간구의 기도를 드렸습니다. 하나님께서 누구의 기도에 응답해 주셨을까요? 잘 알고 있는 것처럼 세리의 기도를 들어주셨습니다.

기도는 내용이 아니라 '진심'입니다. 기도는 자랑도 아닙니다. '나는 부족한 자입니다. 하나님만이 나를 도와주실 수 있습니다. 나에게 긍휼과 은혜를 베풀어 주옵소서' 이렇게 주님의 도우심을 구하는 것이 기도입니다. 바리새인의 기도처럼 하나님 앞에 자기의 의를 드러내는 것이 기도가 아닙니다. 저 사람보다 내가 낫다는 걸 자랑하는 것도 기도가 아닙니다. 반면, 세리는 많은 사람에게 손가락질을 받는 사람이었습니다. 그 당시 세리라는 직업은 유태인들에게는 원수 같은 사람이었습니다. 그렇게 사람들에게 미움 받는 세리가 '하나님, 나는 죄인입니다! 하나님, 나는 하나님의 은혜가 필요합니다'라고 하는 부족함을 인정하는 기도와 도우심을 간구하는 기도를 드렸습니다.

기도를 통해 내 의를 드러내는 것은 더욱 아닙니다. 마치 율법책을 잘 지키며 행한 의인처럼 나를 드러내는 것은 더욱 아닙니다. 기도는 하나님의 도우심을 온전히 간구하는 것입니다. 바리새인처럼 지적인 기도를 드리는 것보다는 세리처럼 하나님이 받으실 진정한 기도를 드림으로 주님의 도우심과 인도하심 속에 이 세상을 살아가기를 주님의 이름으로 축복합니다.

> 너는 기도할 때에 네 골방에 들어가 문을 닫고 은밀한 중에 계신 네 아버지께 기도하라 은밀한 중에 보시는 네 아버지께서 갚으시리라
> [마태복음6장6절]

[야고보서 2장 13절]

긍휼의 복

성경에서 나오는 용어 중에 '긍휼'矜恤이라는 단어가 있습니다. 이 단어는 헬라어로는 '엘레오스'ἔλεος라고 하는데 이 말은 동정심, 친절, 자비, 불쌍히 여긴다는 뜻과 '산모가 태아를 위하여 모든 일을 조심히 한다' 는 의미도 있습니다. 그런데 야고보서 2장 13절에 '긍휼 없는 자는 긍휼 없는 심판을 받는다. 긍휼은 심판을 이기고 자랑한다'라고 되어 있습니다. 이 말씀을 정리해 보겠습니다. 먼저 '긍휼 없는 자는 긍휼 없는 심판을 받는다'는 말씀은 동정심도 없고, 자비심도 없고, 친절함도 없고, 불쌍히 여김도 없는 사람은 불쌍함으로 도움을 받지 못하고 심판을 받는다는 뜻입니다. 긍휼 없이 심판을 받는 곳은 어디겠습니까? 바로 '지옥'입니다. 긍휼 없는 자는 지옥에서 긍휼 없는 심판을 받습니다. 반면, '긍휼은 심판을 이기고 자랑한다'고 했습니다. 무슨 의미일까요? 긍휼을 베푼 사람은 하나님의 심판 앞에서도 떳떳이 선다는 뜻입니다. 다시 말해 '긍휼이 없는 자는 긍휼이 없는 지옥의 심판을 받게 될 것이고, 긍휼이 있는 자는 심판을 두려워 하지 않고 하나님 앞에서 자랑하며 승리의 미소를 짓는다'는 뜻입니다.

선교지를 가고 올 때, 비행기를 타면 기도를 합니다. 난생처음 가보는 선교지에서 주님의 충실한 심부름꾼으로 쓰임 받았다는 것에 대하여 감사의 기도를 드립니다. 그리고 낯간지러운 표현이지만 혼잣말로 하나님 앞에 아양도 떨어봅니다. '하나님 저 예쁘지요? 저 잘했지요?' 이 말은 주님이 기뻐하시는 일을 하고 왔다는 나만의 표현입니다. 주님이 기뻐하시는 일로 내가 모든 것을 아낌없이 헌신하고 왔기에 주님이 기뻐하실 거라 생각하여 아양도 떨어보는 것입니다. 그렇습니다. 긍휼이 있는 자는 심판을 이기고 하나님 앞에 서서 승리의 미소를 짓습니다. 하나님 앞에서 고개를 들 수 있다는 것입니다. 하나님의 사람들은 주님의 성품을 닮아 따뜻한 마음으로 세상을 품고 살아야 합니다. 그렇게 사는 자는 심판을 이기고, 하나님 앞에서 승리의 미소를 지을 수 있는 것입니다.

자랑스러운 일을 했다면 누구에게나 알리고, 보이고 싶지만, 죄를 지으면 누가 나를 보기만 하여도 불안하고 나를 잡으러 오는 것 같은 마음에 휩싸이는 것이 인간의 속성입니다. '이기고 자랑한다'는 뜻은 승리하여 칭찬을 받을 만한 것을 드러내어 뽐낸다는 그런 의미를 갖고 있습니다. 하나님께서는 '긍휼히 여기는 자는 긍휼히 여김을 받는다'[마태복음5:7]라고 말씀하셨습니다. 긍휼은 하나님이 우리에게 베풀어 주신 은혜인 것이고, 그 긍휼을 받은 우리는 주님이 주신 그 긍휼을 세상에 베풀어 하나님이 원하시는 세상을 만들어갈 의무도 주어지게 되는 것입니다. 우리는 두려운 마음으로 심판의 자리에 가는 자가 아니라, 천국으로부터 부름 받은자로 당당히 주님의 마음을 품고 살아가야 합니다.

한 영혼을 위하여, 세상 구원을 위하여, 하나님 나라를 위하여, 우리의 삶을 긍휼히 여기는 마음으로 세상을 보고 살아갈 때 하나님은 우리를 통하여 영광 받으실 것이고 우리는 심판대 앞에서 승리의 웃음을 짓게 될 것을 믿습니다. 그때, 당당하게 고개 들고 주님을 바라보게 될 줄로 믿으며, 이 긍휼의 복이 오늘 우리 모두의 것이 되기를 주님의 이름으로 축복합니다.

> 긍휼을 행하지 아니하는 자에게는 긍휼 없는 심판이 있으리라
> 긍휼은 심판을 이기고 자랑하느니라
> [야고보서2장13절]

[빌립보서 4장 6절]

무조건 긍정하라

많은 사람들이 복 받기를 원합니다. 하지만 복 받을 그릇은 준비하지 않고 복 받기를 원하는 성도들에게 제가 강조하는 몇 가지 비결이 있습니다.

1. 무조건 감사하라.
2. 무조건 기뻐하라.
3. 무조건 긍정하라.
4. 큰 꿈을 품고, 입으로 선포하라.
5. 큰 부자를 꿈꾸며 부자의 근성을 가져라.
6. 이 모든 것보다 먼저 그 꿈이 이루어지도록 끝까지 기도하라.

어느 날 부흥회를 갔는데, 여러 해를 지켜봤던 분들이 내게 이렇게 말을 합니다.

- 목사님은 안 늙을 줄 알았는데 목사님도 많이 늙으셨네요.
  목사님, 너무너무 예뻤었는데 이제는 나이 드신 티가 나네요.

그렇게 말하면 웃으며 이렇게 이야기합니다.

- 안 늙으면 하나님이 저를 잘못 만드신 거지요. 저도 하나님이 만드신 창조 물인데 당연히 늙어야지요.

요즘 들어 더 자주 듣는 말입니다. 세월에는 장사가 없다고 하지 않았습니까? 누군들 늙었다는 말에 기분 좋을 사람 있겠습니까? 하지만 남들이 아무리 곱게 봐준다 하더라도 나도 늙어 가는 것을 인정하고, 긍정으로 살아가야하는 것입니다. 많은 사람들이 늙었다는 말을 들으면 충격받는 이유가 뭔지 아십니까? 본인은 안 늙을 거라 착각 속에 살고 있기 때문입니다. 안 늙고 영원히 살 수 있는 사람은 없습니다.

잘 사는 나라일수록 우울증 환자가 많다고 합니다. 그 이유는 자기에게 어떤 일이 닥치는 것에 대하여 인정하지 못하기 때문이라고 합니다. 좋은 일이 와도 나쁜 일이 올까 봐 겁을 내기 때문에 좋은 일이 와도 인정하지 않으니 우울증에 걸린다고 합니다.

우리가 주님 뜻 안에 있기만 한다면 좋은 일도, 나쁜 일도 다 주님 안에 있는 것입니다. 주님은 절대로 손해 볼 일을 하지 않으십니다. 오늘 좋은 일이 있다면 그 기쁨 주신 이에게 감사하십시오. 지금 어려움과 고난의 길을 가고 있다면 눈물로 감사하십시오. 그 고난의 뒤에 주어질 영광을 기대하며 무조건 감사하며 기뻐하십시오. 주님은 반드시 우리를 만들어 가실 것이며, 우리를 통하여 영광 받으실 것입니다. 주님께서는 우리에게 감당할 만한 시험을 주신다고 말씀하셨습니다. 주님께서는 우리를 누구보다 사랑하신다는 것을 기억해야 합니다. 항상 내 편에 계신 주님을 믿고 세상에서 승리해야 합니다. 우리에게는 주님이 계십니다. 나의 모든 것을 아시는 주님께서 더 선하고, 복된 길로 우리를 인도해 가실 것을 믿으시기 바랍니다.

하나님을 기억하십시오!
하나님께서는 항상 우리를 바라보고 계십니다. 하나님을 무조건 인정하고 긍정의 삶으로 살아가기를 주님의 이름으로 축복합니다.

> 아무 것도 염려하지 말고 다만 모든 일에 기도와 간구로,
> 너희 구할 것을 감사함으로 하나님께 아뢰라
> [빌립보서4장6절]

엄마! 엄마는 왜 그래?

[히브리서 12장 2절]

　우리는 종종 어린아이에게도 배울 게 있다는 말을 하기도 하고 듣기도 합니다. 부흥사역을 하는 나의 경우에도 여러 사람을 만나고 다양한 이야기를 듣다 보면 그 말이 마음에 더욱 와 닿을 때가 있습니다.

　오래전 경상도 지역 부흥회를 갔을 때 낮 집회를 마치고 식당에서 점심 식사를 대접을 하며 들려주신 집사님의 이야기가 기억에 남습니다. 그 집사님이 같은 교회의 어떤 집사님에게 상처를 받아 한동안 교회를 나가지 않고 있을 때 초등학교 5학년 아들이 엄마를 뒤에서 살포시 껴안으며 조용히 묻더랍니다.

- 엄마~! 엄마는 요즘 왜 교회를 안 가?
- 으~응, 그냥 잠깐 좀 쉬고 싶어서 그래, 곧 가야지

대충 얼버무리니 아들이 하는 말,

- 엄마! 엄마가 교회를 왜 안 가는지 사실 나도 알아! ○○집사님 때문에 화나고 속상해서 그런 거잖아? 맞지?
- 네가 그걸 어떻게 알아?

깜짝 놀라 어린 아들에게 물었더니,

- 엄마가 저번에 어떤 집사님 하고 통화하는 소리 다 들었어. 그런데 엄마! 엄마는 왜 그래?

　엄마를 속상하게 하고 화나게 한 사람은 ○○집사님인데 왜 그 집사님 때문에 아무 상관도 없는 하나님과 목사님 마음을 아프게 해? 지금 엄마가 괜히 다른 곳에 화풀이를 하고 있는 거잖아요! ○○집사님이 엄마를 화나게 한 거 때문에 교회도 안 나가면서까지 엄마 스스로 신앙생활을 망가뜨릴 필요는 없잖아요!

아들의 말을 듣고 보니 그 어린 아들의 말이 틀린 말이 아니라 부끄러움에 얼굴이 화끈거리고 변명할 여지도 없이 인정할 수밖에 없어 아들을 안아주며
- 아이고 우리 아들이 엄마보다도 똑똑하고 믿음이 좋네, 그래, 네 말이 맞아. 네 말을 듣고 보니 엄마가 바보 같았어. 우리 아들 말이 주님의 음성이다.
부끄러웠지만 아들을 통해서 주님의 음성을 듣게 되었고 철저히 회개하고 다시 교회를 나가게 되었다며 어린아이한테도 배울 것이 있다더니 본인이 그랬다는 간증을 식사 중에 들려주었고 저 또한 많은 것을 생각하게 되어 오랫동안 마음에 남는 이야기가 되었습니다.

그렇습니다. 우리가 신앙생활을 하다 보면 다양한 이유로 믿음과 신앙생활이 흔들릴 때도 있고 시험에 들어 예배생활과 기도생활이 느슨해질 때도 있습니다. 그러나 생각해 보십시오. 나의 신앙생활을 흔들리게 하는 그 요소들이 혹시 복음과 구원에 아무 상관이 없는 것이며 하나님과 목사님과도 아무 상관없는 일인데 그 일들로 주님의 마음을 아프게 하며 아무 유익도 없는 일 때문에 많은 시간을 스스로 영적 기근의 시기로 허비하고 있는 것은 아닌지 돌아보아야 합니다. '엄마를 속상하게 하고 화나게 한 사람은 따로 있는데 왜 아무 상관없는 하나님과 목사님 마음을 아프게 하고 엄마 스스로 신앙생활도 망가뜨리는 거예요!'라는 그 한마디가 오늘 우리 모두에게 들려지는 주님의 음성으로 가슴에 새겨져 오직 주님만 바라보는 복된 영적 생활이 이어져가기를 주님의 이름으로 축복합니다.

믿음의 주요 또 온전하게 하시는 이인 예수를 바라보자 그는 그 앞에 있는 기쁨을 위하여 십자가를 참으사 부끄러움을 개의치 아니하시더니 하나님 보좌 우편에 앉으셨느니라

[히브리서 12장 2절]

[사도행전 6장 3-6절]

남이 칭찬하는 사람

내가 어려서 다니던 모교회에 장로님 몇 분이 계십니다. 그중에 장로 장립을 오래전에 받으신 두 분 장로님은 노회와 장로님들 심지어 목사님들 사이에서도 훌륭하다고 소문이 자자하신 분들입니다. 이분들은 교계뿐만 아니라 예수님을 믿지 않는 분들까지도 '예수를 믿으려면 저렇게 믿어야 돼, 예수를 믿으려면 아무개 장로처럼 믿어야 돼'라고 말할 정도로 모든 사람들이 인정하는 덕망 있는 분이었습니다. 그분들 때문에 지금은 '복 받으려면 교회 가야 한다'고 말할 정도로 교회에 대한 핍박도 줄어들었고 동네 안에 예수 믿는 가정도 점점 늘어나기 시작했습니다.

생각해 보면 우리 동네는 부여라는 읍내에서 약 4킬로미터 정도 뚝 떨어진 외딴 마을에 외골수적인 유교적 전통이 대대로 내려오던 동네였습니다. 그런 동네에서 내가 교회에 나가기 시작한 지 70년 가까이 되었으니 그때는 이곳에서 예수를 믿는다고 하는 것은 지금 생각해도 결코 쉬운 일이 아니었습니다. 교회를 다닌다면 '믿을 게 없어서 서양 귀신을 믿냐?'라고 할 정도로 핍박을 받을 때였으니 말입니다. 그런 핍박 속에서도 '예수를 믿으려면 아무개처럼 저렇게 믿어야 돼!'라고 하는 샘플이 되고 인정을 받았던 것은 거저 생긴 결과가 아니었습니다.

서두에 언급했던 장로님 중 한 분은 묘목을 키워서 파는 분이 있었습니다. 이분은 묘목을 사러 오면 당신이 골라 주는 게 아니라 손님이 직접 좋은 것으로 마음껏 골라 가게 했습니다. 그리고 손님들이 골라 가고 남겨진 상품 가치가 없는 묘목을 정성껏 키우면 또다시 좋은 묘목으로 팔리는 것이었습니다. 그뿐만 아니라 항상 농사가 잘 되어 수박 농사를 지을 때도 수해로 인하여 거의 모든 농가들의 피해가 극심하던 해에도 그 집만은 열매가 실하게 맺혀 수박이 없어서 못 팔 정도로 풍작이 되었습니다. 그것을 본 동네 사람들은

- 참, 희한하네! 어떻게 저 집은 저렇게 잘 될까?

신기하다며 많은 사람에게 회자되곤 했습니다.

　　장로님의 헌신과 열심은 복을 받기 위한 계산이 있었던 것은 아니었을 것입니다. 하나님께서는 주님과 교회를 위해 최선을 다하고 매사에 감사함으로 열심히 살아온 삶을 귀하게 보셔서 복을 허락하신 것입니다.

　　안 되는 것 때문에 고민하지 말고, 하나님 앞에나 사람들 앞에서 칭찬 받는 삶을 살아야 합니다. 하나님이 인정하는 삶을 살면 안 되는 상황에서도 되는 역사가 있게 하시는 하나님을 경험할 일들이 있게 될 줄로 믿습니다. 우리가 하나님께 칭찬받는 삶으로 살아간다면 흉년 중에도 이삭에게 백배의 수확을 주셨던 하나님의 역사가 나에게도 임할 것입니다. 앞서 소개한 장로님들처럼 하나님과 사람 앞에서 칭찬받는 일꾼으로 살아가는 우리 모두가 되기를 주님의 이름으로 축복합니다.

> 형제들아 너희 가운데서 성령과 지혜가 충만하여 칭찬 받는 사람 일곱을 택하라 우리가 이 일을 그들에게 맡기고 우리는 오로지 기도하는 일과 말씀 사역에 힘쓰리라 하니 온 무리가 이 말을 기뻐하여 믿음과 성령이 충만한 사람 스데반과 또 빌립과 브로고로와 니가노르와 디몬과 바메나와 유대교에서 입교했던 안디옥 사람 니골라를 택하여 사도들 앞에 세우니 사도들이 기도하고 그들에게 안수하니라
>
> [사도행전 6장 3-6절]

[요한1서 1장 1-2절]

봐! 봐! 봐! 믿음으로

교회에 출석한 지 얼마 되지 않은 성도가 면담을 요청하여 저에게 이렇게 물어보는 것이었습니다.

- 목사님, 오래 신앙생활을 하신 분들은 천국에 대한 확신과 예수님을 통해서만 구원을 받는다는 확신을 갖고 있는데 저는 아직 확신이 없어요.

그래서 이렇게 말씀해 주었습니다.

- 성도님, 예수님에 대해서 우리가 어떻게 믿느냐에 따라 믿음의 생활 즉, 신앙이 빨리 깊어질 수도 있고, 확신을 가질 수도 있는데 그것이 정리되지 않으면 신앙생활을 깊게 들어가기가 쉽지 않아요. 요한일서 1장 1절을 볼까요? '내가 귀로는 들은 바요, 손으로는 만진 바요, 그리고 눈으로는 본 바'라고 합니다. 귀로 듣고, 눈으로 보고, 손으로는 만진 것보다 더 정확한 것이 어디 있겠습니까? 법정에서도 증인이 한 사람일 때와 두 사람, 세 사람일 때 판결이 다르듯이 많은 사람이 동일하게 진술한다면 그 증인들의 말은 판결에 큰 영향을 미치게 되겠죠? 아무리 거짓말을 해도 눈으로 본 사람, 귀로 들은 사람, 현장에서 그것을 목격한 여러 사람들이 '나도 봤소!, 나도 들었소!, 나도 그 자리에 같이 있었소!'라는 말을 할 때의 효력은 엄청나게 다른 겁니다. 우리가 믿는 성경은 작가 한 사람이 기록한 것이 아니라 많은 증인들에 의해 기록된 것입니다. 그렇다면 그 사람들이 '내가 직접 들었다! 내가 직접 보았다! 내가 직접 만져 보았다!'고 증언한 기록이니 우리가 믿어야 하지 않을까요?

예수님에 대하여 한 가지 기억해야 할 것이 있습니다. 예수님은 둘 중 하나입니다. 즉, '하나님의 아들이 아니면 사기꾼'이라는 것입니다. 그런데 성경 어디에도, 역사 속 어디에도 예수님이 사기꾼으로 붙잡힌 적도 없고, 사기를 쳤다는 기록도 없습니다. 그러면 둘 중 하나라고 했는데 예수님은 사기꾼이 아니기 때문에 하나님의 아들이 맞지 않나요? 예수님이 사기꾼이라면 예수님에 대한 기록은 전부가 거짓말이 되겠지만 예수님이 하나님의 아들이라면 '내가 곧 길이요 진리요 생명이니 나로 말미암지 않고는 아버지께로 올 자가 없느니라'[요한복음16:6] 이렇게 친히 말씀하시니 우리가 믿어야 하지 않을까요? 직접 눈으로 본 바요, 귀로 들은 바요, 손으로 만져 본 바요, 증인들이 직접 이렇게 말하고 있습니다.

- 봐! 봐! 봐!

예수님을 직접 눈으로 보았던 사람들과 귀로 듣고 손으로 만져 보았던 사람들이 전해 준 사실이라면 우리도 그들처럼 '봐! 봐! 봐!'의 믿음을 가져야 하지 않을까요? 예수님에 대하여 전해준 사람들이 사기성이 없고 하나님의 말씀에서 비껴간 기록도 없다면 이제부터라도 그들처럼 '봐! 봐! 봐!'의 믿음을 가지고 천국까지 함께 가는 일꾼들이 되기를 주님의 이름으로 축복합니다.

> 태초부터 있는 생명의 말씀에 관하여는 우리가 들은 바요 눈으로 본 바요
> 자세히 보고 우리의 손으로 만진 바라 이 생명이 나타내신 바 됐지라
> 이 영원한 생명을 우리가 보았고 증언하여 너희에게 전하노니
> 이는 아버지와 함께 계시다가 우리에게 나타내신 바 된 이시니라
> [요한1서1장1-2절]

섬김

진정한 섬김은
대가를 바라는 것이 아니라
이미 받은 은혜가 감사해서 나누고 섬기는 것이다.

[에베소서 5장 4절]

무엇이 부럽습니까?

우리 교회에 96세인데도 아주 건강하신 권사님이 계십니다. 주일 낮 예배와 저녁 예배는 물론 금요 철야 예배까지도 빠지지 않고 나오십니다. 그렇다고 교회가 가까운 것도 아닙니다. 택시를 타면 20,000원 정도, 조금 막히면 25,000원 이상 나오는 거리에 살고 계십니다. 하루는 그 권사님을 만나러 권사님 아시는 분이 며느리와 함께 교회에 오셨는데 몸이 많이 불편해 보였습니다. 우리 권사님보다 나이가 훨씬 아래신데 풍을 맞으신 거였습니다. 식사를 하시면서 며느리가 옆에서 반찬을 챙겨가며 수저에 밥을 떠서 두 손으로 먹여 드리더군요. 그걸 보신 권사님께서 '에고, 누구는 저 나이에 며느리 손에 밥을 얻어먹는데 나는 아직도 이 나이에 며느리 밥을 해 주고 있으니 이게 무슨 꼴이람!' 이렇게 한숨을 내쉬며 하소연하시듯 혼잣말을 하시기에 내가 권사님의 어깨를 주물러 드리면서 이렇게 말씀해 드렸습니다.

- 권사님, 그분이 부러워 보이셨어요? 내가 볼 때는 권사님이 훨씬 부러워 보여요.
- 왜요 목사님?
- 권사님, 생각해 보세요. 몸이 저렇게 편찮으셔서 어쩔 수 없이 며느리에게 밥을 얻어먹는 게 나아요? 아니면 건강해서 며느리 밥을 해주는 게 나아요? 어느 쪽이 더 나아요?

그랬더니 권사님이 말뜻을 알아듣고 제 말이 맞다며, 이 나이에 밥할 정도로 움직일 수 있다는 것에 감사하다고 하셨습니다. 권사님의 며느리는 미용실을 운영하기 때문에 새벽에 나갔다가 저녁 늦게 퇴근합니다. 그래서 권사님이 며느리를 대신해서 밥을 해 주는데, 96세의 연세임에도 불구하고 아직도 가족들을 위해 밥해줄 만큼 건강하십니다.

병원 심방을 하면 깨닫는 것이 많습니다. 입원 중인 집사님이 너무 아프다며 '하나님이 나에게 왜 이렇게 힘든 시간을 주는지 모르겠다'고 원망 어린 표현을 하면 그분의 손을 잡고 이렇게 말을 합니다.

- ○○ 집사님, 많이 힘드시죠? 그래도 짜증 내지 말고, 이런 시간을 통해 그동안 건강했던 것에 감사하지 못하고 살았던 나를 돌아보며 기도하면 오히려 주님과 더 가까워지는 기회가 되지 않을까요?

이렇게 권면했더니 그 집사님이 제 손을 꼭 잡으며 이렇게 말씀하셨습니다.

- 정말 그러네요! 목사님, 그동안 건강했던 것에 감사하지 않고, 지금 불편하다고 불평만 하는 내 모습을 보니까 하나님 앞에 죄송하고 목사님에게도 부끄럽네요. 이런 기회를 통해 기도와 말씀으로 하나님께 더 가까이 가는 시간으로 보내야겠어요.

지금 교회의 일을 맡은 것 때문에 힘들고, 가족과 누군가를 위하여 헌신하고 봉사하는 것이 짜증 난다면 '아직도 할 수 있음에 감사'하는 마음으로 바꾸어야 합니다. 그러면 오늘 우리의 삶은 더욱 복되고, 알차고, 가치 있는 삶으로 바뀔 것입니다. 오늘도 봉사할 수 있음에 감사하고, 오늘도 기도할 수 있음에 감사하고, 오늘도 누군가를 섬길 수 있다는 것에 감사하며, 주 안에서 아름답게 쓰임 받는 성도가 되기를 주님의 이름으로 축복합니다.

> 누추함과 어리석은 말이나 희롱의 말이 마땅치 아니하니
> 오히려 감사하는 말을 하라
> [에베소서 5장 4절]

[에베소서 2장 8절]

당연한 것이 아니었습니다

　오래전부터 가깝게 지내는 목사님에게 이런 말을 들었습니다. 노숙인들을 대상으로 무료급식을 하는 목사님이었습니다.

　마침, 명절이라 돼지 불고기를 준비해서 성도들과 대접을 하는데 명절이라 그런지 많은 분이 오셨답니다. 그분들께 식사 배급을 하는데 '에이! 명절인데 소고기 좀 해 주지'라고 불평을 하는 분들이 있다는 것입니다. 목사님은 '기왕에 대접하는 거 좀 더 좋은 것, 맛있는 걸로 대접할 걸' 하며 미안한 마음이 들었답니다. 그런데 많은 사람이 같은 불평을 계속 하니 속에서 점점 짜증이 나고 화가 나서 이런 생각이 들었답니다. '우리는 이걸 준비하느라 돈과 시간을 들여 고생하는데 저 사람들은 감사는커녕 오히려 불평만 하네'라고 생각 하고 있는데 한 분이 공손하게 음식을 받으면서 연신 '감사합니다! 정말 감사합니다!' 이렇게 몇 번이고 인사를 하고 받아 가더랍니다. 그래서 그 목사님이 의아한 마음에, 봉사자들에게 '저분은 어떤 분이냐'고 물었더니 모두들 처음 보는 사람이라고 하더랍니다.

　나는 목사님의 말씀을 들으며 많은 생각을 했습니다. 우리가 누리는 건강과 행복, 우리가 먹을 수 있는 이 모든 것들이 당연한 것이 아니라 하나님이 주신 귀한 은혜인데, 당연한 줄 알고 살다 보니 어쩌면 덜 누리거나 못 가진 것 때문에 불평하고 살아가고 있지는 않은지 생각해보았습니다. 매일 무료급식을 받는 분들은 얻어먹는 것이 익숙하다 보니 고마운 것이 아니고 당연하다고 생각하는 것이 아닐까요? 반면에 감사하다며 몇 번이고 인사했던 그 분은 처음이다 보니 감사를 입에 달고 있었던 것은 아닐까요?

하나님이 주신 기회! 하나님이 아직도 우리에게 허락하신 시간과 건강, 그리고 물질을 통하여 우리 주님이 기뻐하시는 일에 더 많이 쓰임 받는 우리의 삶이 되기를 바랍니다. 당연하지 않은 것을 당연하게 여기고, 당연하지 않은 것을 당연하다고 착각하며, 누리지 못하는 것을 불평하면서 지내고 사는 것은 아닌지 다시 한번 돌아보는 시간이 되었으면 좋겠습니다.

당연하지 않은 것들을 당연하게 여겼다면 이제는 하나님의 은혜를 생각하며, 감사하는 마음으로 살아가기를 권면 합니다. 누리는 것이 당연한 것이 아님을 깨닫고, 누리게 해 주신 하나님의 은혜를 생각하며 그 은혜에 보답하며 살아가기를 바랍니다. 감사함으로 하나님께 나아갈 때 하나님께서는 우리에게 더 많은 감사로 채워 주실 것이며 우리는 받은 은혜로 교회와 사회에 헌신, 봉사하며 살아가기를 주님의 이름으로 축복합니다.

> 너희는 그 은혜에 의하여 믿음으로 말미암아 구원을 받았으니
> 이것은 너희에게서 난 것이 아니요 하나님의 선물이라
> [에베소서 2장 8절]

[누가복음 2장 14절]

섬김 064 그 속에는

크리스마스는 그리스도Christ와 예배, 축제Mas의 합성어로 예수그리스도께서 태어나신 날을 축하하는 의미입니다. '성탄'聖誕의 어원 역시 하나님의 아들이 사람의 몸으로 태어난 것을 의미합니다. 정리해 보면 말씀이신 하나님이 육신을 입고 이 땅에 오신 날을 기념하는 축제의 날입니다. 이러한 성탄절을 어떻게 하면 복된 성탄절로 맞이할 수 있을까요?

역대하 5장 11절 이하에 보면 솔로몬 왕이 성전을 완공하고 법궤를 모시며 축제를 엽니다. 나팔을 불고, 제금을 울리며, 소리 높여 찬양으로 감사의 축제를 열었습니다. 그런데 '여호와의 전에 구름이 가득한지라'[역대하6:13]고 기록하고 있습니다. '구름이 가득했다'라고 하는 것은 흑암의 구름이 가득했다는 뜻이 아니라 하나님의 임재가 가득했다는 것입니다. 그렇다면 하나님의 임재가 임하였던 그곳은 어떤 곳일까요? 그곳은 법궤가 있는 곳을 말합니다. 법궤는 곧 하나님의 말씀입니다. 말씀이 있는 곳에 하나님의 임재가 있었고, 그 말씀을 모시게 된 그 자리에 찬양과 감사로 맞이해야 하는 것입니다.

오늘 우리의 삶 속에 하나님의 말씀이 생활화 되어 감사와 찬양의 삶을 살고 있는지, 코로나로 인하여 여러 가지 불편한 일과 어려운 상황 때문에 감사보다 불평과 원망이 나의 삶을 지배하고 있는 것은 아닌지 돌아보아야 합니다. <은혜>라는 찬양이 있습니다. '내가 누려왔던 모든 것들이, 내가 지나왔던 모든 시간이 당연한 것 아니라 은혜였소' 지금까지 우리가 잘 먹고, 잘 살아왔다는 것이 은혜인 줄 모르고 살다가 이 모든 것이 은혜였다는 것을 깨닫게 하는 찬양입니다. 그런데 놀라운 것은 그걸 깨달았다고 하면서도 또 조금만 어려운 상황이 닥치면 여전히 우리는 불평하고 원망하며 살아가는 나약한 존재라는 사실입니다.

관습처럼 맞이하는 '성탄절'이 아니라, 말씀이 육신을 입고 이 땅에 오신 아기 예수님을 감사로 맞이하는 성탄절이 되기를 바랍니다. 그 감사로 성탄을 맞이할 때 하나님의 영광이 온 땅에 가득할 것입니다. 감사와 찬양이 있는 가정, 찬양과 감사가 있는 교회와 민족, 그리고 모든 열방에 그 감사와 찬양이 충만하시기를 원합니다.

코로나로 인하여 뜻하지 않은 악영향 때문에 여러 제약을 받을 수 있습니다. 그럼에도 내 안에 말씀이 살아있고, 나의 믿음이 감사와 찬양으로 하나님을 높인다면, 그곳을 통해 역사하시는 하나님을 만나게 될 것입니다. 2천 년 전에 오신 예수님을 이번 성탄절에 감사로 맞이하는 우리 모두가 되기를 주님의 이름으로 축복합니다.

> 지극히 높은 곳에서는 하나님께 영광이요
> 땅에서는 하나님이 기뻐하신 사람들 중에 평화로다 하니라
> [누가복음 2장 14절]

[신명기 6장 5절]

흉내 내지 말고

신앙생활을 어떻게 하면 잘할까? 고민하며 예쁘게 신앙생활을 하는 사람들이 있습니다. '누구는 저렇게 하는데 나도 저 정도는 해야지'라며 닮아가려고 하는 신앙인들도 있습니다. 그런데 진짜 닮아가려는 노력이 아니라 그저 닮아가는 '척' 하며 흉내를 내는 사람들도 있습니다. 닮아가려는 자와 흉내를 내는 자는 차이가 있습니다. 그 대표적인 인물이 사도행전 5장에 나오는 '아나니아와 삽비라' 부부입니다. 그 부부는 하나님 앞에 드리기로 작정을 하고 땅을 팔았습니다. 그런데 그 돈이 손에 들어오는 순간 욕심이 생겼습니다. 그래서 부부는 작당을 하여 일부는 감추고, 일부만 바치기로 했습니다. '일부만 바친다고 누가 알까?'하는 생각이 들었던 것입니다. 그런데 이 부부는 그걸 바치고 나서 같은 날 시차를 두고 같은 장소에서 죽었습니다. 성령을 속인 죄 때문이었습니다. 그런데 그 부부와 대조적인 인물들이 있습니다. 사도행전 4장에 등장하는 바나바와 믿는 무리들입니다. 그들은 자기 소유를 팔아 사도 즉, 교회 앞에 내놓고 조금도 자기의 것으로 주장하는 자가 없었습니다.

아나니아와 삽비라는 바나바와 믿는 무리들을 보고 다른 사람들이 내놓으니까 우리도 안 할 수 없다는 체면 때문에 땅을 팔았습니다. 땅을 판 돈이 적은 액수가 아니었을 것입니다. 그 부부가 일부는 감추고 일부만 드렸다는 것을 보면, 정확히 얼마인지는 모르지만 50%만 드렸다고 치더라도 적지 않은 액수일 것이었습니다. 그렇다면 적지 않은 돈을 드리고도 복을 받지 못한 아나니아와 삽비라 부부는 무엇이 문제였나요? 이유는 바나바와 믿는 무리들을 닮지 않고 흉내만 냈기 때문이었습니다.

하나님의 일을 할 때에는 흉내 내지 말고, 욕심부리지도 말고, 성령의 감동에 따라 행하는 자가 되어야 합니다. 남을 흉내 내는 모습으로 살다 보면 기막힌 실수를 저지르게 됩니다. 아나니아와 삽비라 두 사람 중에 한 사람만이라도 하나님 앞에 감동으로 전부를 드리자고 했더라면 부부는 죽지 않고 더 큰 축복을 받은 인물로 성경에 기록되었을 것이었습니다. 두 사람 모두 성령의 감동대로 살지 못하고 흉내만 내며 살았기 때문에 그 부부는 같은 날 같은 장소에서 시차를 두고 죽임을 당하지 않았나 생각해 봅니다.

주님의 것을 드리거나 헌신할 때, 누구를 흉내 내지 말고 성령님이 주시는 은혜와 감동을 좇아 살아가기를 바랍니다. 우리 모두도 누구를 따라 흉내 내지 말고 성령으로 깨어나, 성령의 감동에 따라 살아간다면 가족 모두가 복 받게 될 것입니다. 흉내 내는 자가 아니라 성령의 감동을 따라 사는 자가 되기를 주님의 이름으로 축복합니다.

> 너는 마음을 다하고 뜻을 다하고 힘을 다하여
> 네 하나님 여호와를 사랑하라
> [신명기6장5절]

[시편 35편 18절]

아! 그래서 그렇군요

　기독교에서는 감사라는 단어를 많이 강조하고 있습니다. 시편에서는 '감사로 제사를 드리는 자가 나를 영화롭게 하나니 그 행위를 옳게 하는 자에게 내가 하나님의 구원을 보이리라'[시편50:23]고 말씀하고 있습니다. 왜 그 감사의 행위를 옳게 하는 자에게 하나님이 구원을 보인다고 그러셨을까요? 성경에서 말할 때 구원이라는 단어는 꼭 영혼의 구원에만 쓰이는 것은 아닙니다. 예수님 앞의 환자가 고침 받기를 원할 때에 '네 믿음이 너를 구원하였느니라' 라는 말씀은 육신의 구원을 말씀하는 것입니다. 이것을 다르게 표현하면 '환경에서의 구원'입니다.

　감사할 수 있는 자는 어떤 사람일까요? 그 대답은 의외로 간단합니다. '은혜를 기억하는 자'입니다. 은혜를 기억하는 자는 감사할 줄 알고, 은혜를 기억하며 감사하는 자는 은혜를 베푼 이의 마음을 아프게 하지 않으며 그의 마음을 헤아릴 줄 아는 사람인 것입니다. 이스라엘 백성들을 돌아보면, 그들이 오늘 이 자리에 있기까지 누구의 은혜였는가를 생각한다면 절대로 하나님을 배신할 수 없었을 것인데 그들은 자주 하나님에게 등을 돌려 배신하였습니다. 그 이유가 무엇이었을까요? 그 이유는 지금까지 인도하시고 베풀어 주셨던 분이 하나님이라는 것을 망각하고 순전히 자기의 이기심으로만 생각하며 살았기 때문입니다.

　요즘 뉴스를 보면 자식이 부모님에게 차마 할 수 없는 범죄를 저질러 부모님 마음을 아프게 하는 사건들을 접하게 됩니다. 왜 그럴까요? 그들은 왜 당신을 낳아준 부모에게 패륜을 저지르는 것일까요? 그것은 아마도 부모님에 대한 감사보다 서운한 것을 더 많이 기억하기 때문일 것입니다.

신앙생활 중에서 받은 은혜를 기억하며 감사하는 사람은 절대로 다른 길로 가지 않으며, 사람과의 관계에서도 배신하지 않습니다. 관계 속에서 배신하지 않는 사람은 하나님과의 관계에서도 배신하지 않고 감사하며 은혜를 기억합니다.

우리는 과거에 일본으로부터 나라를 빼앗기고 우리의 말과 글, 그리고 창씨개명까지 당하는 수모 속에 신사참배까지 강요 당하게 되었습니다. 그때 우리의 선조들 가운데에도 목숨을 부지하기 위하여 '예수를 모른다'고 주님을 부인하고 주님을 배신하며 목숨을 구걸한 사람들도 있었지만 주님을 배신하지 않고 죽음으로 신앙의 절개를 지켰던 믿음의 사람들이 많지 않았나요? 그들은 이 땅에서 잠시의 유익보다 영원한 생명을 위하여 주님을 배신하지 않고 감사로 의를 지켰던 것입니다. 이런 믿음! 하나님이 옳게 여기는 그 믿음! 그 행위를 지키는 자에게 우리 주님께서는 영원한 생명과 구원을 주셨습니다.

우리 모두 감사하는 마음으로 옳게 하나님을 예배하여 아름다운 삶을 살아가기를 주님의 이름으로 축복합니다.

> 내가 대회 중에서 주께 감사하며
> 많은 백성 중에서 주를 찬송하리이다
> [시편35편18절]

[요한일서 3장 16절]

비우니까 쉬워지네요

　우리 교회 안수집사님 중에 한 분이 교회에 차량 한 대를 헌납하고 싶다고 하셨습니다. 넉넉한 가정이 아니었기에 자초지종을 물었더니, 생각지도 않은 돈이 생겼다는 것입니다. 베트남 전쟁 참전 용사였던 안수집사님은 몸이 아픈 데가 있어서 보훈병원에 갔는데, 그 병 때문에 연금을 받게 되었다는 것입니다. 그래서 많은 금액은 아니지만 연금을 3년 늦게 받았다고 생각하고, 3년 할부로 차량 한 대를 헌납하려 한다고 했습니다. 그래서 저는 부인 권사님과 상의는 하신 거냐고 물어보았습니다. 그랬더니 권사님도 흔쾌히 동의 하셨다는 것입니다. 나는 그 말씀을 들으며 '생각을 바꾸면 저렇게 감사한 마음으로 헌신도 할 수 있구나!'라고 생각하며 기쁜 마음으로 기도를 해주었습니다.

　그렇습니다. 어차피 지금까지 안 받았던 것을 3년 뒤에 받는다고 생각하면 아깝거나 아쉬울 것이 없습니다. 하지만 그렇게 생각하기까지 결코 쉽지는 않았을 것입니다. 가정에서 부부싸움을 하는 이유 중에 하나가 돈, 돈 때문입니다. 더구나 생각지도 않은 돈이 생기면, 부인은 '왜 혼자만 쓰려고 하느냐?'하고, 남편은 '이럴 때라도 내가 써야지.'라고 합니다. 그러면 아내는 '그럼 나는 뭐야?' 이렇게 시작한 대화가 묵은 감정으로 이어져 다툼이 되기 때문입니다. 그 돈이 생기지 않았으면 어쩔 뻔했을까요? 생각지도 않게 생긴 돈 때문에 욕심을 부려 오히려 부부싸움으로 벌어지는 경우를 보았습니다.

　생각지도 않은 일들이 벌어졌을 때, 생각지도 않은 수입이 생겼을 때, 어떻게 하면 좀 더 편안하고 은혜롭게 넘어갈 수 있을까요? 마음을 비우고 욕심을 버려야 합니다. 사람들이 왜 혈기를 부리고 화를 낼까요? 그것은 욕심 때문입니다. 지금 나의 가정에서 부부간이나 동기간에 그리고 교회 안에서 어떠한 일로 인해 화가 나 있다면 혹시 나의 이기적인 욕심 때문에 화를 내고 있는 것은 아닌지 돌아보아야 합니다. 내가 먼저 나의 모습을 돌아볼 때 해답은 절로 나오게 되는 것입니다. 교회에서 봉사할 때나 하나님의 일을 할 때 욕심을 버리고 비운다면 어려운 결단도 쉬워질 수 있습니다. 좀 더 편안하고 은혜롭게 넘어가려면 마음을 비워야 하고 욕심도 비워야 합니다.

3년 늦게 연금을 받으면 된다고 생각을 바꾼 것처럼, 형제간에 부모님을 모시는 것도 마찬가지입니다. '왜 꼭 나만 모셔야 하느냐?'고 서로 미루고 회피한다면 형제간에 불화가 심해질 것이고 급기야 다툼이 일어날 것입니다. 하지만 '내가 할 수 있어 감사하고, 나라도 할 수 있어 감사하다.'고 생각하고 행한다면 효도라는 것도 어렵지 않을 것입니다. 교회에서 봉사하는 것도 마찬가지입니다. '그래, 오늘 내가 건강한 것은 하나님이 나를 쓰시려고 건강 주셨으니 주님 앞에 시간과 물질을 드리자!'라고 생각하면 어렵지 않을 것입니다. 생각만 조금 바꾸면 어렵지 않게 할 수 있는 일을 너무 힘들게 하고 있지는 않은지 돌아보길 바랍니다. 쉽고 편하게 가야 합니다. 쉽고 편하게 가야 한다는 것은 생각을 바꾸고 욕심을 버리고 주님께서 주시는 은혜로 살아가는 것입니다. 마음을 조금만 비우고 바꾼다면 우리도 그 길을 갈 수 있습니다. 우리 모두 그런 주님의 자녀로 살아가기를 주님의 이름으로 축복합니다!

> 그가 우리를 위하여 목숨을 버리셨으니 우리가 이로써 사랑을 알고
> 우리도 형제들을 위하여 목숨을 버리는 것이 마땅하니라
> [요한일서3장16절]

[베드로전서 2장 9절]

여러분에게도 있습니까?

어떤 사람이 느닷없이 이런 질문을 했습니다.

- 목사님, 오늘까지 무엇 때문에 예수님 안에서 이렇게 승리할 수 있었습니까?

생각해 보니 어려서부터 영적 자존심이 나에게 강하게 있었던 것 같습니다. 시골에 살 때 우리 집에서 한 200미터 정도 떨어진 곳에 점쟁이 아주머니가 살고 있었습니다. 나는 막내였기 때문에 늘 어머니 치마 꽁지를 붙잡고 따라 다녔습니다. 우리 가족은 예수를 믿지 않았고, 어린 나만 혼자 교회를 다녔습니다. 그런데 어머니가 마실 삼아 점쟁이 집에 갈 때 따라가면, 점을 치다가 후다닥 뛰어나와서 점발이 안 먹힌다고 나를 쫓아내는 것이었습니다. 나는 그 어린 나이에 '내 속에 있는 예수님 때문에 점쾌가 안 나온다면 역시 내가 믿는 예수님이 세기는 세구나'라고 생각했습니다.

초등학교 4학년 때였습니다. 우리 옆집에 재당숙모가 살고 있었는데 하루는 주일 저녁 예배가 끝나고 집에 가는 길에 그 집에서 무당이 푸닥거리하는 소리가 들렸습니다. 시골 동네에서 푸닥거리를 하면 동네잔치가 벌어졌습니다. 나도 구경을 하고 싶었습니다. 사실은 구경이라기보다 굿을 방해하고 싶은 어떤 영적 오기가 발동했습니다. 왜냐하면 무당이 푸닥거리를 할 때 예수 믿는 사람이 있으면 '대'가 잡히지 않는다고 들었기 때문입니다. 순간, 그 오기가 발동한 것이었습니다. 어린 나는 어른들 틈바구니를 비집고 들어갔습니다. 무당은 알 수 없는 소리로 시끄러웠고, 우리 재당숙께서는 대를 잡고 흔들고 있었습니다. 그래서 나는 두 눈을 똑바로 뜨고 재당숙이 대를 잡은 손을 쳐다보며 속으로 이렇게 외쳤습니다. '예수의 이름으로 명하노니 흔들리지 마라! 예수의 이름으로 명하노니 흔들리지 말지어다!' 그런

데 놀라운 일이 벌어졌습니다. 한참 경을 읽던 무당이 경을 멈추며,
- 허어~ 신이 노하신다! 주인장, 예수 믿는 사람 내보내 신이 노하서!

당황한 친척이 한 바퀴를 빽 돌더니 아무도 없다고 했습니다. 우리 시골은 읍내에서 한참 떨어진 외딴 마을이어서 누가 교회를 다니는지, 절을 다니는지 다 알 수 있습니다. 그런데 내가 봐도 교회 다니는 사람은 어린 나밖에 없는 것이었습니다. 재당숙모는 내가 교회를 다니는 것을 알고 있었지만 너무 어리니까 무시를 했던 모양입니다. 그런데 조금 있다가 무당은 또다시 '신이 노하셨다며 예수 믿는 사람을 내보내라'고 재차 그러는 거였습니다. 그러자 재당숙모가 다시 한 바퀴를 빙 돌아보더니 설마 하면서 나를 내보내는 거였습니다. 그렇게 쫓겨 싸리문을 나오면서 그곳을 향해 손가락질을 하며 '예수의 이름으로 명하노니 이 귀신아 떠나가라! 대는 흔들리지 말지어다!' 그렇게 명령을 했던 기억이 생생합니다. 놀라운 것은 그날 결국은 흔들리던 대가 멈추고 굿은 그대로 끝나고 말았다는 것입니다.

어린 나이였지만 점발이 안 들고, '대'가 안 잡히는 그 모습을 보면서, 내게 있는 영적 자존심과 자긍심은 크게 성장했습니다. 세상에서 우리가 믿는 예수님, 우리가 믿는 하나님을 이길 신은 없습니다. 그렇다면 그 예수님을 믿는 우리에게 이 같은 자존심은 있어야 하지 않을까요? 이런 자신감은 나에게만 주신 것이 아닙니다. 믿는 우리 모두에게 주셨습니다. 이 자부심과 자긍심을 가지고 승리하는 우리 모두가 되기를 주님의 이름으로 축복합니다.

> 그러나 너희는 택하신 족속이요 왕 같은 제사장들이요 거룩한 나라요 그의 소유가 된 백성이니 이는 너희를 어두운 데서 불러 내어 그의 기이한 빛에 들어가게 하신 이의 아름다운 덕을 선포하게 하려 하심이라
>
> [베드로전서 2장 9절]

[요한복음 14장 27절]

평안하십니까

구약성경의 열왕기 상, 하는 엘리야 시대가 끝나고, 엘리사 시대가 열리는 장면으로 연결됩니다. 엘리사 시대에 수넴의 한 여인은 남편이 늙도록 아들이 없었습니다. 본인도 자식을 낳을 수 없는 상태였는데, 엘리사 선지자의 축복기도로 아들을 얻었습니다. 그 아이가 어느 정도 성장했을 때, 아버지가 추수하는 들에 나갔다가 갑자기 머리가 아파서 쓰러졌습니다. (저도 그 지역을 방문한 적이 있었는데 추수 때 기온이 대략 40도는 족히 오르내리는 온도로 굉장히 무더웠던 기억이 있습니다) 그때 다급했던 늙은 아버지는 종에게 어린 아들을 빨리 엄마한테 데려가라고 시켰습니다. 그러나 집에 도착한 아들은 어머니의 무릎에 안겨 죽었습니다. 이를 두고 학자들은 열사병으로 죽은 거라고 말하고 있습니다. 수넴 여인은 '하나님의 사람의 침상' 위에 아들을 올려놓고 문을 잠갔습니다. 그리고 그녀는 아들이 죽었다는 말을 하지 않고 남편에게 '나귀 한 마리를 내어주고 사환 한 사람을 붙여주면 갔다 올 데가 있다'고 했습니다. 이유를 말하지도 않았습니다. 그러자 남편이 '어디를 가려고 그러는 거요?'하고 물었더니 그저 '평안을 비나이다!'라는 말을 남겨 놓고 하나님의 사람 엘리사를 찾아갔습니다.

자, 여기서 수넴 여인의 믿음을 볼 수 있습니다. 그녀는 무릎에 있던 아들이 죽었을 때 그 아이를 하나님의 선지자인 '하나님의 사람 침상'에 올려놓고 문을 잠갔습니다. 그 당시는 시체를 방안에 두지 않는 풍습이 있었습니다. 어쩌다가 방안에 두게 되면 향을 피우게 되어 있는데, 향도 피우지 않고 죽은 아들을 침상에 올려놓고 문을 잠근 것입니다. 그리고 아무에게도 그 아들이 죽었다는 사실을 알리지 않고 하나님의 사람을 찾아갔던 것입니다. 갈멜산에 있던 엘리사가 수넴 여인이 오는 것을 보고 사환 게하시를 보내어 이렇게 물어보라 하십니다. '너는 평안하냐? 네 남편이 평안하냐? 아이가 평안하냐?' 그랬더니 여인이 평안하다고 대답을 합니다. 결코 평안할 수 없는 그녀의 처지였지만 그녀는 평안하다는 범상치 않은 답을 합니다.

수넴 여인은 무릎에 앉아 있던 아들이 죽자 하나님의 사람인 선지자의 침상에 죽은 아들을 올려놓았습니다. 이 말은 곧, 하나님 앞에 나의 문제를 맡겼다는 것입니다. 그리고 문을 잠갔다는 것은 사람하고 해결하지 않겠다는 뜻입니다. 그리고 평안하냐고 묻는 질문에 평안하다고 대답을 합니다. 여기서 수넴 여인과 우리의 믿음이 어떤 차이가 있는가를 비교해 보아야합니다. 지금까지 우리는 내가 끌어안고 있었던 문제를 하나님 앞에 내 던져 놓기만 했던 것은 아닐까요? 만약에 그랬다면 내려놓는 것뿐 아니라 온전히 주님께 맡기는 성숙한 믿음을 가져야 합니다. 그리고 '내 마음이 평안한가' 하고 자신에게 물었을 때 아직도 불안한 마음이 머물러 있다면 다시 한번 자신의 믿음을 돌아보길 바랍니다.

내가 갖고 있던 문제를 주님께 맡기십시오! 그리고 주님께 맡겼다면 내 마음이 평안하도록 온전한 믿음으로 주님을 신뢰하십시오. 반드시 하나님께서 우리의 문제를 해결하여 주실 것을 믿고 기도할 때 평안한 자에게 허락되는 복이 오늘 우리 모두에게 임하게 되기를 주님의 이름으로 축복합니다.

> 평안을 너희에게 끼치노니 곧 나의 평안을 너희에게 주노라
> 내가 너희에게 주는 것은 세상이 주는 것과 같지 아니하니라
> 너희는 마음에 근심하지도 말고 두려워하지도 말라
> [요한복음14장27절]

[누가복음 1장 1-4절]

사실인가?

 예수님의 부활에 대해 주님을 믿는 사람들 중에서, 그리고 믿지 않는 사람들 중에서도 '예수님의 부활이 믿어지느냐?, 부활은 사실이냐?'라고 하는 것 때문에 논쟁거리가 되는 것을 간혹 경험했을 것입니다. 나 역시도 그것이 가장 궁금했던 부분이기도 했었습니다. 그런데 세월이 가고 철이 들자 100% 확신을 가질 수 있었던 이유가 있었습니다. 우리가 믿는 성경은 설화說話가 아니라 실화實話라는 사실입니다. 특히 예수님을 가장 가까이에서 소위 껌딱지처럼 따라다니던 제자들의 삶을 통하여 확신을 얻게 되었습니다.

 예수님이 십자가에 달려 돌아가시기 전, 그리고 돌아가셨을 때까지 제자들의 모습은 너무나 인간적인 모습이었습니다. 그리고 예수님이 십자가에 돌아가시고 난 이후에 그들은 패잔병의 모습으로 각자의 길로 돌아갔습니다. 그런데 놀라운 것은 부활하신 예수님을 만난 이후에 완전히 달라진 제자들의 모습이었습니다. 예수님이 돌아가신 이후 제자들은 패잔병의 모습이오, 실패자의 모습이오, 소망이 하나도 없는 자의 모습이었습니다. 그런데 부활하신 예수님을 만나고 난 이후에는 죽음도 두려워하지 않고, 예수님을 위하여 고통받는 것도 두려워하지 않고, 오히려 강하고 담대하게 세상을 이기어 나가는 모습을 우리는 성경을 통하여 알 수 있습니다.

 예수님의 부활은 사실일까요? 예수님의 승천은 사실일까요? 여전히 많은 사람들이 의구심을 갖고 있습니다. 그런데 역사가 그것을 증언하고 있습니다. 눈으로 직접 봤던 제자들이 그들의 삶을 통하여 증거하고 있는 것입니다. 예수님의 열두 제자 가운데 열한 명이 사지가 찢기면서, 끓는 기름 가

마에서, 칼에 목이 베이면서까지 예수님의 복음을 전할 수 있었던 이유는 예수님의 나심과, 죽으심과, 부활하심과, 승천하심을 그들의 눈으로 똑똑히 보았기 때문입니다.

예수님의 부활을 어떻게 믿을 수 있을 수 있는지 정리해 보겠습니다. 예수님의 부활은 증인들이 기록한 역사적인 사실입니다. 증인들이 직접 눈으로 보고, 귀로 듣고, 손으로 만진 사실을 오늘 우리에게 기록으로 전해주었다는 것입니다. 예수님과 동행하던 제자들도 예수님의 죽음으로 패잔병처럼 소망이 없었지만, 죽음을 이기시고 부활하신 예수님을 만난 이후로 그들은 죽음도 두려워 하지 않고 오직 주님을 위하여 모든 것을 다 바쳐 복음을 전했습니다. 그런 제자들이 직접 남긴 기록이기 때문에 오늘 우리가 그 기록을 믿는 것입니다. 예수님의 부활도 사실이고, 예수님의 승천도 사실인 것이라면 다시 오실 예수님도 100% 사실이라는 것을 우리가 믿어야 하는 것입니다.

예수님의 부활이 분명한 역사적인 사실인 것을 깨닫고, 이러한 사실을 통해 다시 오실 주님을 확신하는 믿음으로 살아가기를 주님의 이름으로 축복합니다

> 우리 중에 이루어진 사실에 대하여 처음부터 목격자와 말씀의 일꾼 된 자들이 전하여 준 그대로 내력을 저술하려고 붓을 든 사람이 많은지라 그 모든 일을 근원부터 자세히 미루어 살핀 나도 데오빌로 각하에게 차례대로 써 보내는 것이 좋은 줄 알았노니 이는 각하가 알고 있는 바를 더 확실하게 하려 함이로라
> [누가복음1장1-4절]

[시편 27편 4절]

다윗의 간절한 소원

신앙생활을 하면서 빠질 수 없는 것이 '기도'입니다. 제가 목사로 항상 빼놓지 않고 기도하는 것은 우리 교회가 건강한 교회로 든든히 서가는 것과 성도들의 영적 성장과 성도들의 가정에 평안과 육체가 건강하기를 기도합니다. 또 개인적으로는 선교의 지경이 넓어지기를 기도하고, 아내와 자녀들이 주님 앞에 온전히 서게 해달라고 기도하고 있습니다. 시편 27편 4절을 보면 다윗왕의 기도하는 내용이 있습니다. 다윗은 한 가지를 구하겠다고 하는데 그것은 '여호와의 집에서 여호와의 아름다움을 바라보고, 여호와를 사모하는 것'이라고 합니다. 만약 하나님께서 우리에게 '너의 소원을 한 가지만 말해 보아라'라고 하면 그 한 가지를 뭐라고 하겠습니까? 다윗은 '여호와의 집에서 여호와의 아름다움을 바라보며 여호와를 사모하는 것'이 간절한 소원이라고 했습니다. 즉, 하나님의 아름다움을 바라보고, 어떤 일이든 하나님께 여쭤보며, 하나님의 대답을 들으며 살고 싶다는 것이 다윗의 기도였습니다. 여호와 앞에서 영원히 살면서 하나님께 즐거이 제사 드리고, 찬송하고, 찬양으로 영광 돌리며 사는 것이 그의 간절한 소원이라는 것입니다. 이러한 다윗의 기도는 그의 영적 상태를 말하는 것입니다. 얼마나 영적으로 건강하면 하나님 앞에서 하나님의 아름다움을 바라보며 하나님께 여쭤보며 사는 것이 소원이라고 하였겠습니까? 우리들도 꼭 아뢰어야 될 한 가지 소원이 있다면 가장 우선적인 바람이 '영적'인 것이었으면 좋겠다는 기도를 해 봅니다.

세상에서 좋은 아내를 얻고, 좋은 자식을 두고, 좋은 직장과 좋은 집에서 잘 먹고 잘 사는 것만이 능사가 아닙니다. 하나님과 친밀한 가운데 하나님의 음성을 들으며 하나님께 여쭤며 하나님이 명령하시는 뜻에 따라 살아가는 삶을 최우선으로 살아간다면 얼마나 영이 건강한 삶이 되겠습니까? 많이 부르는 복음성가 중에 '주님 말씀하시면 내가 나아가리다 주님 뜻이 아니면 내가 멈춰 서리다'는 찬양이 있습니다. 주님께 여쭤보고 주님의 말씀에 따라 살고 싶다는 것이 바로 그런 뜻이 아니겠습니까?

다윗은 여호와의 집에서 살기를 원한다고 했습니다. 거기서 즐거운 제사를 드리겠다고 합니다. 다른 말로 하면 영이 건강한 사람은 예배가 살아 있다는 것입니다. 즐거이 제사를 드린다는 것은 영이 건강하다는 뜻입니다. 찬양으로 하나님을 높이고, 찬양으로 하나님을 영화롭게 하는 것은 영이 건강하다는 뜻입니다. 시험에 들어 영이 건강하지 못할 때는 예배가 즐겁지 않고, 예배시간을 제대로 지키고 싶지도 않습니다. 이제부터는 영적으로 건강한 삶을 살기 위하여 나의 예배 상태를 점검해 보고, 내가 찬양하는 입술에 기쁨과 감사가 담겨있는지 점검해 보아야 합니다. 다윗의 간절한 한 가지 소원이 우리의 간절한 믿음의 소원이 되기를 주님의 이름으로 축복합니다.

> 내가 여호와께 바라는 한 가지 일 그것을 구하리니
> 곧 내가 내 평생에 여호와의 집에 살면서 여호와의 아름다움을 바라보며
> 그의 성전에서 사모하는 그것이라
> [시편27편4절]

[요한계시록2장19절]

어르신 때 좀 밀어 드릴까요?

어느 목사님이 사우나에서 때를 밀고 있었는데 옆자리에 연로하신 어르신이 혼자 때를 밀고 계시길래 '어르신 등 좀 밀어드릴까요?'라고 말을 걸었더니 고맙다고 하시며 등을 돌려 대시더랍니다. 그래서 등을 밀어드리면서 '교회를 나가 보신 적이 있으신가요?'라고 말을 걸어도 별 대꾸 없이 웃으시더랍니다. 그래서 나는 어느 교회의 아무개 목사라고 본인을 소개하고 열심히 복음을 전하며 때를 밀어드리고 비누칠까지 해드린 후에 샤워를 마치고 옷을 입고 나가려고 하는데 그 어르신이 옆으로 오시더니 전화번호를 적어 달라며 메모지를 내미시더랍니다. 그래서 목사님이 전화번호를 적어드리고 헤어졌는데 몇 시간 뒤에 모르는 전화가 와서 받았더니 사우나에서 만났던 그 어르신께서 은행 계좌번호를 불러달라고 하셔서

- 아니, 어르신 왜 그러서요?
- 목사님께 감사해서 제가 조금 넣어드리고 싶어서요.
- 아닙니다. 어르신 별말씀을요.

하고 거절하는데도 막무가내로 졸라대시는 바람에 이런 기회를 통해서 혹시 전도의 기회가 될 수도 있겠다 싶어 불러드렸답니다. 며칠이 지난 후에 전화가 와서,

- 목사님 통장에 조금 입금했으니 필요한 곳에 사용하세요.
- 아이고, 제가 어르신께 용돈을 드려야 하는데 어떻게 바뀌었네요. 필요한 곳에 감사히 잘 사용하겠습니다.

한참을 잊고 지내다 통장을 정리해 보니 목사님께서 평생에 만져보지도 못한 큰돈이 들어와 있어 화들짝 놀라 어르신께서 0자를 잘 못 눌러 몇 개 더 찍은 줄 알고 바로 전화를 걸어,

- 어르신 뭐가 잘 못 된 것 같습니다. 돈이 잘 못 들어온 것 같습니다

- 목사님 저는 아무개 장로라고 합니다. 이제는 나이가 들어 은퇴하고 그저 교회 출석만 하는 늙은이가 됐지요. 나이는 들어가고 가진 재산을 어떻게 마지막으로 하나님 앞에 바르게 사용하다 가는 것이 주님의 기쁨이 될까를 고민하던 중이었는데 며칠 전에 사우나에서 노인을 섬기시는 목사님의 성품과 그런 곳에서도 전도하시는 목사님의 열심의 보고 목사님 같으신 분이라면 주님을 위해 바르게 사용하시겠다 싶어서 저 대신 주님의 일을 해 달라고 짐을 맡기는 것입니다. 목사님, 목사님이 제 대신 일 좀 해 주십시오.

어쩌면 이 글을 읽는 독자분 중에는 '나도 내일부터 사우나 가면 노인분들 등 밀어드려야지'하고 생각하는 분들도 계실 것입니다. 그러나 한 번 생각해 보십시오. 그 목사님이 그런 요행을 바라고 그런 행동을 하셨을까요? 절대 그렇지 않으셨을 것입니다. 아마도 그 모습은 목사님 평소의 삶이고 모습이었을 것입니다. '아브라함이 부지중에 천사를 대접했다'는 것은 평소에 늘 그렇게 하듯 했던 것이 천사를 천사인 줄도 모르고 대접하게 됐고 그로 인해 복을 받게 된 것이 아니던가요? 우리, 계산적인 믿음이 아닌 오직 주님의 기쁨이 되고 주님만을 바라보는 삶을 살아갑시다. 그럴 때에 주님께서 우리가 생각지도 못한 복을 주실 것입니다. 그런 복을 누리는 주님의 사람으로 살아가기를 주님의 이름으로 축복합니다.

> 내가 네 사업과 사랑과 믿음과 섬김과 인내를 아노니 네 나중 행위가 처음 것보다 많도다
> [요한계시록2장19절]

[빌립보서 4장 6-7절]

그 성이 주는 교훈은?

성경에 등장하는 '소돔과 고모라'는 멸망의 도시요, 멸망의 성[창세기 18:16-19:29]이라고 성경은 기록하고 있습니다. 하나님은 '죄가 있는 곳에는 반드시 심판'을 하시는 분이라는 것입니다. 그런데 심판을 하시기 전에 먼저 예고가 있다는 것도 알았습니다. 다시 말해 심판이 있기 전에 '피할 길'도 열어 주셨다는 것입니다. 사람들이 죄를 지을 때는 자기 자신도 알고 있습니다. 특히, 하나님의 사람들은 하나님이 싫어하는 자리에서 하나님이 싫어하는 일을 할 때면 '내가 이러다가 하나님께 혼나지, 이러다가 한 대 맞지!' 이렇게 생각하며 자리를 떠나지만 우둔한 사람들은 피하지 않고 주저하다 오히려 '내가 뭐 이렇게까지 혼날 짓을 했다고 이렇게까지 때리시지'라고 불평하는 사람들을 보기도 합니다.

도로주행을 하다 보면 전방에 과속 카메라가 있다고 예고하는 것처럼 소돔과 고모라를 멸망시키기 전에도 하나님은 미리 예고하여 피할 길을 주신 것입니다. 그런데 사람들은 그 말씀을 하찮고, 가볍게 여겼습니다. 현재 믿음의 사람들 중에서도 주님이 심판하신다고 예고하셨고, 마지막 날이 있음을 예고하셨는데도, 이 말을 하찮고 가볍게 여기는 자가 있지는 않은지요? 죄가 있는 곳에는 심판이 있습니다. 심판이 있기 전에는 예고가 있고, 피할 길을 주신다는 것을 반드시 기억해야 합니다. 그래서 우리는 하나님을 사랑의 하나님이라고 하는 것입니다. 하나님은 반드시 기도에 응답하시는 분입니다. 소돔과 고모라를 멸망시키실 때 하나님이 하신 말씀을 기억하십시오.

- 하나님, 이 성을 멸하지 마옵소서. 의인 50명이 있으면 어떻게 하시겠습니까?

- 50명으로 인하여 내가 멸망시키지 않겠다!

- 30명 있으면요? 20명 있으면요? 10명 있으면요?
- 내가 의인 10명만 있어도 멸하지 않겠다!

그런데 어떻게 되었나요? 아브라함의 마음은 의인을 찾는 것이 아니라 그 속에 있는 조카 '롯'을 기억하는 것이었습니다. 하나님은 그 아브라함이 조카 롯을 위하여 간절히 기도하는 그 마음을 들으셨던 것입니다.

소돔과 고모라를 통하여 우리에게 주시는 교훈은, 첫 번째는 죄가 있는 곳에는 심판이 있다는 것이고, 두 번째는 심판 전에는 항상 예고를 하셔서 피할 길을 허락해 주신다는 것이며, 세 번째는 하나님 앞에 올리는 간절한 기도에는 반드시 하나님이 반응하신다는 것입니다. 지금 죄에 속한 자리에 심판이 있다는 것을 믿는다면, 하나님이 피할 기회를 주셨을 때 그 자리를 떠날 줄 아는 영적 지혜가 있기를 바랍니다. 응답받을 기도라 믿고 시작했다면, 그 기도에 반응하실 주님을 믿고 낙심하지 말고 끝까지 기도하여 나 때문에 환경이 변하고, 나 때문에 가문도, 나 때문에 주변의 사람들까지 구원 받는 역사가 있기를 주님의 이름으로 축복합니다.

> 아무 것도 염려하지 말고 다만 모든 일에 기도와 간구로 너희 구할 것을
> 감사함으로 하나님께 아뢰라 그리하면 모든 지각에 뛰어난 하나님의 평강이
> 그리스도 예수 안에서 너희 마음과 생각을 지키시리라
> [빌립보서 4장 6-7절]

[고린도후서 9장 7절]

그것도 귀합니다

창세기에 아브라함이 하나님으로부터 '내가 네게 복을 주고 네 씨가 크게 번성하여 하늘의 별과 같고 바닷가의 모래와 같게 하리니'[창세기22:17] 이러한 언약을 주셨는데도 아브라함이 믿지 못하니까 '너는 제사를 지내라 3년 된 암소, 3년 된 암염소, 3년 된 숫양을 바쳐라. 그리고 산비둘기와 집비둘기를 잡아서 쪼갠 후 그걸 하나님 앞에 드려라'[창세기15:9-10]고 명령하셨습니다. 그래서 아브라함은 암소와 암염소, 숫양을 쪼개서 하나님 앞에 드리는데 한 가지 실수를 합니다. 그것은 산비둘기와 집비둘기를 쪼개지 않고 그대로 드렸던 것입니다. 그런데 참으로 희한하게도 제사를 드리는데 솔개 한 마리가 자꾸 와서 집비둘기와 산비둘기를 건드리는 통에 아브라함은 솔개를 내쫓느라고 제대로 제사에 전념할 수가 없었습니다.

이 말씀에서 얻은 교훈이 있습니다. 3년 된 암소, 3년 된 암염소, 3년 된 숫양만 귀한 것이 아니라는 것입니다. 어쩌면 아브라함은 그 산비둘기나 집비둘기 정도는 하찮게 여겼던 것은 아닐까요? 오늘날 신앙인들은 주일 낮 예배를 귀하게 여깁니다. 그런데 주일 저녁 예배나 수요예배는 가볍게 여기는 경향이 있습니다. 하나님이 암소를 귀하게 여기고, 암염소도 귀하게 여기며 숫양도 귀하게 여기셨듯이 하나님이 드리라고 하신 작은 산비둘기나 집비둘기도 귀한 것은 마찬가지입니다.

하나님 보시기에는 제사를 드리는 정성이 중요하지 크고 작은 제물은 형편에 따른 모양이지 귀한 정도의 차이가 아닌 것입니다. 지금 우리가 드리는 낮 예배도 저녁 예배도 귀하며, 새벽기도 금요 철야 기도회도 귀합니다. 예배가 귀하고 덜 귀한 것은 없습니다. 주님의 이름으로 올려지고, 주님의 이름으로 드려지는 모든 행위는 하나님 앞에 다 귀한 것입니다. 우리는 종종 내가 생각하는 기준이 옳은 판단이고 전부인 양 생각하여, 귀한 것을 귀한 줄 모르고 가볍게 여길 때가 있다는 것을 깨달아야 합니다.

하나님에게 드려지는 모든 예배가 귀합니다. 하나님 앞에서 주님의 이름으로 하는 모든 일이 귀한 것입니다. 하나님을 향한 일에는 천하고, 귀한 것이 따로 있지 않습니다. 하나님은 우리가 천하게 여기고 귀하게 여기는 것에 따라 분별하지 않으십니다. 내가 하찮게 여겨 불순종하는 그것 때문에 솔개 즉, 방해꾼 마귀가 나를 방해할 수 있다는 것을 기억하기 바랍니다. 작은 것에 순종하고 작은 것에도 감사함으로 온전한 마음으로 예배할 때 그 예배가 솔개와 사탄이 넘보지 못하는 우리의 산제사가 되기를 주님의 이름으로 축복합니다.

> 각각 그 마음에 정한 대로 할 것이요 인색함으로나 억지로 하지 말지니
> 하나님은 즐겨 내는 자를 사랑하시느니라
> [고린도후서 9장 7절]

[에베소서 2장 10절]

채워라

우리 교회 성도 6, 7명이 함께 승합차를 타고 심방을 가면서 간증을 하였습니다. 서로 이런저런 간증을 나누던 가운데 권사님 한 분에게 이런 질문을 했습니다.

- 권사님, 지금까지 살면서 최고로 힘들었던 거 하나를 꼽으라면 어떤 걸까요?
- 이 일이 어렵다, 저 일이 어렵다 해도 내 가슴에 '은혜'가 없이 신앙생활 했던 그 순간이 최고로 힘들었던 것 같아요. 지금 돌아보면 남편이 힘들게 했던 때보다, 물질로 힘들었던 때보다, 또 자식들 때문에 속 썩었던 그 어느 때 보다도 가슴에 은혜가 없었던 때가 제일 힘들었어요.

라고 하시는 것입니다. 그 말을 들으면서 '아, 우리 권사님이야말로 진짜 신앙인이구나!'하고 생각을 하였습니다.

정말 신앙인이라면 내 가슴에서 은혜가 떨어지는 것을 괴로워해야 하는데, 어떤 사람은 은혜가 떨어져도 감각이 없습니다. 또 어떤 이는 은혜가 없어도 은혜가 없는지 모르고 살아갑니다. 그런데 그 권사님은 은혜 없이 살 때가 최고로 힘들었다고 합니다. 그래서 은혜를 회복하려고 애를 썼던 때가 생각이 난다고 합니다. 은혜가 충만할 때는 목사님이 무슨 말을 해도 '아멘'이 되고, 교회에서 힘든 일을 해도 기쁨이 되는데, 은혜가 떨어지니 목사님이 하는 소리가 듣기 싫고, 교회에 일이 생기면 '왜 나에게 이런 일을 시키느냐'며 불평 속에 살았지만 다시 은혜를 회복하고 나니까 그때가 부끄러웠다는 권사님의 고백이 우리 모두의 고백이 되어야 하지 않을까요?

생각해 보니 어릴 적에 나는 겁이 많은 아이였습니다. 해가 떨어지면 방문을 못 열 정도로 무서워했습니다. 그런데 어느 날 은혜를 충만히 받고 나니까 공동묘지에서 혼자 기도를 해도 무섭지 않았습니다. 그렇게 무섭고 두려워 머리카락이 쭈뼛쭈뼛 설 정도로 무서웠던 그 자리가 무섭지 않았던 것은 왜 일까요? 그것이 곧 성령의 능력입니다. 내 안에 성령님의 능력, 주님이 함께 하셔서 은혜가 충만해지는 것입니다. 그런데 놀라운 것이 있습니다. 은혜가 충만하고 성령이 충만할 때는 내게서 성령의 능력으로 초능력의 역사가 일어날 수 있지만 은혜가 떨어지면 '초'超 자가 빠지고, '무'無 자가 붙게 됩니다. 성령의 은혜 안에서 살 때는 '초능력'超能力의 역사가 일어나지만 은혜가 떨어지고, 성령이 바닥나면 '무능력'無能力한 사람이 되는 것입니다.

끊임없이 은혜 가운데 묻혀 사는 삶이 되도록 나를 훈련하고 돌아보아야 합니다. 그리고 은혜가 바닥난 삶이라면 다시 복구하고 다시 회복하여 뛰어야 합니다. 밤새 기도해도 힘들지 않았던 그 은혜에 잡혀 살 때를 기억해 보십시오! 은혜 있는 예배는 나를 건강하게 하고 은혜 있는 기도는 삶을 지루하지 않게 만듭니다. 가장 힘든 자리에서 가장 은혜롭고 기쁜 자리로 돌아갈 수 있도록 성령 충만, 은혜 충만한 초능력이 우리를 지배하도록 만들어가는 성도가 되기를 주님의 이름으로 축복합니다.

> 우리는 그가 만드신 바라 그리스도 예수 안에서 선한 일을 위하여 지으심을 받은 자니 이 일은 하나님이 전에 예비하사 우리로 그 가운데서 행하게 하려 하심이니라
> [에베소서2장10절]

[고린도후서 9장 7-8절]

오해하지 마라

'**안**나가 교인'이라는 우스갯소리가 있습니다. 교회를 다니다가 안 나오는 분들을 지칭하는 것입니다. '가나안' 교인에서 단어를 거꾸로 하면, '안 나가'라고 하는 유머입니다. 그런 교인들 가운데 '교회도 돈 있어야 가겠더라', '헌금이 부담스러워서 못 가겠더라'는 말을 하는 성도님들을 볼 때가 있습니다. 그래서 신앙생활을 하는 분들과 또 교회 다니는 분들을 통하여 이런 말을 들어본 사람들에게 이해를 돕고자 말씀을 준비했습니다.

구약성경에 보면 이스라엘 백성들이 하나님에게 드리는 제물에는 '곡물'과 '동물'이 있습니다. 그중 제물로 드려지는 동물은 사유재산의 척도가 되는 숫소, 숫양, 숫염소가 있지만 비둘기, 산비둘기 같은 야생동물도 있습니다. 이 말의 뜻은 여호와 하나님께서 모든 사람에게 일률적으로 값비싼 가축만을 요구하지 않으셨다는 것입니다. 형편에 따라 소를 드릴 수 있으면 소를 드리고, 양을 드릴 수 있으면 양을 드리고, 염소를 드릴 수 있으면 염소를 드리고, 그것도 안 되면 비둘기를 드리고, 그것도 안 되면 산비둘기를 드려도 된다는 말씀입니다.

하나님은 많이 드리는 자를 사랑하시는 것이 아닙니다. '자원하여 즐겨 내는 자를 사랑'[고린도후서9:7]하십니다. 그런데 왜 그렇게 교회에 가면 돈 얘기만 들릴까요? 왜 그렇게 교회만 가면 돈 얘기만 한다고 생각할까요? 그것은 우리가 너무나 물질에 민감한 삶을 살고 있기 때문일지도 모릅니다. 우리 교회 성도들이 '목사님은 헌금 얘기를 거의 안 하는데, 왜 성도님은 헌금 얘기를 한다고 하는지 모르겠어요?'라며 말하기에 제가 웃으며 이렇게 대답을 했던 기억이 있습니다.

- 내내 안 나오다가 헌금 얘기할 때만 나오니까 그런 거지! 아니면 매일 졸고 있다가 헌금 얘기할 때만 눈을 떴든지?

오해하지 않기를 바랍니다. 교회 가면 돈 얘기만 하지 않습니다. 교회 가면 헌금만 내라고 말하지도 않습니다. 또 많이 내라고 강요하지도 않습니다. 오직 돈이 목적인 삯꾼 같은 이단 사이비가 아니라면 성경 말씀처럼 형편에 따라, 있으면 있는 대로 없으면 없는 대로 그저 형편에 따라 즐거운 마음으로 드리면 되는 것입니다. 그러면 주님은 그것에 따라 만족하시고 상급을 주실 줄로 믿습니다. 거듭 강조하지만 오해하지 말기를 바랍니다! 우리의 신앙생활이 물질에 연연하기보다 오히려 은혜를 사모하는 마음으로 충만해져서 앞선 신앙의 선배들처럼 아름답게 열매 맺는 우리 모두가 되기를 주님의 이름으로 축복합니다.

> 각각 그 마음에 정한 대로 할 것이요 인색함으로나 억지로 하지 말지니 하나님은 즐겨 내는 자를 사랑하시느니라 하나님이 능히 모든 은혜를 너희에게 넘치게 하시나니 이는 너희로 모든 일에 항상 모든 것이 넉넉하여 모든 착한 일을 넘치게 하려 하심이라
> [고린도후서9장7-8절]

[시편 121편 5-8절]

내가 그를 알아봅니다

　어느 병원장이 일기 형식으로 쓴 글을 읽었습니다. 병원장이 아침에 출근하여 가운을 입고 의자에 앉자마자 한 노신사가 다급하게 숨을 몰아쉬며,

- 원장님, 빨리 좀 해 주십시오! 제가 좀 바쁩니다.
- 어르신, 오늘 바쁜 일이 있으신가 봅니다?
- 예, 우리 집사람을 만나러 가야 합니다.
- 아, 부인과 따로 살고 계신가요?
- 예, 우리 집사람은 요양병원에 입원해 있어서 만나러 가는 날입니다.
- 어르신, 시간이 좀 걸릴 텐데 약속 시간을 조금만 늦추시면 어떨까요?
- 늦출 수가 없어요. 집사람과 밥을 같이 먹어야 해서요.
- 아~ 부인께서 많이 기다리시는 모양이군요?
- 그렇습니다. 그런데 집사람은 나를 몰라봐요, 치매거든요!
- 그럼, 부인이 몰라보시면 좀 늦어도 괜찮지 않습니까?
- 그럴 수도 있겠죠. 하지만 집사람은 나를 몰라봐도 내가 집사람을 알잖아요. 그래서 집사람과 같이 밥을 먹기로 한 약속 시간을 나는 꼭 지켜야 합니다.

　병원장은 노인의 사연을 듣고 나서 '아, 참사랑이라고 하는 것은 바로 저런 것이구나'하며 크게 감동을 받았다고 했습니다. '참사랑' 사전적 의미로는 '순수하고 진실한 사랑'이라고 합니다. 우리가 힘들 때는 하나님을 원망하고, 기도의 응답이 없을 때는 정말 하나님은 나를 내려다보고 계시는지 의심하기도 합니다. 그러나 놀라운 것은 내가 하나님을 몰라봐도 하나님은 나를 알아보고 계시고, 하나님은 나와의 약속을 지키시기 위하여 항상 나에 대한 관심을 흐트러짐 없이 보고 계신다는 것입니다.

'내 아내가 나를 몰라봐도 내가 아내를 알아봅니다'라며 약속한 시간에 아내에게로 달려가고자 하는 남편의 참사랑! 그 노신사가 예수님을 믿는 분이었는지 안 믿는 분이었는지 모릅니다. 그러나 분명한 것은 그분에게 비치는 사랑의 모습은 어쩌면 우리를 향해 하나님이 보여주시는 참사랑의 한 부분과도 같은 것 같다는 생각을 해보게 됩니다.

내가 하나님을 몰라보고 때로는 원망할 때에도 나를 향한 하나님의 사랑은 식지 않는다는 것을 기억하기 바랍니다. 내가 모른다고 부인해도 그분은 나를 알아보신다는 한 가지 사실만 기억하고 살아도 우리의 삶은 훨씬 따뜻한 삶이 되리라 믿습니다. 지금 이 순간에도 나를 알아보시는 주님이 계심을 기억하며 행복한 하루가 되기를 주님의 이름으로 축복합니다.

> 여호와는 너를 지키시는 이시라 여호와께서 네 오른쪽에서 네 그늘이 되시나니
> 낮의 해가 너를 상하게 하지 아니하며 밤의 달도 너를 해치지 아니하리로다
> 여호와께서 너를 지켜 모든 환난을 면하게 하시며 또 네 영혼을 지키시리로다
> 여호와께서 너의 출입을 지금부터 영원까지 지키시리로다
> [시편 121편 5-8절]

[역대하 7장 14절]

더 두려워해야 할 것이 있습니다

많은 분들이 기도를 하면서 이런 질문을 합니다.
- 목사님, 기도는 쉬지 않고 하는데 왜 문제는 해결이 안 되고, 끊임없이 새로운 문제가 올까요?

그럴 때마다 그분들에게 이렇게 대답을 합니다.
- 지금 분명히 기도하고 계십니까? 그렇다면 걱정하지 마십시오. 내가 지금까지 성경 말씀을 읽고 목회를 하며, 또 많은 사람들을 만나 얻은 결론이 있습니다. 기도하는 한, 그 문제는 하나님께서 책임져 주십니다. 기도를 하는데도 문제가 생겼습니까? 두려워하지 마십시오. 하나님이 책임져 주실 것입니다. 문제보다 더욱 두려워해야 할 것이 있습니다. 그것은 '오늘 문제가 있는데도 기도하지 않고 있는 것'이 더 큰 문제인 것입니다.

성도님들을 대하다 보면 눈앞에 있는 문제를 두려워하는 것이 아니라 기도 하는 중에 문제가 오는 것을 무서워하고, 그것 때문에 염려하고, 그것 때문에 괴로워하는 것을 볼 때가 있습니다. 기도의 능력이 무엇입니까? 기도의 능력이란 기도를 들으시고 응답하시는 하나님의 능력인 것입니다. 시편 34편 17절에 '의인이 부르짖으매 여호와께서 들으시고 그들의 모든 환난에서 건지셨도다' 이렇게 말씀하셨습니다. 기도를 들으시는 하나님께서 그의 기도를 들으시고 기도하는 사람을 모든 환난에서 건지셨다고 말씀하셨습니다. 우리가 분명히 기억해야 할 것이 있습니다. 그것은 오늘 내가 하나님의 명령에 따라 하나님의 뜻을 행하는 것입니다. 기도하는데도 문제가 일어나고 생긴다면 오히려 두려워하지 마십시오. 그 문제는 반드시 하나님이 책임져 주실 것이고, 그 상황을 하나님이 바꿔 놓으실 것이기 때문입니다.

오히려 더 염려하고 두려워해야 할 것은, 문제가 있음에도 불구하고 기도하지 않는 것! 그것이 오히려 더 큰 문제라는 것을 기억해야 합니다. 당신이 진정 하나님을 신뢰하는 사람이라면 나에게 닥쳐오는 문제를 보고, 나에게 진정한 믿음이 있는지 분별해야 합니다. 기도하고 있다면 두려워하지 마십시오! 하나님이 책임져 주실 것입니다. 혹시라도 문제가 목을 누르듯 이미 목전에 와 있다고 느끼면서도 아무런 기도도 하지 않고 있는 것은 아닌가요? 두려워해야 합니다! 그 문제를 하나님께서도 부담을 느끼지 않는 문제로 취급하고 계실 수 있다는 뜻이기 때문입니다.

하나님은 누구 편이실까요? 물을 것도 없이 기도하는 자의 편입니다. '기도라고 하는 것은 하나님을 의지한다'는 뜻입니다. 기도한다라는 것은 '하나님만이 나의 도우심입니다!'라는 고백이기 때문입니다. 오늘 우리가 문제 앞에서 기도할 수 있다면, 또 기도하는데도 문제가 왔다면 하나님이 도와주실 것이고, 하나님이 책임져 주실 것을 100% 믿어야 합니다! 하나님은 오늘도 기도하는 자의 편이십니다. 하나님은 오늘도 순종하는 자의 편입니다. 그 하나님이 오늘도 우리를 책임져 주실 것을 믿으시길 주님의 이름으로 축복합니다.

> 내 이름으로 일컫는 내 백성이 그들의 악한 길에서 떠나
> 스스로 낮추고 기도하여 내 얼굴을 찾으면
> 내가 하늘에서 듣고 그들의 죄를 사하고 그들의 땅을 고칠지라
> [역대하7장14절]

[역대상 16장 34절]

더 감사한 일

부흥회를 갔다 왔더니 우리 권사님 중에 한 분이 산에 올라가다가 넘어져 병원에 입원하고 있다고 하여 제 아내와 동행하여 권사님에게 심방을 갔습니다.

- 권사님, 편찮으셔서 어떻게 해요. 많이 힘드시죠?
- 목사님 그래도 얼마나 감사한지 몰라요.
- 권사님, 뭐가 감사해요? 지금 팔이 부러졌구먼!
- 목사님, 왼손이니까 오른손으로 밥해 먹을 수 있어서 얼마나 감사해요. 내가 팔이 부러지고 보니까 목사님이 설교하신 말씀이 생각이 나잖아요. 그래서 더 감사했어요.

예전에 성도님들과 나눴던 말이 생각났습니다.
앞뒤 차가 추돌을 해서 차가 박살 나는 교통사고를 당해 살아나오면 그다음 주에 감사 헌금을 하고, 또 어디서 떨어져 죽을 것 같은 자리에서 살아 나와도 감사 헌금을 합니다. 그런데 아무 사고 없이 일주일을 지나고 나서는 감사 헌금을 안 하는 것입니다. 그래서 이렇게 물어보았습니다.

- 여러분, 사고 없이 일주일을 지난 일이 감사해요, 아니면 사고를 당했지만 살아나온 것이 감사합니까?

그랬더니 많은 분들이 '사고 없이 일주일을 보낸 것이 더 감사하다'고 합니다. 그런데 희한하게도 사고 없이 한 주일을 지난 것에는 감사가 없고 사고 속에서 살아 온 것에 감사한단 말이죠? 아마도 권사님은 그 말씀이 매우 마음에 와 닿았던 모양이었다.

- 글쎄, 목사님 제가 사고를 당하고 보니까 목사님 말씀이 진짜 생각이 많이 나서 회개를 했어요. 아무 일 없이 하루하루, 한 주 한 주를 살았던 것에 대

해서는 그렇게 큰 감사가 없었는데 사고를 당하고 보니 이것도 감사, 저것도 감사, 모든 것이 감사가 되더라고요. 목사님, 제가요 이번에 다친 것 때문에 다시 한번 감사를 찾을 수 있어서 정말 감사해요!

권사님의 고백을 들으면서 이것이 '범사에 감사하라'는 말씀이라는 생각이 들었습니다. 우리가 모든 일을 감사로 받으려고 하면 감사할 일들이 너무 많을 텐데 그것이 잘 안되는 이유는 무엇일까요? 그것은 '감사의 생활화'가 되지 않았기 때문입니다. 우리는 성경 말씀을 읽고 외우기도 합니다. 그런데 머리는 알고 있지만 생활화는 쉽지 않습니다. 알고만 있는 믿음으로는 안됩니다. 알고 있는 말씀을 생활로 옮겨가는 신앙생활이 되어야 합니다.

어떤 성도가 물었습니다. '신앙생활이 무엇입니까?' 신앙생활은 일생을 살아가는 동안 수없이 만나는 갈림길에서 하나님 편을 선택하며 살아가는 것! 그것이 신앙생활입니다. 모든 일에 감사하고, 기뻐하며 모든 사건 속에서 주님의 뜻을 찾아가는 우리의 삶이 된다면 바로 그 속에 더 감사한 일로 채워주시려는 주님의 뜻이 있을 것입니다. 주님 오시는 날까지 감사하며 살아가는 하루하루가 되기를 주님의 이름으로 축복합니다.

> 여호와께 감사하라 그는 선하시며 그의 인자하심이 영원함이로다
> [역대상16장34절]

[로마서 12장 1절]

진정한 예배란

"**어**떻게 드리는 것이 진정한 예배일까요?"
누군가 묻기에 반문했습니다.
- 성도님은 어떤 예배라고 생각하나요?
- 정해진 예배 시간에 정성을 다하여 예배하는 것, 그것이 진정한 예배가 아닐까요?
- 맞아요! 그러나 진정한 예배는 정해진 시간, 정해진 장소에서 드려지는 예배만을 말하지 않습니다. 가정에서 드리는 예배도 있고 구역원끼리, 속원끼리 드리는 예배도 있습니다. 그런데 우리가 놓치지 말아야 할 것이 있습니다. 모여서 예배하고, 순서에 따라 예배하는 것도 중요하지만 그것보다 더 중요한 것은 드려지는 예배가 삶 속으로 이어져 가야 한다는 것입니다.

오늘날 성도들의 삶을 보면 교회에서 드려지는 예배와 삶의 현장에서 살아가는 예배가 이어져 있지 않은 경우를 보게 됩니다. 다시 말하면 하나님을 교회에서만 만나고, 삶의 현장인 우리의 삶 속에는 하나님이 안 계신다는 것입니다. 성경에 나오는 사람들 가운데 모범적 삶을 살아가는 대표적인 사람을 소개한다면 바로 '요셉'입니다. 요셉이 '보디발'의 집에 거주할 때 보디발의 아내가 '이 집에 아무도 없고 너와 나뿐'이라고 유혹 했을 때 요셉은 '내가 어찌 이 큰 악을 행하여 하나님께 죄를 짓겠습니까'[창세기장39:9] 라며 유혹을 거부했습니다. 요셉은 어떻게 그 유혹을 뿌리치고 이길 수 있었을까요? 보디발의 아내는 사람이 보는 눈만 의식했지만, 요셉은 보이지 않는 곳에서도 지켜보시는 하나님을 의식하는 믿음이 있었던 것입니다.

진정한 예배는 교회에서만 드리는 예배와 가정에서 정해진 시간에 드리는 예배만이 아닙니다. 삶의 현장과 보이지 않는 곳에서도 보고 계시는 하나님을 의식하는 믿음을 갖고 산다면 그것이 곧 '산제사'입니다. 그런 믿음을 갖고 있다면 하나님은 교회만 계신 것이 아니라 가정은 물론, 우리가 있는 어느 곳에도 계시는 것을 알아야 합니다. 대한민국에만 계신 것이 아니라 미국에도 영국에도 지구촌 어디에도 살아 계신 하나님이라는 의식을 갖고 사는 삶, 그것이 진정한 예배라고 생각합니다.

그런데 놀라운 것은 사람들이 교회를 떠나는 순간 주님이 안 계신 것처럼 살아간다는 것입니다. 내 자리를 떠나가는 순간, 내 나라를 떠나가는 순간, 주님과 상관없는 삶을 살아가고 있는 것입니다. 어느 곳에서 있던지 하나님을 의식하며 코람데오 Coram Deo(하나님 면전에서)의 삶을 살아간다면 그 삶은 반드시 아름다운 예배요, 진정한 예배가 될 줄로 믿습니다. 그러한 예배를 드리는 예배자가 되기를 주님의 이름으로 축복합니다.

> 그러므로 형제들아 내가 하나님의 모든 자비하심으로 너희를 권하노니
> 너희 몸을 하나님이 기뻐하시는 거룩한 산 제물로 드리라
> 이는 너희가 드릴 영적 예배니라
> [로마서12장1절]

위기 속의 믿음

[잠언 3장 5-6절]

성경을 읽다 보면 의외의 인물들을 볼 수 있습니다. 황당한 인물과 생각 밖의 사람들, 상식적이지 않은 사람들도 볼 수 있습니다. 특히 다니엘 시대의 '느부갓네살' 왕이 그런 사람 중에 하나입니다. 어느 날, 느부갓네살 왕이 꿈을 꿨습니다. 그런데 그 꿈이 석연치 않고, 심상치 않은 내용인 것 같은데 기억이 잘 나지 않는 거였습니다. 그래서 전국에 명령을 내렸습니다. '박수와 술객과 점쟁이와 갈대아 술사들을 불러서 내가 무슨 꿈을 꿨는지 맞춰 보게 하라 그리고 그 꿈이 어떤 내용인지도 풀어 봐라'[다니엘2:2-3] 그리고 단서를 달았습니다. '만약에 내 꿈을 알아내지 못하고 풀지 못하면 그자의 생명을 내가 거둬갈 줄 알아라'[다니엘2:5] 다시 말해 목숨을 담보로 꿈 내용을 알아내라는 것이었습니다. 자기가 꾼 꿈을 자신도 기억하지 못하면서 남에게 해몽까지 하라니 이게 무슨 해괴망측한 말이랍니까? 당연히 왕의 꿈을 해석하는 자가 있을 리 없고, 바벨론의 지혜자들을 다 죽이라는 왕의 명령에 따라 다니엘도 위기를 맞이합니다. 죽을 위기 앞에 선 다니엘이 왕의 근위대장 '아리옥'에게 '왕에게 전달해 주십시오. 시간을 주면 내가 그 꿈을 반드시 알아내서 전달해 드리겠습니다!' 이렇게 말을 끝내고 다니엘은 세 명의 친구들과 의논을 합니다. '지금 이 일은 하나님만이 하실 수 있는 일이니까 우리가 하나님 앞에 기도하자!' 그래서 다니엘과 친구들은 기도를 시작합니다. 그리고 하나님의 은혜로 그 꿈의 내용을 알게 됩니다. 그리고 그 누구도 알 수 없었던 꿈에 대하여 왕에게 알려줍니다.

사람이 살다 보면 절체절명絶體絶命의 위기를 만나게 됩니다. 그런데 두려움에 떨며 숨는 사람이 있는가 하면 절체절명의 위기 속에서도 해결해 주실 하나님을 바라보는 믿음의 사람도 있습니다. 저는 성도들에게 강조합니다.

- 문제를 두려워하지 말고, 그 문제 때문에 만난 주님을 경험하여, 주님을 간증하는 기회로 삼아라!

하나님은 문제를 주실 때 반드시 그 문제를 통하여 하나님을 알게 하시는 기회도 함께 주십니다. 하나님은 전능자이시고, 창조주이시며, 기적의 하나님이십니다. 그렇습니다. 기적의 하나님, 전능자 하나님, 무소부재無所不在 하신 하나님이 맞습니다. 이에 더해 어떤 문제 속에서도 반드시 우리를 인도해 가시는 하나님이라는 사실을 놓치지 말아야 합니다.

절체절명의 위기 속에서도 하나님을 의지한 다니엘과 그 친구들의 믿음이 우리에게도 있어야 합니다. 위기 속에서도 우리는 기도의 사람이 될 수 있고, 그 문제를 뛰어넘어 더 좋은 것으로 역사하실 하나님을 기대하고, 경험하고, 간증할 기회가 되리라 믿습니다. 이 믿음으로 하루하루 승리의 삶으로 이어져가기를 주님의 이름으로 축복합니다.

> 너는 마음을 다하여 여호와를 신뢰하고 네 명철을 의지하지 말라
> 너는 범사에 그를 인정하라 그리하면 네 길을 지도하시리라
> [잠언3장5-6절]

섬 김
082

[예레미야 29장 12-13절]

그 기도가

세상을 살면서 한결같이 평탄하고 좋은 일만 있으면 좋겠지만 그것은 사람의 바람일 뿐입니다. 곤고한 일이 있기에 기도하고 겸손해지기도 하는 것입니다. 어느 가족은 이 문제 때문에, 또 어느 분은 이런 질병 때문에, 어느 분은 사업 때문에, 어느 분은 자녀 때문에 고통받는 모습을 보게 됩니다. 목회자는 성도들의 그런 모습을 보면서 그 성도를 부여안고 기도하는 삶이 이어집니다.

우리 교회에 시한부 선고를 받은 성도가 있었습니다. 당연히 그를 위하여 교회와 목사는 합심하여 기도했습니다. 기도 가운데 문득 예수님의 치유 사역 중에서 신기한 것을 발견하였습니다. 예수님께서 죽은 자를 살렸던 기록이 있는데 노인을 살렸다는 기록은 없고 어린아이와 청년들을 살려주셨던 것입니다. 그래서 지금 시한부 선고를 받은 분이 젊은 사람이다 보니 기대감이 커졌습니다. 그래서 연세가 많아서 편찮으신 분을 위하여 기도할 때는 천국 가는 길이 평안하게 해달라고 기도하지만 젊은 사람이나 어린아이가 아플 때는 하나님 앞에 더욱 애걸복걸 매달려 기도하게 됩니다. 이렇듯 성도들에게 심각한 질병이 발생했을 때 기도를 하는 것은 목회자의 중요한 역할입니다. 그래서 이렇게 기도합니다. '주님! 생명의 주인은 주님이시지만 기도할 때 하나님의 생각도 계획도 바꾸신 적이 있지 않습니까?'

출애굽기에 보면 이스라엘 백성들이 송아지 우상을 만들어 놓고 '이 신이 우리를 애굽에서 인도하여 냈다!'라고 하면서 우상을 섬기는 것 때문에 하나님이 화가 나셨습니다. 그래서 그들을 진멸하려고 하셨을 때 모세가 기도합니다. '하나님, 이들을 여기서 죽이시면 이방인들이 하나님을 말할 때

'맹세한 땅으로 데려갈 능력이 없어서 여기 와서 이들을 죽이려고 인도해 냈다고 하지 않겠습니까? 그러니 화를 푸시고 생각을 돌이키셔서 이들을 살려주시옵소서!'[민수기14:16] 그러자 하나님이 진노를 거두시고 인자를 베풀어 그들을 살려주셨습니다. '히스기야 왕'은 어떠한가요? 히스기야 왕의 간절한 기도는 반드시 죽으리라고 하신 하나님의 선포를 돌려놓게 하시는 기도가 되었습니다. 그뿐만 아닙니다. '니느웨 성'이 멸망할 거라고 선포하셨을 때도 그들이 금식하며 기도하자 하나님은 니느웨 성의 멸망을 돌이키셨던 것도 알고 있습니다.

우리는 왜 이렇게 간절히 기도해야 될까요? 이유는 간단합니다. 그 간절한 기도가 하나님의 생각을 바꾸고, 하나님의 계획하신 뜻도 바꿔 놓을 수 있기 때문입니다. 시한부 인생으로 힘들어했던 그 성도는 목소리도 잘 나오지 않아 말도 어눌하게 했던 분이었는데, 또박또박 정확한 발음으로 '너무 감사해서 교회에서 떡 잔치를 하고 싶다'고 할 정도로 상태가 호전되었습니다. 의사들도 치료에 긍정적인 말을 하는 것을 보고 역시 간절한 기도는 기적을 일으킨다는 것을 확신하게 되었습니다. 하나님은 간절하게 매달리는 기도 때문에 당신의 계획과 생각도 바꾸시는 분입니다.

모든 생명은 주님의 것입니다. 우리가 할 일은 기도뿐입니다. 하나님은 우리의 기도를 반드시 들으시는 분이라는 것을 확신하고 기도하면 됩니다. 그 기도로 인해 살리는 역사, 하나님의 생각도 바꾸는 역사를 일으키는 우리가 되기를 주님의 이름으로 축복합니다.

> 너희가 내게 부르짖으며 내게 와서 기도하면 내가 너희들의 기도를 들을 것이요 너희가 온 마음으로 나를 구하면 나를 찾을 것이요, 나를 만나리라
> [예레미아29장12-13절]

[마태복음 19장 23-24절]

땅의 부자 천국 부자

언젠가 어느 교회에서 부흥회를 인도하는데 매 시간마다 어린아이 헌금 봉투가 올라왔습니다. 그래서 어느 날 그 어린아이가 뭐라고 썼을까 궁금해서 그 헌금 봉투 내용을 한 번 읽어보았습니다. 그런데 그 내용이 나를 감동하게 했습니다.

- 하나님, 저 부자 되게 해 주세요. 그래서 좋은 일 많이 해서 주시는 돈 다 쓰게 해 주세요. 부자는 천국에 못 간다고 하셨잖아요.

이렇게 시작하는 글의 내용은 그 어린아이가 부자가 천국에 가는 것이 낙타가 바늘귀를 지나는 것보다도 더 어렵다는 것을 성경공부를 하며 깨달았다는 것이었습니다. 비록 어린아이였지만 어린아이의 물질관이 기독교인의 물질관으로 확실히 정립되어 있음을 보고 은혜를 끼치러 갔다가 오히려 내가 은혜를 받았습니다. 그 아이의 표현에 따르면, 우리는 열심히 벌어야 합니다. 돈 버는 목적도 있어야 됩니다. 그리고 그 돈은 써야 하는 것입니다. 많은 사람들이 돈을 벌고 나서 돈 쓸 일이 생기면 신경질 나고 열 받는다고 합니다. 그런데 돈은 어디에 쓰느냐에 따라 달라집니다. '돈이 좀 모일만 하면 꼭 돈 쓸 일이 생긴다니까'라고 하는 사람들은 돈을 왜 버는지 모르는 사람입니다. '돈은 쓰기 위해 버는 것'입니다. 어디에 쓸 것인가는 사람마다 다를 것입니다. 그 어린아이의 표현대로 '하나님 돈 많이 주세요'라고 했을 때 우리에게 주신 돈을 어디에 쓸 것인지가 관건이 되어야 합니다.

우리가 하나님 앞에 기도할 때 보면 '돈 주세요. 건강 주세요. 해주세요. 뭐 좀 주세요'라고 달라는 기도가 80~90%가 아닐까요? 돈! 열심히 벌어야 하지요. 그리고 기도의 응답으로 돈을 주셨다면 열심히 써야 합니다. 왜냐하면 천국은 돈 가지고 가는 곳이 아니기 때문입니다. 부자가 천국 가는 것이 그렇게 어렵다고 하지 않습니까! 그런데 참 놀라운 사실은 우리가 주님을 위해 돈을 쓸 때 주님은 우리에게 더 많은 것으로 채워 주신다는 것 입니다. 주님께서 주신 복으로 부자가 되었으니 주님을 위하여 쓰는 것은 당연한 이치입니다. 성경에는 부자가 천국을 못 간다고 말씀하셨습니다. 그럼 어떻게 하면 될까요? 간단합니다. 열심히 잘 쓰면 되는 것입니다. 천국 부자는 누구일까요? 이 땅에 사는 동안 주님을 위하여 부지런히 쓰임 받는 자가 천국 부자입니다.

내가 자주 되뇌이는 말이 있습니다. '오늘 사는 나의 삶이 하늘나라에서 나의 상급이 되고, 이 땅에서는 우리 후대들에게 복의 통로가 되게 살자!' 이 말은 오늘 하루하루의 삶이 쌓여 하나님 나라에서 상급이 되고 후손들에게는 복의 통로가 되는 삶이 되기를 바라는 마음입니다. 부지런히 벌어, 부지런히 써야합니다! 어차피 천국은 돈 가지고 가는 곳이 아닙니다. 돈은 있을 때 쓰는 것입니다. 누군가 이런 질문을 했습니다.

- 천국의 상급은 언제 준비하는 것입니까?

천국의 상급은 우리가 이 땅에 살면서 천국 가는 날까지 차곡차곡 쌓아 준비하는 것이지 죽기 전에 큰돈으로 남을 구제하고 헌금한다고 큰 상급이 주어지는 것은 아닌 것입니다. 기억합시다! 오늘 우리의 삶이 주님을 위한 삶으로 헌신할 때 천국의 상급이 쌓인다는 것을 기억하며 땅의 부자가 아닌 천국 부자로 살아가기를 주님의 이름으로 축복합니다.

> 예수께서 제자들에게 이르시되 내가 진실로 너희에게 이르노니
> 부자는 천국에 들어가기가 어려우니라
> 다시 너희에게 말하노니 낙타가 바늘귀로 들어가는 것이
> 부자가 하나님의 나라에 들어가는 것보다 쉬우니라 하시니
> [마태복음19장23-24절]

관 계

인간관계는
상대방이 변하길 바라는 것이 아니라
내가 좋은 쪽으로 변화하려 노력할 때 좋아지는 것이다.

[전도서 12장 1절]

그 자리에 나도 갑니다

어려서 살던 시골집에는 방이 여러 칸 있었습니다. 우리 집에는 동네 사람들이 '마실' 즉, 산책을 안 왔다 가면 잠이 안 온다고 할 정도로 많은 마실꾼들이 드나들었습니다. 방마다 다른 부류의 마실꾼들로 가득했습니다. 안방에는 어머니 또래분들이 모이시고, 건넛방에는 큰 형님 또래의 분들이 모이시고, 또 저쪽 건너 쪽에는 둘째, 셋째 형님 또래들이 모이시고, 또 한 방에는 내 위의 형님이나 내 또래, 또 저 건넛방에는 큰 형수님 또래들이 모이셨습니다. 나는 그때 어렸기에 어느 방에 가든 '저리 가'라는 소리는 듣지 않았습니다. 아마도 내가 어리니까 말귀를 못 알아들을 거라고 여긴 것 같았습니다. 그런데 어린 나는 다 알아들었습니다. 애늙은이가 된 것입니다.

방마다 모이는 부류가 다르듯, 방마다 대화의 주제도 달랐습니다. 예를 들면 어머님 또래들이 모이신 방에 가면 대화의 주제가 '며느리'였고, 큰 형님 또래들이 모인 방은 '애가 옹알이를 하네, 엎어졌네' 온통 아기에 대한 얘기들이 주류였던 것 같습니다. 큰 형님 또래들이 결혼해서 애를 낳을 때이니 그렇겠지요. 둘째와 셋째 형님 방에서는 거의 여자 얘기, 연애 얘기였습니다. 그리고 큰 형수님 방에서는 '시어머니'가 주제였습니다. 그렇게 세월이 지나 그때 시어머니 흉을 보던 그 며느리들이 지금은 다 여든이 넘은 노인이 되고, 시어머니가 되었습니다. 그런데 재미있는 것은 그때 시어머니 흉을 보던 며느리들이 이제는 며느리 흉을 보고 있다는 것입니다.

신학생 전도사 때의 일입니다. 동기 전도사 중에 유난히 '당회장 목사님은 전도사를 너무 우습게 여긴다'고 늘 불평하는 전도사가 있었습니다. 그 전도사에게 한마디 했습니다. '전도사님, 우리도 언젠가는 그 자리에 갈 텐데 우리라고 그 자리에서 더 잘해준다는 보장도 없잖아. 그러니 그냥 견디고 참아보자고' 했던 기억이 있습니다. 그런데 부교역자로 있을 때 담임목사 흉을 보던 동기가 담임목사가 되어 '요즘 부교역자들은 마음에 드는 사람이 없다.'고 말하는 모습을 보게 되었습니다.

지금 내가 있는 이 자리가 영원할 수는 없습니다. 내가 불평하고, 내가 싫어하는 그 사람의 자리에 언젠가 갈 때가 온다는 것입니다. 직장에서든, 가정에서든, 사회생활에서든, 교회에서도 모두 같습니다. 머지않아 불평하고, 원망하고, 싫어하는 그 사람의 자리에 나도 간다는 것입니다.

내가 꼴 보기 싫어하는 그 사람의 자리가 머지않아 나의 자리가 될 수도 있음을 기억하여 오늘 있는 이 자리에서 최선을 다하고, 오늘 있는 자리에서 섬김을 다해야 할 것입니다. 그러면 주 안에서 오늘 내게 주신 시간, 내게 주신 자리, 내게 주신 일터에서 모두에게 인정받는 사람이 될 것입니다. 그런 자세로 섬기다 보면 내일의 내 자리도 하나님과 사람 앞에서 인정받는 자리가 될 것이라 믿습니다. 그런 복된 내일을 위하여 오늘을 살아가는 귀한 삶이 되기를 주님의 이름으로 축복합니다.

> 너는 청년의 때에 너의 창조주를 기억하라
> [전도서12장1절]

[요한복음 15장 7-8절]

기다림

기다림에는 행복한 기다림과 두려운 기다림이 있습니다. 사람들은 이 두 가지 기다림을 경험하며 살아가고 있습니다. 나의 행복한 기다림 중에 하나는 어릴 적 오일장五日場에 관한 추억입니다. 오일장이 설 때마다 장에 가시는 어머니는 빈손으로 돌아오신 적이 없었습니다. 그래서 어머니가 장에서 돌아오실 시간이 되면 나는 동구 밖까지 나가서 어머님을 기다렸습니다. 어린 나에게 그 '기다림'은 얼마나 큰 행복이었는지 모릅니다. 왜냐하면 어머니가 빈손으로 오시지 않는다는 것을 알기 때문입니다. 내가 어릴적에는 군것질거리가 그렇게 많지 않았습니다. 그래서 눈깔사탕 하나만 사 오시는 것만으로도 대단한 행복이었습니다. 젊은 세대들은 눈깔사탕을 모를 수도 있을 텐데 입 안에 넣으면 볼이 불쑥 나올 만큼 큰 사탕입니다. 눈깔사탕은 십리 사탕이라고도 했습니다. 그것을 입에 넣고 가다 보면 십리十里 즉, 4Km를 걸어갈 때까지도 입 안에 남아 있기 때문에 십리 사탕이라고도 불렀던 기억이 있습니다. 어쨌든 어머님이 장에서 돌아오시기를 기다리는 그 시간이 참으로 '행복한 기다림'이었습니다.

두려운 기다림은 초등학교 시절, 학교에서 단체로 예방주사를 맞던 기억입니다. 주사를 맞기 위해 모두 줄을 섰습니다. 그리고 주사를 맞은 사람이 빠지면 한 발짝씩 앞으로 가고, 또 한 사람이 빠지면 또 한 발짝 가길 반복하다가 주사 맞을 순서가 가까워질수록 두려움이 너무 커서 나는 앞에 서너 명쯤 남으면 재빨리 빠져서 맨 뒷줄로 도망갔습니다. 조금이라도 늦게 주사를 맞기 위해 꼼수를 부려본 것이었습니다. 지금 생각해 보면 어차피 맞을 거 빨리 맞으면 좋았으리라 하지만, 어린 소견머리에는 거기까지가 한계였습니다. 주사를 맞기 위해 줄을 서서 기다리는 두려움이 고통의 시간이었는데 주사를 맞기도 전에 줄을 서서 기다리면서 주사 맞을 자리에 손을 대고 비비며 아파하기까지 했던 것이었습니다. 이처럼 닥칠 일을 미리 두려워하며 살아가는 사람이 있는가 하면 행복한 마음으로 살아가는 사람도 있다는 것을 깨닫게 하는 어릴 적 기억입니다.

마찬가지로 다시 오실 주님을 기다리며 살아가는 성도들 가운데, 누군가는 주님이 오실 날을 두려움으로 기다리는가 하면, 누군가는 행복한 마음으로 기다리며 살아가고 있을 것입니다. 두 부류의 사람 중에 여러분은 어느 부류에 속해있나요? 우리에게 마지막 그날은 분명히 오는 것입니다. 어차피 주님과 만날 날을 맞이한다면 긍정적으로 그날을 행복하게 기다리는 준비된 자로 사는 것이 탁월한 선택이지 않을까요?

제가 설교를 하거나 글을 쓰고 방송을 할 때마다 기도의 소원이 있습니다. 저를 만나는 사람들이 한 가지씩이라도 긍정적으로 삶에 변화가 일어나기를 간절히 바라며 기도로 준비합니다. 주님 오시는 날이 불행한 기다림, 두려운 기다림이 아니라 행복한 기다림이 되기를 기도합니다. 하루하루 준비된 마음과 자세로 한 해 한 해를 기쁨으로 살아가기를 주님의 이름으로 축복합니다.

> 너희가 내 안에 거하고 내 말이 너희 안에 거하면
> 무엇이든지 원하는 대로 구하라 그리하면 이루리라
> 너희가 열매를 많이 맺으면 내 아버지께서 영광을 받으실 것이요
> 너희는 내 제자가 되리라
> [요한복음15장7-8절]

[시편 27편 4절]

어찌 한 명도 없을까요?

어느 목회자 세미나에서 강의를 끝내고, 한 목사님께 이런 질문을 했습니다.
- 오늘까지 목회를 하시면서 많은 성도들을 만나셨을 텐데, 사업이 어려워서 기도를 부탁한 성도 가운데 하나님이 복을 주셔서 잘 되고 난 뒤에도 변하지 않고 끝까지 충성하고 헌신한 분을 몇 분이나 만나셨습니까?

결론은 단 한 분도 그런 사람을 만나 본 적이 없다는 것이었습니다. 그런데 어느 목사님께서 이렇게 말씀하셨습니다.
- 목사님, 저는 오히려 하나님께 아무개 성도의 물질을 묶어 주시고 거둬 가 주세요! 이렇게 기도를 한 적이 있습니다.

성도의 입장에서 '무슨 목사가 저런 기도를 할까?'라고 의아하게 생각할 수도 있겠지만 목사의 입장에서 그렇게 말씀하신 목사님의 마음이 이해가 되었습니다.

돈이 없고 어려울 때는 주의 일을 열심히 하고, 예배와 기도 생활도 성실히 하는데 생활의 여유가 생기고 바쁘다 보니 신앙생활에 적신호가 들어와 예배와 기도를 소홀히 하는 것입니다. 그 목사님이 볼 때는 하나님을 잘 믿는 것이 복인데 돈 때문에 하나님과 멀어지는 것이 안타까웠던 것입니다. 목사님의 말씀에 공감이 되면서 다윗 왕이 오버랩 되었습니다. 사무엘하 7장에 보면 다윗 왕은 사방의 원수들을 하나님이 다 막아 주시고, 이제는 좀 평안하게 거하게 되었을 때에도 여전히 백향목으로 하나님의 성전을 짓고 싶은 마음이 우러났습니다. '백향목으로 궁궐을 짓고, 사방의 원수들을 막아 주시고 평안히 거하게 하실 때'라고 하는 말을 쉽게 표현하면 '배부르고 등 따스운 태평성대'라는 뜻인데 그러한 시기에도 다윗의 마음은 하나님에게서 멀어지지 아니하고, 여전히 하나님을 향한 충성심이 식지 않았던 것입니다.

저는 섬기는 교회와 부흥회, 그리고 방송에서도 가장 강조하는 단어가 있습니다. '한결 같자! 끝장 보자!'입니다. 그런데 아쉽게도 다윗 왕처럼 한결같고, 끝장 보는 믿음을 가진 사람을 보기 쉽지 않습니다. 다윗 왕도 한때는 실수가 있었습니다. 그럼에도 불구하고 하나님은 왜 그를 '내 마음에 합한 자'라고 하셨을까요? 그 이유는 한결같았기 때문입니다. 철저히 회개하고, 잘못된 길에서 돌아서서 하나님을 잊지 않고, 좋을 때나 어려울 때나 하나님을 의지하는 믿음이 있었고, 잘 되게 하셨을 때도 '나를 이렇게 사랑하시고, 복을 주시는구나'하며 하나님을 높이고 찬양했던 인물이기 때문입니다.

하나님 앞에서 한결같은 내가 되어야 합니다. 어려울 때 하나님을 의지했다면, 잘될 때도 하나님을 의지해야 합니다. 힘들 때 하나님의 도움을 청하고 의지했다면, 잘 되고 바쁠 때에도 기도하는 자가 되어야 합니다. 당신이 잘될 때 더 잘 되기를 기도해 주는 목회자가 있다면 당신은 복 받은 사람입니다. 반대로 당신이 잘된 것이 염려가 된다면 바로 당신은 '염려꾼'인 것입니다. 한결같아야 합니다. 끝장을 보아야 합니다. 그때의 그 모습과 지금의 내 모습이 주님 나라 가는 날까지 한결같은 믿음이 되기를 주님의 이름으로 축복합니다.

> 내가 여호와께 바라는 한 가지 일 그것을 구하리니
> 곧 내가 내 평생에 여호와의 집에 살면서 여호와의 아름다움을 바라보며
> 그의 성전에서 사모하는 그것이라
> [시편 27편 4절]

[사도행전 1장 8절]

그래야 이길 수 있습니다

신앙생활을 하면서 많은 분들이 성령 충만 받기를 소망합니다. 그리고 또 그렇게 되기를 기도합니다. 어디 그뿐이겠습니까?

- 목사님, 저 성령 충만 받고 싶으니 안수해 주세요.
- 집사님, 성령 충만 받아서 뭐 하시려고요?
- 성령 충만 받아서 나도 각종 은사를 경험하고 싶어서요.

대화를 하는 중에 성도들이 놓치고 있는 한 가지를 깨닫게 되었습니다. 성령 충만은 받고 싶은데 그 성령 충만을 통하여 뭔가 자신의 삶이 저절로 변화될 거라고 착각하고 있다는 것입니다.

누가복음 4장에 예수님이 요단강에서 세례를 받고 돌아오시는 장면이 있습니다. '예수께서 성령의 충만함을 입어 요단강에서 돌아오사 광야에서 사십 일 동안 성령에게 이끌리시며'[누가복음4:1] 이처럼 예수님은 요단강에서 세례를 받으실 때에 성령 충만을 받으셨습니다. 그런데 우리가 생각하는 것과 다른 것이 있었음을 알아야 합니다. 그것은 성령 충만을 받았으니 각종 은사가 나타나고, 성령 충만을 받았으니 뭔가 뻥뻥 뚫리는 일들이 있어야 하는데 예수님은 오히려 성령 충만을 받으신 다음에 광야에서 시험이 기다리고 있었던 것입니다.

우리는 성령 충만을 받기 위해 소망하며 기도해야 합니다. 그런데 더 중요한 것은 성령 충만 받았다고 해서 사방팔방으로 대로가 열리고, 좋은 일만 오는 것이 아니라는 것도 알아야 합니다. 예수님에게 성령이 충만하게 임하였음에도 광야에서 시험을 당하셨다는 것입니다. 그런데 예수님은 광야의 시험을 어떻게 이길 수 있었을까요? 누가복음 4장 1절 하단에는 성령 충만 받은 것으로 끝나지 않고 '성령에 이끌리시며' 라고 되어 있습니다. 즉, 성령 충만을 받는 것도 중요하지만 우리가 성령님의 인도하심에 따라 사는 삶이 더 복된 삶인 것입니다. 그 성령님의 인도하심에 이끌리어 갈 때 예수님이 겪은 광야의 시험처럼 세상이 주는 명예의 시험, 물질의 시험뿐만 아니라 그 어떤 시험에서도 능히 이길 수 있기 때문입니다.

성령 받는 것은 중요합니다. 말씀을 읽는 것과 설교를 많이 듣는 것도 중요합니다. 그러나 '이 예언의 말씀을 읽는 자와 듣는 자와 그 가운데에 기록한 것을 지키는 자는 복이 있나니'[계시록1:3]라고 하신 말씀처럼 더 중요한 것은 들은 말씀과 읽은 말씀을 내 생활 속에 지켜 행하는 자가 복된 자라는 사실을 기억해야 합니다. 진정 신앙의 승리자가 되고, 신앙 안에서 이기는 자가 되기를 원하십니까? 성령 충만한 가운데 성령님께 이끌려 사는 우리 모두가 되기를 주님의 이름으로 간절히 축복합니다.

> 오직 성령이 너희에게 임하시면
> 너희가 권능을 받고 예루살렘과 온 유대와 사마리아와 땅 끝까지 이르러
> 내 증인이 되리라 하시니라
> [사도행전1장8절]

더불어

[베드로전서 3장 10-11절]

신앙생활을 하면서 많이 착각하는 것 중 하나가 '나는 은혜만 받으면 돼! 나는 영성을 잘 관리할 거야!'라는 '나 홀로 믿음'입니다. 그러나 신앙생활은 결코 나 홀로 믿음이 아니라 '더불어 믿음'인 것입니다. '무슨 뚱딴지같은 말이야?'하고 의문이 들 수 있겠지만 이런 상황이 내게도 있지 않았는지 생각해 보았으면 합니다. 우리가 신앙생활을 하면서 기도가 막힐 때가 있었나요? 강단에서 선포하시는 목사님의 말씀이 귀에 들어오지 않을 때가 있었나요? 때로는 교회에서 봉사하는 것이 기쁨이 되지 않을 때가 있었나요? 사람들과의 만남 즉, 구역예배라든지 각 부서에 섞여서 일하는 것이 즐겁지 않을 때가 있지는 않았나요? 인간관계가 뒤틀리고, 파괴되는 바로 그때 우리의 영적인 삶도 무기력해집니다. 아무리 영적으로 건강하게 유지해도 인간관계가 뒤틀리면 '영성'도 흔들리고, 파괴될 수밖에 없다는 것을 기억해야 합니다.

베드로전서 3장 11절에 '화평을 구하며 이를 따르라' 말씀하셨고, 시편 34편 14절에도 '화평을 찾아 따를지어다'라는 동일한 말씀도 하셨습니다. 베드로전서 3장 10절에서는 '생명을 사랑하고, 좋은 날 보기를 원하는 사람은 결국 그렇게 살게 된다'고 합니다. 당신은 영원을 사모하나요? 영적으로 잘 되기를 원하시나요? 세상에서도 잘되기를 원하시나요? 그렇다면 인간관계에서 화평을 이루는 훈련을 하십시오! 그리고 사람과의 관계에서도 부드럽게 대할 수 있도록 '주님의 성품'을 닮아가도록 노력하십시오! 주님의 성품 중에 두 가지를 꼽는다면 '온유'와 '겸손'입니다. 온유는 따뜻할 온溫과 부드러울 유柔가 합쳐 만들어진 단어입니다. 즉, 주님의 마음은 따뜻하고 부드럽다는 뜻입니다. 가시가 되어 남을 찌르는 것이 아니고, 딱딱한 철이 되어서 남에게 상처를 주는 자가 아니라 남과 부딪칠 일이 있을 때 내가 꺾이는 것입니다. 냉랭하고 차가운 것이 아니라 따뜻함으로 상대방의 차가움을 녹여주는 것입니다. 그리고 겸손은 남보다 내가 한 계단 내려서서 남을 높여주는 것, 그것이 곧 '겸손'입니다. 아무리 기도를 하고 말씀을 듣고 아멘을 해도 인간관계가 뒤틀리면 우리의 '영성'은 파괴됩니다. 기도할 의욕도 없고, 봉사할 기쁨도 없고, 예배가 즐겁지 않을지라도 영성을 지키기 위해서 사람과의 관계를 평안하게 유지한다면 우리의 기도도 즐거워집니다. 말씀이 아멘으로 받아들이는 삶이 지속적으로 이루어지면 좋겠습니다. '내 성격이 남보다 급하다'고 생각되면 조금 늦추어야 합니다. 남보다 말이 많다고 생각하면 한 번 더 참아야 합니다. 내가 말이 많은 사람인지 적은 사람인지 알고자 한다면 사람들이 모였을 때 남들이 말하는 시간과 내가 말하는 시간과 횟수를 비교해 보면 알 것입니다.

사람들과 화평을 이루기를 원한다면 한 박자 쉬고 말을 해야 합니다. 성질이 급하다고 깨달아지면 역시 한 박자 늦게 행동으로 옮겨야 합니다. 그래서 가시처럼 찌르고 싶은 자리에서도 내가 꺾일 줄 아는 부드러워진 마음으로 어우러지기를 소망합니다. 남들과 두루두루 섞이는 겸손한 모습으로 인간관계와 영적 관리의 성공자가 되기를 주님의 이름으로 축복합니다.

> 그러므로 생명을 사랑하고 좋은 날 보기를 원하는 자는 혀를 금하여 악한 말을 그치며 그 입술로 거짓을 말하지 말고 악에서 떠나 선을 행하고 화평을 구하며 그것을 따르라
> [베드로전서 3장 10-11절]

[요한복음 16장 33절]

혹시

상담을 하러 온 두 분이 있었습니다. 한 사람은 중년쯤 되어 보였고 한 사람은 대학생 청년이었습니다. 두 분 모두가 장애를 갖고 있었습니다. 중년의 사람은 본인이 목사가 되겠다며 상담을 요청해 왔습니다.

- 성도님, 목사가 되어서 어떤 목회를 하고 싶으세요?
- 예, 저는 저처럼 장애를 가진 사람들을 섬기는 일을 하고 싶습니다.
- 어떻게 섬기고 싶으세요?
- 내가 장애를 가져보니 일반인들이 장애를 가진 사람들을 무시하는 시선 때문에 많은 상처가 됩니다. 그래서 저는 목사가 되어서 그런 상처 입은 장애인들을 돌보며 치유하고 싶습니다.
- 언제부터 장애를 갖게 되셨어요?
- 7년 전에 사고를 당하여 장애를 갖게 되었습니다.
- 그러면 장애를 가지기 전에는 장애를 가지신 분들을 무시하거나 깔본 적이 있으셨나요?
- 아닙니다. 그냥 무심히 봤고, 참 불편하겠다. 생각했지 무시하지는 않았습니다.
- 네, 그렇군요. 지금 성도님께서도 건강한 몸이었을 때에는 장애를 가지신 분들을 볼 때, 조금 불편하겠다는 생각은 들었지만 무시하지 않았던 것처럼 대다수의 사람들은 장애를 갖고 있는 사람들을 무시하거나 조롱하지 않을 것입니다. 오히려 장애를 갖고 있는 본인 스스로가 가지고 있는 마음의 상처와 자격지심으로 더 그렇게 생각하는 것은 아닐까요?
- (그제서야 눈에 눈물이 고이면서) 모두가 날 비웃고 업신여기는 것 같아서 정말 힘들었습니다. 말씀을 듣고 나니깐 내가 나에게 더 큰 상처를 입혔던 것 같습니다!

청년의 고민도 유사했습니다. 남들이 자기를 너무 무시해서 가슴이 아프다는 것입니다. 그리고 앞으로 직장은 제대로 들어갈 수 있을지, 결혼은 할 수 있을지 고민을 하고 있었습니다. 그래서 나는 그 청년에게 이렇게 말해 주었습니다.

- 너는 이제 갓 대학에 들어간 학생이야. 네가 앞으로 직장에 들어갈 시기는 3년 후에 벌어질 일이고 결혼하는 문제도 5년에서 10년 후의 일일 텐데 아직 오지도 않은 문제를 미리 끌어당겨서 고민한다는 것은 결코 도움이 되지 않아. 지금 대학생이 되기까지 얼마나 힘든 과정을 잘 이겨왔는데, 왜 모든 사람이 너를 무시할 거라고 스스로 더 상처 주는 그런 고민을 하는 거야? 물론 너에게 상처 주는 사람들 때문에 때로는 마음 아픈 때도 있겠지만 그것보다 훨씬 더 많은 사람들은 널 응원하며 기도하고 있단다. 오늘을 최선을 다해 살다 보면 너의 앞길은 하나님께서 인도해 주실 거야. 그러니 너의 마음을 위하여 기도하면 좋겠어!

그렇습니다. 남들은 '불편하겠구나' 하는 무심한 마음으로 보는 것일지라도 어려움을 겪고 있는 당사자는 '저 사람이 나를 무시해'라는 마음으로 받아드리다보니 그것이 더 큰 상처가 되었던 것입니다. 생각이 병들면 생활도 병들고, 생각이 건강하면 생활도 건강해지기 마련입니다. '생각의 전환'이 필요합니다. 혹시라는 부정적 편견을 버리고, 생각을 건강하고 복되게 전환하여 주어진 삶의 주인공이 되기를 주님의 이름으로 축복합니다.

> 이것을 너희에게 이르는 것은 너희로 내 안에서 평안을 누리게 하려 함이라
> 세상에서는 너희가 환난을 당하나 담대하라 내가 세상을 이기었노라
> [요한복음16장33절]

[시편 28편 7절]

그래, 일러라!

첫 번째로 교회를 개척하고 목회를 시작했을 때의 일입니다. 하루는 심방을 다녀와서 책상 앞에 앉아서 휴지통에 휴지를 버리려는데 이상하게 휴지통에 깨진 유리 조각들이 가득히 있는 것입니다. 가만히 살펴보니 평소에 제가 아끼고 좋아하는 크리스털 꽃병이 깨진 조각들이었습니다. 어찌 된 것인지 눈치를 보니, 어린 두 딸 중에 큰딸이 실수로 아빠가 소중히 여겼던 꽃병을 깨뜨려 아빠한테 혼날 것을 염려한 두 딸이 나름 작전을 짠 것이었습니다. 자기들이 그것을 치우고 아빠한테 모르는 척 하기로 한 것입니다. 그리고 동생은 언니가 한 일을 아빠한테는 말하지 않는 대신 언니가 자기의 모든 부탁을 다 들어주는 조건으로 구두계약이 되어 있었던 것입니다. 언니를 좌지우지할 수 있는 칼자루가 동생에게 주어졌습니다. 동생은 자기에게 필요한 일이 생기면 스스로 할 수 있는 일들도 꼭 언니를 불러서 '언니 이것 좀 해줘', '언니 저것 좀 갖다줘'라고 요구했습니다. 큰딸은 아니꼽고, 하기 싫어도 어쩔 수 없이 따르고 있었습니다. 그런데 부모가 볼 때 동생이 언니의 약점을 틀어쥐고 즐기는 모습이 좋게 보이지 않았습니다. 마냥 지켜만 볼 수가 없어서 동생이 없을 때 큰딸을 조용히 불렀습니다.

- 우리 큰딸, 네가 크리스털 꽃병 깬 거 아빠가 다 알고 있어
- (큰딸이 깜짝 놀라며) 아빠 잘못했어요.
- 괜찮아, 네가 다치지 않아서 아빠는 감사했어. 아빠는 이미 다 용서했으니까 이제는 동생한테 기죽지 말고 당당하게 행동해. 알았지?

그랬더니 큰딸의 표정에서 뭔가 결의에 찬 모습이 보였습니다. 그것도 모르고 또 다시 동생이 언니에게 심부름을 시켰습니다.

- 언니, 나 저거 갖다 줘.
- 싫어! 네가 갖다 써!

반전이 시작된 것입니다. 자기의 말을 잘 듣던 언니가 의외의 반응을 보이자 동생은 주저 없이 비밀병기를 바로 꺼내 들었습니다.

- 언니, 그러면 아빠한테 일러~
- 그래 일러라 일러! 아빠가 다 용서했당. 메~롱

이렇게 옥신각신하듯 귀여운 힘겨루기를 하는 아이들의 모습을 보며 '죄 사함을 받은 자유가 바로 저런 것이구나'라고 생각하였습니다. 그렇습니다. 우리는 예수그리스도를 통하여 베풀어 주신 속죄의 은혜로 죄 사함을 받았습니다. 죄와 사단으로부터 '자유함'을 누리도록 아버지 하나님으로부터 용서를 받았고, 자유도 허락받았습니다. 그래서 누군가는 그 자유를 당당하게 만끽하는 자가 있는가 하면 누군가는 그 자유함을 마귀에게 빼앗기고, 여전히 그 마귀와 죄에 대하여 종노릇 하며 살아가고 있는 것이 현실이기도 합니다.

성경은 '진리를 알지니 진리가 너희를 자유롭게 하리라'[요한복음8:32]고 말씀하고 있습니다. 우리에게 주신 자유, 그 받은 자유를 가지고 죄와 마귀의 사슬에서 풀린 자답게 과거의 내 약점을 가지고 옥죄여 오는 마귀 앞에서 하나님의 자녀답게, 용서받은 자답게, 당당하게 외치며 살아갑시다. 그때 마귀는 꼬리를 내릴 것입니다. '그래, 일러라! 아빠가 다 용서해 주셨다'고 사단의 유혹과 협박과 압박에도 굴하지 않고 맞설 수 있는 우리의 믿음이 되기를 주님의 이름으로 축복합니다.

> 여호와는 나의 힘과 나의 방패이시니 내 마음이 그를 의지하여 도움을 얻었도다
> 그러므로 내 마음이 크게 기뻐하며 내 노래로 그를 찬송하리로다
> [시편28편7절]

[예레미야 애가 3장 25-26절]

그게 복음입니까?

　부흥사역을 하시는 모 목사님이 어느 교회에 부흥회를 가셨는데 담임 목사님과 장로님이 뭔가 분위기가 불편해 보여 차량봉사를 해 주시는 집사님께 물어보았답니다.
- 집사님, 담임목사님과 장로님의 분위기가 편해 보이지를 않는데 무슨 일이 있었나요?
- 아이, 정말 이해가 안 돼요. 별일도 아닌 것 가지고 그러시네요.
- 무슨 일인데요?
- 성찬식을 할 때 목사님이 흰 장갑을 안 끼셨다며 어떻게 성찬식에 흰 장갑을 안 끼고 집례를 할 수 있냐고 그렇게 트집을 잡고 그러시는 거랍니다.

　나는 그 이야기를 들으면서 요즈음 복음의 본질이 아닌 일로 교회 안에 불화를 일으키고 서로 시험에 들게 하려는 마귀의 공략법이 참 간사하다는 것을 깨달으며 우리 교회와 성도들이 그 마귀의 속임수에 대책 없이 너무 쉽게 넘어가고 있구나 싶은게 보통 정신을 차리지 않고는 안되겠다는 생각을 했습니다.

　그래서 우리 교회 성도들에게 질문해 보았습니다.
- 목사가 성찬식에 흰 장갑을 꼭 껴야 한다.
- 아니다 안 낄 수도 있다.
- 설교할 때 목사가 가운을 꼭 입어야 한다.
- 아니다 안 입을 수도 있다.
- 심방 갈 때는 꼭 정장을 해야 한다.
- 아니다 형편에 따라 다를 수 있다.

여러분의 생각은 어떻습니까? '아니다' 였습니다. 그런데 의외로 많은 교회와 성도들이 답은 다 알고 있지만 행동은 그렇게 하고 있지 않습니다. 마귀가 던지는 문제 앞에서 마귀가 원하는 쪽으로 따라가고 있다는 것이 문제입니다.

- 사랑하는 성도여러분, 말과 생각만 그렇게 하지 말고, 행동도 그렇게 합시다. 말과 행동이 다르니 교회의 화목을 깨려는 마귀의 노림수에 우리가 넘어가지 않나요? 복음이 아닌 것에 목숨 걸지 맙시다. 우리는 의외로 복음이 아닌 것에 목숨을 걸고 있지는 않는지 구분하시길 바랍니다.

여러분 복음과 관습, 전통은 분별하여야 합니다. 물론 교회 안에서 주님의 일을 할 때 할 수 있는 최선의 격식과 예를 갖추어야 하는 것은 중요합니다. 하지만 성찬식에 흰 장갑을 끼고 안 끼는 것, 성찬식과 절기에 가운을 입고 안 입는 것, 중요할 수 있지만 우리는 너무 쉽게 복음과 상관없는 일에 목숨을 걸고 살아갑니다.

지금 내가 화내는 일과 나를 화나게 하는 일이 진정 복음과 상관있는지 한 박자 쉬어 생각해 보고, 주님을 생각해서 참고 지내다 보면 분명 주님께서 우리를 주님의 나라와 의의 도구로 사용하실 것입니다. 복음이 아닌 세상일과 관습과 전통이라는 허울 속에 갇히지 말고 주님과 복음에만 목숨 거는 저와 여러분이 되기를 축복합니다.

기다리는 자들에게나 구하는 영혼들에게 여호와는 선하시도다
사람이 여호와의 구원을 바라고 잠잠히 기다림이 좋도다
[예레미야 애가 3장 25-26절]

[요한복음 4장 24절]

올바른 예배 생활

신앙생활을 하면서 '어떻게 하는 것이 예배를 잘 드리는 것이며, 어떻게 하는 것이 예배의 성공자가 되는 것인가'에 대해 질문을 받곤 합니다. 그럴 때면 창세기 22장에 나오는 아브라함의 제사를 예시로 답변해 줍니다. 요약하면, 하나님께서 아브라함에게 이삭을 제물로 바치도록 요구하셨습니다. 그것도 정해주신 장소인 '모리아' 산에서였습니다. 어떤 예배가 아름다운 예배이고 어떤 예배가 올바른 예배인가요? 첫 번째, 하나님이 원하는 장소, 정해주신 장소에서 예배하는 것입니다. 두 번째는 하나님이 정해주신 제물을 바치라고 하는 것을 바치는 것입니다. 이는 내 기분이 내키는 대로 바치는 것은 '진정한 제물'이 아니라는 뜻이기도 합니다. 세 번째는 하나님이 알려주신 하나님의 방법대로 하는 것입니다. 하나님이 아브라함에게 원하는 제사는 '모리아 산에서 이삭을 결박하여 죽여서 제물로 드리는 것'이었습니다.

그렇다면 하나님이 오늘 우리에게 원하시는 올바른 제사는 무엇일까요? 그것은, 각자가 등록한 교회가 하나님이 정해주신 예배의 장소입니다. 오늘날 예배의 기본이 흐트러진 것을 볼 수 있습니다. 볼일을 보기 위해 타지에 가거나, 본 교회에 가기는 귀찮고 예배를 드리지 않으면 찜찜하니까 땜질하듯 드리는 예배는 진정한 예배자의 자세가 아니라는 것입니다. 내가 등록한 그 교회가 하나님이 나에게 예배하도록 허락한 장소라고 하는 것을 기억하면 좋겠습니다. 물론 어떤 분들은 '무소부재無所不在 하신 하나님이신데, 산이든 들에서든 예배드리면 어때!' 이렇게 말할 수도 있습니다. 그러나 예배를 목적으로 하는 교회라는 공동체에 가서 예배를 드리는 것과 사적인 볼일을 보러 왔다가 주일을 빼 먹고 예배를 드리는 것은 차원이 다릅니다. 이미

2천 년 전에 예수님이 십자가에 달려 돌아가신 이후로 더 이상 피 흘리는 제사를 우리에게 요구하지 않습니다. 그럼 오늘 우리가 드려야 될 제물은 무엇일까요? 바로 찬양과 기도, 그리고 헌금입니다. 크고 작은 금액이 문제가 아니라 정성으로 자원하는 마음과 기쁨으로 드려지는 예물, 감사가 겸하여진 제사가 오늘 주님이 원하시는 제사인 것입니다.

흐트러진 예배를 드렸었다면 정리해 봅시다.
1. 내 기분 따라 이 교회 갔다 저 교회 갔다 하는 '일수 교인'이 되지 말고
2. 이 교회 조금, 저 교회 쪼끔 다니는 '월세방 교인'도 되지 말고
3. 이 교회 2년, 저 교회 3년 다니는 '전세방 교인'도 되지 말고
4. 한 교회에 등록했으면, 할 수만 있으면 주님 나라에 갈 때까지 한 교회를 섬기는 '자가自家 교인'을 주님은 원하실 것입니다.

하나님이 정해주신 교회와 정해주신 자리에서 자원하는 마음으로 감사와 기쁨과 찬양으로 하나님을 높이는 정성이, 올바른 예배자의 모습이 아닌가 생각해 봅니다. 우리 모두가 올바른 예배자의 삶으로 주님께 영광을 돌렸던 아브라함의 가문처럼 주님께 영광 돌리며 시대를 이어가는 신앙의 '명문가'를 이루어 가기를 주님의 이름으로 축복합니다.

> 하나님은 영이시니 예배하는 자가 영과 진리로 예배할지니라
> [요한복음 4장 24절]

무엇이 문제입니까?

[에베소서 5장 21절]

어느 교회의 부흥회를 인도하던 중 식사 대접을 하는 집사님께서 교회 생활에 대한 고민을 상담했습니다.
- 이 교회는 어수선하고, 체계가 덜 잡혀서 먼저 교회에 비해서 참 힘들어요.

그래서 불평하는 집사님에게
- 목사님에 대한 신뢰도는 어떻습니까? 목사님을 통하여 은혜 생활을 하는 것은 어떻습니까?
- 아, 목사님은 너무 좋으세요. 말씀도 은혜스럽고 너무 좋아요.

그래서 이렇게 다시 물어보았습니다.
- 집사님은 신앙생활 할 때 조직과 행정이 중요합니까? 아니면 말씀과 은혜가 중요합니까?

이렇게 물었더니 멈칫하는 것이었습니다. 본인이 말했던 것이 뭔가 걸리는 것이 있다는 눈치였습니다. 그래서
- 집사님, 어느 교회든지 행정이 다 똑같지 않습니다. 어느 교회든 치리治理가 다 똑같지도 않습니다. 목사님마다 색깔이 다를 수 있고, 교회마다 다를 수 있습니다. 그러니 십자가만 바라보며 교회 생활하는 것은 어떨까요?

어떤 이들은 '저 교회는 선교의 열정이 있는데, 왜 우리 교회는 선교의 열정이 없느냐'며 불만이고, 어떤 이들은 '저쪽 교회는 지역의 독거노인들이나 가장 청소년들을 돕는데 우리는 돕지 않느냐'며 불평하는 사람들을 봅니다. 생각해 봅시다. 저 교회 목사님이 선교의 열정이 있다면 하나님이 그 교회에 주신 사명이 '선교적 사명'인 것이고, 저쪽 교회가 지역 주민을 위한 열정이 있다면 하나님은 그 목사님을 통하여 그 교회에게 주신 사명이 '로컬Local 사명'인 것입니다. 다 똑같지 않습니다. '우리는 이런데 저쪽은 왜 그

럴까', '저쪽은 그러는데 우리는 왜 이럴까'라고 생각할 필요가 없습니다. 한 가지 분명한 것은 교회가 복음에서 빗나간 것이 아니라면 내가 맞춰 가면 됩니다. 어차피 어디를 가도 내 맘에 백프로 흡족한 교회는 없습니다. '그것이 좋아서 가보면 또 다른 것이 부족하고, 또 다른 것이 좋아서 가보면 또 다른 것이 부족하다'고 여기는 것이 인간의 모임이고, 단체고, 그것이 바로 사람 사는 조직이기 때문입니다.

퇴색된 복음이 아니라면, 목사님이 가는 길이 잘못된 길이 아니라면 순종하고 따라가길 권면합니다. 그것이 현명한 길이고 그것이 편한 길이기 때문입니다. 내 마음에 딱 맞는 교회는 없습니다. 나 역시 누군가에게 100% 맘에 드는 삶의 주인공은 아닙니다. 신앙 공동체 생활을 하면서 갈등 구조가 생길 수 있습니다. 그것이 조직이고 인간관계입니다. 분명한 것은 내 기준과 내가 생각하는 가치가 모두 100점 만점이고 옳은 것이 아니라는 것입니다.

기억합시다! 강단에서 선포되는 복음이 잘못되고, 강단에서 선포하는 목사님의 행실이 잘못된 것이 아니라면 따라가야 합니다. 어느 교회든 내 맘에 꼭 맞을 수 없습니다. 그리고 순종합시다! 어느 누구도 다 내 맘에 들어 순종하는 것이 아닙니다. '만장일치'라는 말이 있습니다. 만장일치는 모든 사람이 100% 다 좋아한다는 뜻은 아닙니다. 때로는 그중에 싫은 사람도 있을 것입니다. 그런데 좋은 편, 더 나은 편을 따라가서 만장일치가 되는 것입니다. 오늘도 신앙생활을 하면서 교회 생활에 만장일치의 편을 따라가는 귀한 일꾼들이 되기를 주님의 이름으로 축복합니다.

> 그리스도를 경외함으로 피차 복종하라
> [에베소서 5장 21절]

[신명기 28장 1절]

조건보다 갖춤입니다

신명기 28장은 일반적으로 축복장祝福章이라고 합니다. 그런데 신명기 28장에는 '축복'의 내용만 있는 것이 아니고, '저주'의 내용도 있습니다. 다시 말해 '이렇게 하면 네가 가는 곳마다 복이 임할 것이고, 이렇게 살면 너로 인하여 네 주변과 네가 가는 곳에 저주가 임할 것이다'라고 기록되어 있는 것입니다. 그런데 사람들은 이상하게도 축복의 내용만을 중점적으로 기억합니다. 자기가 듣기 좋은 말만 골라 듣고, 자기가 기억하고 싶은 것만 기억하는 것이 사람이라는 말도 있지 않습니까? 놀라운 것은 신명기 28장에 기록되길 '내가 오늘 네게 명령하는 그의 모든 명령을 지켜 행하면'[신명기28:1]이라고 하는 '조건'입니다. 즉, '여호와께서 말씀하신 율례와 법도와 규례를 잘 지켜 행하는 자는 네가 성읍에서도 복을 받고, 들에서도 복을 받고, 네 소생이 복을 받고, 소와 양의 새끼가 복을 받고, 떡 반죽 그릇이 복을 받고, 들어와도 나가도 복을 받는다'[신명기28:3-11]고 기록되어 있습니다.

복이 임한다는 것은 좋은 조건이나 상황이 좋은 곳에 있기에 복을 받는 것이 아니라 '내가 복이 있는 자로 갖추어진다면 복이 임한다'는 말씀입니다. 다시 말해 '내가 복 있는 자로 잘 갖추어지면 세상 어느 곳에 있든 내가 있는 곳에 복이 임한다'는 뜻입니다. 내 자손들이 복을 받고, 내게 속해 있는 새끼 가축들까지도 복을 받는다는 것이며, 먹을 양식까지도 복을 주신다는 것입니다. 이는 어떤 '환경 조건'이 아닌 내 '갖춤 조건' 때문에 하나님은 복을 주신다는 뜻입니다.

그런데 이렇게 하면 복이 올 것이라는 미신적인 경우도 보았습니다. 일반 지상파 방송이나 케이블TV를 통해 풍수지리에 관련된 사람들이 나와 '이런 걸 걸어놓으면 복이 오고, 저런 걸 갖다 놓으면 복이 온다'는 말에 믿음의 사람들도 거기에 현혹되어 휘둘리고 있는 것이었습니다. 어느 날 심방을 가보니 해바라기 액자가 걸려 있고, 해바라기 꽃이 항아리에 꽂혀 있었습니다. 그 교인이 운영하는 식당과 여러 영업장소에도 똑같이 해바라기 꽃을 꽂아 놓고, 액자도 걸어놓았습니다. 또 어떤 집에는 부엉이 인형이 있고, 코끼리 인형이 있었습니다. 궁금해서,

- 집사님, 왜 이런 것들이 있습니까?
- 풍수지리 하는 사람이 TV에 나와서 말하는데 이런 것을 걸어 놓으면 복이 온다고 해서요!

그 해바라기 꽃을 만든 분이 하나님이십니다. 그 코끼리를 지으신 분도 하나님이시고, 그 부엉이를 만드신 분 역시 하나님이십니다. 그것들로 인해 복 받을 거라면 그걸 만드신 분을 믿는 자에게는 얼마나 더 큰 복을 주시겠습니까.

하나님이 '복의 근원'이십니다. 하나님은 '복을 주시는 분'이십니다. 그분의 마음에 들도록 내가 갖추어 살아간다면 하나님은 그 자리에 복을 허락해 주실 줄 믿습니다. 어떤 상황을 탓하기보다 어떤 조건을 찾기보다는 내가 복 있는 자의 갖춤을 잘 갖추기만 한다면 하나님은 우리에게 복을 주실 것입니다. 신명기 28장에 있는 '약속의 복'이 임하도록 잘 갖추어진 내가 되어 하나님이 주시는 복을 직접 경험하고 간증하는 주인공이 되기를 주님의 이름으로 축복합니다.

> 네가 네 하나님 여호와의 말씀을 삼가 듣고
> 내가 오늘 네게 명령하는 그의 모든 명령을 지켜 행하면
> 네 하나님 여호와께서 너를 세계 모든 민족 위에 뛰어나게 하실 것이라
> [신명기28장1절]

당신은 어떻습니까?

[요한복음 13장 34-35절]

아시아 최초의 노벨 문학상 수상자이기도 한 인도의 시인 타고르에 관한 이야기입니다. 어느 날 자기 집에서 청소를 하고 시중도 드는 하인이 와야 될 시간에 오지 않았습니다. 한 시간이 지나고, 두 시간이 지나고, 세 시간이 지났는데도 오지 않자 타고르가 직접 빗자루를 들고 마당을 쓸고 있는데, 하인이 헐레벌떡 뛰어 들어오면서 주인의 손에 있는 빗자루를 빼앗으려 했습니다. 이미 화가 나 있었던 타고르는 빗자루를 내동댕이치면서 '이런 식으로 일할 거면 우리 집에서 나가!'라고 야단을 쳤습니다. 그러자 그 하인이 고개를 떨구며 연신 죄송하다며, '어제 딸이 죽어 장례를 치르느라 늦게 오게 되었다'며 눈물을 흘렸습니다. 그 상황을 겪은 타고르는 이렇게 썼습니다. '내 입장에서 타인을 배려하지 않고 판단하는 것이 얼마나 큰 죄악인가를 깨닫게 되었노라.'

지금은 교통약자 지정석이 있어 보기 쉽지 않은 광경이지만, 몇 해 전에 버스를 탔을 때의 일입니다. 젊은이가 앉아있는 자리 앞으로 연세 드신 분이 앞에 섰습니다. 그런데 젊은이가 자리를 안 비켜주니까 주변 사람들의 시선은 '젊은 사람이 비켜줄 만도 한데 어떻게 저렇게 앉아 있을까!'하는 따가운 눈총이었습니다. 그러자 그 영감님이 큰 소리로 이렇게 말을 합니다.
- 젊은이, 노인네가 탔으면 자리에서 일어날 줄도 알아야지!
노인의 핀잔을 들은 젊은이는 미안하다는 듯이 어렵사리 자리에서 일어났습니다. 그런데 일어나는 걸 보니 다리가 불편한 청년이었습니다. 그 청년은 일어나기 싫어서 일어나지 않은 것이 아니라 다리에 장애가 있어서 그나마 그 자리도 누군가 양보를 해 줘서 앉았던 것이었습니다. 그런데 그걸 모르는 사람들의 시선은 한결같이 '젊은이가 싹수도 없다. 싸가지 없는 놈이다.'

이런 표정들을 하고 보았던 것이었습니다.

어렸을 때 어머니로부터 받은 교훈 중에 지금도 머릿속에 쟁쟁하게 울리는 것이 있습니다. '역지사지!' 易地思之 '항상 입장 바꿔 생각하라'는 말씀이었는데 쉽게 말하면 이런 이야기입니다.
- 엄마, 저 아줌마는 왜 저래? 저 아저씨는 왜 저래?
그렇게 말을 하면 어머니가 이렇게 말씀을 하셨습니다.
- 왜? 네가 볼 때 저런 모습이 안 좋게 보이니?
- 네, 저건 안 좋은 거잖아요.
- 그래, 저분이 저렇게 하는 것을 네가 보기에도 안 좋게 보이듯 네가 저렇게 할때 남도 너를 안 좋게 본단다. 그러니까 저런 걸 흉보지 말고, 너는 저러지 않도록 항상 조심해야 한단다.

그렇습니다. 자기를 돌아보지 못하고 너무 쉽게 내 편에서 남을 판단하고, 너무 쉽게 남을 정죄하는 우리들의 모습을 보게 됩니다.

내 기준에서 남을 보지 맙시다. 너무 쉽게 내 기준으로 남을 판단하지도 맙시다. 믿음의 사람이 다르다는 것이 무엇입니까? 주님의 눈으로 세상을 보고, 주님의 눈으로 세상을 품어야 합니다. 그것이 믿음의 사람이고, 그것이 믿는 사람의 마음이 아닐까요? 내 잣대를 버리고 주님의 마음을 가져야 합니다. 내 잣대를 포기하고 주님의 눈을 가져야 합니다. 그러한 마음을 품은 우리에게 기쁨과 행복이 충만하길 주님의 이름으로 축복합니다.

> "새 계명을 너희에게 주노니 서로 사랑하라 내가 너희를 사랑한 것 같이 너희도 서로 사랑하라 너희가 서로 사랑하면 이로써 모든 사람이 너희가 내 제자인 줄 알리라
> [요한복음13장34-35절]

[베드로전서 1장 21절]

그 믿음이 진짜입니다

1991년 3월, 폭설이 쏟아지는 미국 캘리포니아에서 운전을 하고 가던 노부부가 길을 잃었습니다. 이들은 길을 찾는다는 게 점점 깊은 산으로 들어가다가 눈 속에 갇혔습니다. 이들은 두 달 후에 시신으로 발견되었습니다. 남편은 75세이고, 아내는 68세였습니다. 사망자의 차에서 그 부인이 썼던 메모가 발견되었습니다. 일기 형식으로 쓰여진 글은 언론에 공개되었고, 많은 사람들에게 큰 감동을 주었습니다.

○○월 ○○일

- 아들, 딸들아 너희를 사랑한다. 지금 우리는 깊은 산 중에 갇혀 있단다. 밖에는 많은 눈이 내리는데 그 모습이 참 아름답구나. 우리가 언제 여기서 나갈지는 모르겠지만 우리가 너희를 많이 사랑하고 있다는 것을 기억해다오. 그리고 손자와 손녀에게 많이 사랑한다고 전해주렴.

○○월 ○○일

- 지금 여기는 매우 춥구나. 기름이 얼마 남지 않아 두어 시간에 한 번씩 한 5분 정도 시동을 걸어 히터를 틀었다가 끄고 하는 시간이 반복되고 있구나. 얼마 남지 않은 기름이 이제 다 떨어지면 우리는 어떻게 될지 모르겠구나.

○○월 ○○일

- 어제는 찬송가를 많이 불렀고, 성경을 많이 읽었단다. 이제 우리의 모든 것을 주님께 맡기고 나니 마음이 평온하구나. 너희 남매들은 서로 우애하며 즐겁게 살아가기를 바란다.

○○월 ○○일

- 어젯밤 7시 30분에 너희 아빠는 주님 곁으로 갔단다. 이제 나의 시간도 얼

마 남지 않은 것 같구나. 지금 이 글을 쓰는 내 눈은 잘 보이지 않는단다. 우리 아들, 딸들, 손자, 손녀 모두 다 사랑한다. 그리고 나의 마음은 지금 최고로 평안한 시간을 갖고 있구나…

이 글을 읽으면서 죽음이 기다리고 있는 극한 상황 속에서도 그렇게 평안하게 그리고 담담하게 현실을 받아들이는 그 노부부의 믿음이야말로 진정한 믿음이라는 생각을 했습니다. 오늘 나에게 이런 상황이 닥쳤을 때 나는 과연 어떤 마음으로 그 상황과 현실을 대처할 수 있겠습니까?

요즘 우리 교회에서 하나님이 주시는 복을 기대하려면 무조건 감사하라! 무조건 기뻐하라! 무조건 하나님이 하시는 일을 인정하고, 그분의 주권에 굴복하라고 강조합니다. 오늘 나의 현실이 어떻든 여기까지 도우시고 인도하신 '에벤에셀'의 하나님이 나의 남은 생애도 아름답게 인도해 가실 '여호와 이레'의 하나님이라고 믿을 때, 우리의 믿음도 그 노부부의 믿음처럼 많은 이들에게 감동을 줄 것이기 때문입니다. 신앙은 '하나님의 주권을 인정'하며 천국을 준비하여 하늘나라의 소망을 품는 것입니다. 그 믿음으로 우리 모두가 승리하기를 주님의 이름으로 축복합니다.

> 너희는 그를 죽은 자 가운데서 살리시고 영광을 주신 하나님을 그리스도로 말미암아 믿는 자니 너희 믿음과 소망이 하나님께 있게 하셨느니라
> [베드로전서 1장 21절]

[민수기 14장 27-30절]

끝까지 갑니다

신앙생활을 하다 보면 많은 사람을 만나게 됩니다. 특히 목회를 하다 보면 정말 많은 분을 대하게 됩니다. 그중에는 가슴이 찡한 성도들이 있고, 때로는 가슴을 찡하게 만들었던 성도들 가운데 갑자기 눈에 보이지 않는 이들도 있습니다. 그런 분들을 생각하면서 다른 교회라도 잘 다니길 기도합니다. 하지만 아예 주님을 떠나 예전 모습대로 살아가는 것을 보게 될 때가 있습니다. 그런 분들을 보면 이스라엘 백성들이 광야 40년을 거치는 동안에 가나안 땅을 눈앞에 두고도 들어가지 못하고 죽임을 당하던 그 모습들과 오버랩 됩니다.

하나님께서 이스라엘 백성들을 애굽에서 데리고 나오신 이유는 '광야에서 살게 하기 위한 것'이 아닙니다. 그들을 '가나안 땅에 들여놓기 위함'입니다. 그럼에도 그들은 광야에서 40년을 지내는 동안 가나안 땅에 들어가지 못하고 거기서 죽었습니다. 오직 '갈렙과 여호수아'라고 하는 지도자와 20세 미만 된 자들만 그 땅을 밟았습니다. 그런데 갈렙과 여호수아를 제외한 만 20세 이상 된 자들은 왜 못 들어갔을까요?[민수기16:29] 그들의 '불평' 때문입니다. 쉽게 말해 말 한마디 잘못한 것 때문에 '너희 말이 내 귀에 들린 대로 내가 행하리라'[민수기14:28] 하시는 하나님의 말씀이 그대로 임했기 때문입니다.

우리도 애굽에서 나온 삶입니다. 즉, '죄에서 건짐을 받았다'는 뜻입니다. 우리는 가나안 땅을 향해 가는 사람들입니다. 다시 말해 우리는 천국을 향하여 가는 순례자입니다. 광야 생활에서 닥치는 문제에 불평했다가 받았던 형벌처럼 지금의 우리도 버림받거나 억울한 죽임을 당하는 일이 없기를 바랍니다. 우리는 믿음의 사람이며, 하나님의 자녀들입니다. 입에 복을 담고, 끝까지 감사하며 살아가기를 소망합니다. 우리는 천국에 초대받은 자들입니다. 가나안 땅에 초대받은 자들입니다. 수고는 수고대로 하다가 말 한마디 잘못한 것 때문에 화가 되고, 입 한번 잘못 움직인 것 때문에 '벌'이 된다면 이 얼마나 억울한 일이겠습니까!

감사하는 자들이 있는가 하면 불평하는 자들도 있습니다. 하나님이 우리 편이라고 외치는 자가 있는가 하면 '그들에게 비춰지는 우리는 메뚜기 같다'[민수기13:33]라고 자기를 과소평가하는 이들도 있습니다. 그러나 우리는 절대 하나님 앞에서는 작은 자들이 아닙니다. 하나님이 우리와 함께하시는 한 우리는 세상과 마귀 앞에 당당하게 승리할 수 있음을 기억해야 합니다. 입으로 범죄 하지 말고, 감사로 씨를 뿌리고, 불평하는 자와 함께 짝짓는 자가 되지 말아야 합니다. 찬양으로 하나님께 영광 돌리는 삶을 통하여 천국에 이르기까지 당신의 입이 감사의 입이 되기를 주님의 이름으로 축복합니다.

> 나를 원망하는 이 악한 회중에게 내가 어느 때까지 참으랴 이스라엘 자손이 나를 향하여 원망하는 바 그 원망하는 말을 내가 들었노라 그들에게 이르기를 여호와의 말씀에 내 삶을 두고 맹세하노라 너희 말이 내 귀에 들린 대로 내가 너희에게 행하리니 너희 시체가 이 광야에 엎드러질 것이라 너희 중에서 이십 세 이상으로서 계수된 자 곧 나를 원망한 자 전부가 여분네의 아들 갈렙과 눈의 아들 여호수아 외에는 내가 맹세하여 너희에게 살게 하리라 한 땅에 결단코 들어가지 못하리라
> [민수기14장27-30절]

[역대상 16장 29절]

그 이름에 합당하게

어느 성도가 휴대폰 동영상을 보여주며 설명을 하는데, 반려견의 생일잔치 영상이었습니다. 그 속에는 여러 반려견과 그 주인들이 동석했는데, 이 아주머니는 콩콩이 엄마고, 이 아주머니는 해피 엄마, 이 아주머니는 쭈쭈 엄마라고 소개하며 그 강아지를 데리고 온 사람들을 가리켜 '강아지 엄마'라고 하는 것입니다. 그래서 내가 웃으면서 '아니, 이분들은 어떻게 하다가 강아지를 다 낳았대?' 그랬더니 자기도 말을 해놓고 우스운지 깔깔거리며 웃었습니다.

그런데 궁금한 것이 있었습니다. 1인분에 15만원이 넘는 호텔 뷔페에서 반려견 생일을 축하하겠다고 모였는데, 뒤이어 다가오는 성탄절을 맞는 그분의 정성은 어떠할까? 하는 거였습니다. 성탄절이 되어 그분이 얼마를 헌금 했는지 봤더니 3만원이었습니다. 지금 말하고자 하는 것은 헌금의 액수를 말하고자 하는 것이 아니기에 오해가 없기를 바랍니다. 그때 역대상 16장 29절에 있는 '여호와의 이름에 합당한 영광을 그에게 돌릴지어다'라고 하신 말씀이 생각났습니다. 반려견 생일에는 1인당 15만원이 넘는 뷔페에 대여섯 명이 모여서 먹었는데, 예수님의 생신이신 성탄절에 3만원을 헌금하는 것을 보고 이런 생각을 했습니다. '어떻게 예수님이 강아지만도 못한 대접을 받는지, 저 분이 정말 예수의 사람으로 그 이름에 합당한 영광을 돌리고 사는 분일까' 하는 의문을 갖게 되었습니다.

우리가 하나님을 우주의 주인이시고, 우리의 구원자이시고, 모든 왕 위의 왕이시고, 신들 위에 뛰어난 신이라고 믿고 인정한다면 그 이름에 합당한 예배를 드리고, 그 이름에 합당한 예물을 드리고, 그 이름에 합당한 섬김의 자세가 있어야 합니다. 오늘날 많은 사람들이 반려견에게 들이는 정성만도 못한 것을 주님께 드리는 자세는 주님을 섬기는 자세가 아닌 것입니다. 나도 반려견을 좋아합니다. 그러나 그것이 주님 위에 있어서도 안 되고, 그것이 주님보다 더 귀한 취급을 받아서도 안 된다는 뜻입니다.

하나님을 섬기는 자세는 무엇보다도 그분의 이름을 어떻게 인정하느냐에 따라 우리 삶의 자세가 분명히 달라질 것입니다. 그 이름에 합당한 영광을 돌리며, 그 이름에 합당한 예배를 드리며, 그 이름에 합당한 예물을 드리며, 그 이름에 합당한 헌신의 자세가 갖추어지는 기회가 되기를 주님의 이름으로 축복합니다.

> 여호와의 이름에 합당한 영광을 그에게 돌릴지어다
> 제물을 들고 그 앞에 들어갈지어다
> 아름답고 거룩한 것으로 여호와께 경배할지어다
> [역대상16장29절]

[열왕기하 3장 11절]

그런 사람을 가까이 하라

열왕기하 3장에 보면 북 왕국과 남 유다로 나뉘어진 분열왕국시대에 북 왕국 이스라엘의 왕은 '여호람'인데, 하루는 여호람 왕이 남 왕국 '여호사밧' 왕에게 이런 제안을 합니다. '우리가 함께 모압을 쳐서 저것들을 멸하자.' 왜냐면 매년 10만 마리 숫양의 양털과 어린양의 양털을 이스라엘에게 조공으로 바치던 '모압'이 선전포고를 했기 때문입니다. '이제부터 우리는 당신 나라에 조공을 바치지 않겠소!' 그러자 이스라엘 왕이 분개하여 유다왕 여호사밧에게 연합을 맺어 '저것들을 치자'고 제안하여 전쟁이 벌어집니다. 그런데 전쟁이 시작되자 문제가 생겼습니다. 비가 오지 않아 물의 근원이 말라버려 병사와 말이 일주일 동안 물을 먹지 못해 뙤약볕에서 모두가 죽게 될 상황이 되었던 것입니다. 이러다가는 이 전쟁에 패하겠다 싶을 때 여호사밧 왕이 '혹시 이곳에 하나님의 영에 감동된 주의 선지자가 없느냐?'고 물었습니다. 그래서 '엘리사'를 만나게 됩니다. 여호사밧 왕은 가장 위급할 때 세상 사람을 찾은 것이 아니고, 세상 방법이 아닌 하나님의 사람을 찾아 하나님의 방법으로 이 모든 문제를 돌파하고자 하는 의식이 있었던 것입니다.

코로나로 인한 형편을 물으면 하나같이 '어렵고 참 힘들다'고 합니다. 그러나 분명한 것은 하나님의 영으로 깨어있는 자에게는 '살아갈 길'이 열릴 줄로 믿습니다. 이 글을 읽는 여러분 중에서도 생활이 어려우신 분들이 있을 것이고, 갈 바를 몰라 어찌할지 모르는 분들도 있을 것입니다. 하나님은 지금도 일하고 계십니다. 그 일하시는 주님께 우리의 삶을 온전히 맡길 때 우리의 삶은 분명히 달라질 줄로 믿습니다. 제가 우리 교회에서 강조하는 말이 있습니다. '사람은 누구를 가까이하느냐에 따라 인생이 달라진다' 이는 '벼락 맞는 사람 옆에 있으면 같이 벼락을 맞고, 복 받을 사람 옆에 있으면 같이 복을 받는다'는 것입니다. 여호사밧 왕이 전쟁터에서 패할 수밖에 없는 사면초가에 있을 때 세상 방법으로 가지 아니하고, 하나님의 사람을 찾아가고, 기도하는 사람을 찾아갔을 때 그들에게 살길이 열렸던 것과 같은 상황인 것입니다.

하나님께로 다시 돌아가야 우리가 살고, 우리나라가 살고, 전 세계가 살길이 열리는 것입니다. 하나님을 만나야 합니다. 무릎을 꿇고 기도하면 하나님께서 우리를 만나주실 것입니다. 입술로만 기도할 것이 아니라 하나님을 더 가까이하고 전적으로 신뢰하며 의지해야 하는 것입니다. '전쟁은 하나님께 속한 것'[사무엘상17:47]이라고 말씀하셨습니다. 우리가 하나님께로만 향하면 승리의 삶으로 바꿔 이기게 하실 줄로 믿습니다. 여호사밧 왕은 어려울 때마다 하나님께 찾아갔고, 어려울 때마다 하나님의 사람을 찾아갔습니다. 오늘 우리나라에 지도자들이 어려운 일이 있을 때마다 여호사밧처럼 하나님을 찾고, 모든 교회가 어려울수록 하나님을 더욱 가까이한다면 하나님은 우리 민족과 우리나라를 긍휼히 여겨주실 줄로 믿습니다. 사람의 방법으로는 될 수 없습니다! 오직 하나님께서만 하실 수 있습니다. 하나님은 지금도 살아계시고, 하나님은 지금도 일하고 계시기 때문입니다. 하나님을 가까이합시다. 그리고 무릎을 꿇고, 하나님께 여쭤보며, 성령님께서 감동 주시는 대로 순종하며 살아갑시다. 반드시 하나님이 함께하심으로 승리하는 우리가 되기를 주님의 이름으로 축복합니다.

> 여호사밧이 이르되 우리가 여호와께 물을 만한 여호와의 선지자가 여기 없느냐 하는지라 이스라엘 왕의 신하들 중의 한 사람이 대답하여 이르되 전에 엘리야의 손에 물을 붓던 사밧의 아들 엘리사가 여기 있나이다 하니
> [열왕기하3장11절]

[누가복음 4장 1-2절]

광야

 '남들 보다 기도를 더 많이 하고 열심히 예배 생활도 하고, 교회 헌신도 누구 못지않게 하는데 나는 왜 어려운 일이 안 풀릴까요?'하는 사람을 만날 때가 있습니다. 그럴 때면 '예수님을 기억하세요. 예수님이 요단강에서 세례를 받을 때 성령이 비둘기같이 임하였습니다'[누가복음3:22] 그런데 예수님이 광야에 올라왔을 때 성령이 충만하였다고 탄탄대로가 기다리는 것이 아니었습니다. 누가복음 4장에 보면 성령 충만하여 물으로 올라오신 예수님을 기다리는 것은 평탄대로가 아닌 '광야의 시험'이었습니다. 그렇다면 예수님이 광야의 시험을 통해 우리에게 주시는 교훈이 있지 않겠습니까? 그것이 무엇일까요? 성령이 충만하여 광야에 올라오신 예수님께서도 광야에서 시험을 당하셨듯이, 오늘 우리가 은혜 충만하게 산다고 할지라도 광야의 시험은 피할 수 없다는 교훈이 아니겠습니까?

 예수님께서는 성령 충만하게 세례를 받고 물으로 올라오셨습니다. 일반적으로 생각하면 성령과 은혜가 충만했을 때는 있었던 문제도 해결되어야 할 텐데 성경은 그렇게 기록하지 않고 않습니다. 기억하십시오. 우리에게 성령이 충만하고 기도가 충만하고, 믿음이 충만하고, 예배가 충만하고, 헌신이 충만하다고, 광야를 비껴갈 수는 없습니다. 즉, 세상을 살아가고 있는 한, 누구도 광야의 시험을 피할 수 없다는 말입니다. 기도 생활을 많이 한다고, 예배 생활을 바르게 잘한다고, 오늘도 교회를 위해 헌신한다고 나에게서 광야 시험이 피해 가지 않습니다. 하지만 그 어떤 광야의 시험도 이길 한 가지 길이 있다는 것을 기억하십시오. 누가복음 4장 1절은 '예수님께서 성령이 충만하여 올라오셨는데 광야를 가셨다'라고 합니다. 그런데 광야에 왜 가셨을까요? 시험받으러 가셨습니다. 그 광야의 시험을 누구도 이기지 못했는데 예수님은 이기신 것입니다. 이유는 딱 한 가지입니다. '사십일 동안 성령에 이끌리시며'[누가복음4:1], 그렇습니다. 성령에 이끌림 당하여 능히 이기셨다는 것을 기억해야 합니다.

성령 충만 받는 것은 중요합니다. 그런데 성령 충만 받는 것으로만 끝나면 안 됩니다. 성령에 이끌리는 삶 속에서 성령이 이끌어 주시는 대로 반응하며 살아갈 때, 시험도 이기게 될 줄로 믿습니다. 오늘날 많은 성도와 젊은 이들이 사회생활을 하는 가운데 '왜 신앙인으로서 흔들리는 것일까요? 왜 많은 사람이 신앙인임에도 불구하고 떳떳하지 못한 일로부터 피하지 못하고 있는 것일까요?' 그 이유는 성령에 이끌려 사는 자가 되지 못했기 때문입니다.

예배 생활에 빠지지 않는 것도 중요합니다. 교회에 헌신하는 것 또한 중요합니다. 그러나 그보다 더 중요한 것은 시험에 들지 않고 승리하는 방법을 아는 것입니다. 누구나 광야 같은 세상을 살아갑니다. 그렇다면 광야의 시험을 이길 방법은 있을까요? 확실히 있습니다! '성령에 이끌려 가면' 됩니다. 우리 모두가 성령에 이끌리어 이 광야 같은 세상에서 승리자가 되기를 주님의 이름으로 축복합니다.

> 예수께서 성령의 충만함을 입어 요단 강에서 돌아오사
> 광야에서 사십 일 동안 성령에게 이끌리시며 마귀에게 시험을 받으시더라
> 이 모든 날에 아무 것도 잡수시지 아니하시니 날 수가 다하매 주리신지라
> [누가복음4장1-2절]

[예레미야 29장 12-13절]

희망을 주는 것

코로나로 모두가 힘든 시간을 보내고 있습니다. 길을 가다 보면 음식점 탁자 위에 의자를 올려놓고 띠를 둘러놓은 모습을 볼 때가 있습니다. 또 가게에 손님이 한 명도 없이 그저 주인과 종업원이 의자에 앉아서 턱을 받치고 있는 모습을 보면 참으로 가슴이 아픕니다. 코로나가 세계에 끼친 영향은 커다란 재앙입니다.

그런데 하나님은 '너희를 향한 나의 생각을 내가 아나니 평안이요, 재앙이 아니니라 너희에게 미래와 희망을 주는 것이니라'[예레미야29:11]고 하십니다. 나는 이 말씀을 읽으며 항상 우리 성도들과 나 자신에게도 이런 말을 합니다. '하나님은 절대로 손해 볼 일을 하지 않으시는 분이다' 오늘 나에게 어려운 문제가 왔고, 오늘 나에게 뭔가 풀리지 않는 문제로 기도할 때 성도들이 '하나님, 이렇게 되면 하나님 망신, 나 망신, 다 망신시키는 일이니 빨리 이루어 주세요' 라고 하나님 앞에 넋두리 반, 아양 반의 기도를 하는 분들이 있다는 소리를 들을 때가 있습니다. 그러나 잘 생각해 보십시오. '사람의 머리털까지도 세시는'[누가복음12:7] 하나님이 오늘 우리가 당하고 있는 이 모든 것을 모르고 계시겠어요? 그리고 그것을 다 알고 계시는 분이 지금도 가만히 계시는 것은 그 속에 무엇인가 계획과 뜻이 있어서 지금 이 시간을 우리가 경험하고 지나도록 하실 거라는 생각은 안 해보았습니까?

모두가 죽을 지경이라고 하는 이러한 시국에, 하나님은 우리에게 어떤 것을 원하시고 계실까요?
- 그럼에도 불구하고 기도가 파괴되지 않는 것!
  그럼에도 불구하고 하나님을 의지하며 하나님의 사람으로 경건하게 살아가는 것!
- 그럼에도 불구하고 죽을 맞이라고 하는 소리보다는 살게 하실 주님을 바라보며 희망을 선포하는 것!

갖가지 형편과 상황 속에서 믿음의 사람들에게 원하시는 하나님의 뜻이 있다고 믿습니다. 말씀을 되짚어 봅니다. 우리를 향한 생각은 하나님이 더 잘 알고 계십니다. 그런데 아이러니하게도 지금 우리는 죽을 지경이라고 하는데도 우리를 향한 하나님의 생각은 '평안이요, 미래와 희망을 주는 것'입니다. 예를 들면 아브라함이 그의 나이 백세에 얻은 이삭을 하나님 앞에 바치라고 할 때 그는 주저함 없이 갔습니다. 물론 아브라함 편에서는 죽기보다도 힘든 고통이 따랐을 것입니다. 그런데 놀라운 것은 하나님은 아브라함이 생애 최고로 고통스러운 상황에서 순종할 때, 그 뒤에 양을 준비해 놓고 계셨다는 것입니다.

하나님이 나에게 어떤 과정을 통과하라고 하실 때, 기쁘지 않더라도 기쁨으로 통과하십시오. 왜냐하면 그 과정을 통과하기만 하면 그다음을 책임져 주시는 하나님이시기 때문입니다. 이삭을 바치라고 한 뒤에 양을 준비해 놓으신 그 하나님이 우리 아버지이십니다. 그 하나님이 말씀하시길 '우리를 향한 생각은 평안'이라고 하십니다. 이 과정을 잘 통과하여 하나님이 주시는 평안과 희망의 축복이 우리 모두의 것으로 간증 되기를 주님의 이름으로 축복합니다.

> 너희가 내게 부르짖으며 내게 와서 기도하면 내가 너희들의 기도를 들을 것이요 너희가 온 마음으로 나를 구하면 나를 찾을 것이요 나를 만나리라
> [예레미야29장12-13절]

[마태복음 6장 30-32절]

하나님을 우선하라

예수를 믿는 기독인들의 소망 중 하나는 어떻게 하면 하나님 앞에 인정을 받을 수 있을까, 어떻게 하면 하나님께 인정받는 삶을 통하여 복된 가문을 이루며 살 수 있을까 하는 것이겠지요. 이에 대해 성경은 이렇게 가르쳐 주고 있습니다. '너희는 먼저 그의 나라와 그의 의를 구하라 그리하면 이 모든 것을 너희에게 더하시리라'[마태복음6:33] 여기서 말하는 '이 모든 것'은 무엇을 지칭하는 것일까요? 그것은 '무엇을 먹을까? 무엇을 마실까? 무엇을 입을까?'[마태복음6:31]입니다. 그것은 이방 사람들이 구할 일이지 믿음의 사람들이 고민할 일이 아니라는 것입니다. 무엇을 먹을까? 무엇을 마실까? 무엇을 입을까? 고민에 빠져 있다면 세상 사람과 다를 바 없다는 뜻입니다. 그러니 이제부터 믿음의 사람들은 차원이 다른 고민을 하여야 합니다. 주님께서 '너희는 먼저'라고 말씀하십니다. 성경은 '그의 나라' 즉, '하나님의 나라'를 위하여 어떻게 살 것인지, 하나님의 뜻을 위하여 어떻게 살 것인지, 모든 생각과 계획과 행동이 하나님을 최우선으로 하는 고민을 하다 보면 우리의 삶의 질이 달라지고, 하나님이 주시는 복이 달라진다고 말씀하고 있습니다. 그럼 무엇을 먼저 하라는 것일까요? 생각하는 모든 것을 하나님의 뜻에 맞추라는 것입니다. 왜냐하면 사람은 무엇을 생각하느냐에 따라 마음에 품고 있는 생각이 행동으로 옮겨지기 때문입니다.

내가 목회자로 부름을 받았을 때 하나님께서 제일 먼저 주신 비전이 '선교'였습니다. 그래서 선교에 집중된 생각을 갖고 기도를 하다 보니 모든 순간과 모든 계획이 선교에 포커스가 맞춰졌습니다. 결국 생각이 나를 계획하게 하고, 계획된 것이 나를 행동으로 옮기게 한 것입니다. 우리 교회 성도들이 '우리 담임목사님은 선교에 미치셨어'라고 합니다. 심지어 주변에 지인 목사님들도 '선교에 미쳤다'고 합니다. 내가 왜 이렇게 선교에 미쳐 있을까요? 그것은 하나님이 주신 비전에 따라 내 생각이 장악을 받고, 그러한 생각이 꽉 차 있으니까 모든 목회 계획도 선교에 맞춰진 것입니다.

먹고, 마시고, 입을 것에 대하여 고민하지 말고 어떻게 하면 하나님을 기쁘게 해 드릴까? 어떻게 하면 하나님의 뜻을 이루고, 그분의 기쁨이 되도록 살 수 있을까? 하는 하나님을 향한 고민으로 바꾸어 보시기 바랍니다. 하나님을 우선하는 삶으로 바뀌고 나면 성경의 약속처럼 무엇을 먹을까, 마실까, 입을까 하는 것은 하나님이 알아서 채워주시는 것입니다. 하나님을 우선하여 '더 주시는 축복'을 받아 누리는 우리 모두가 되기를 주님의 이름으로 축복합니다.

> 오늘 있다가 내일 아궁이에 던져지는 들풀도 하나님이 이렇게 입히시거든
> 하물며 너희일까보냐 믿음이 작은 자들아 그러므로 염려하여 이르기를
> 무엇을 먹을까 무엇을 마실까 무엇을 입을까 하지 말라
> 이는 다 이방인들이 구하는 것이라 너희 하늘 아버지께서
> 이 모든 것이 너희에게 있어야 할 줄을 아시느니라
> [마태복음6장30-32절]

[로마서 3장 10-12절]

누구의 눈높이인가?

어느 상담 프로그램을 통해 한 분이 상담하러 왔습니다. 어느 교회의 집사라며 자신을 밝힌 그분의 상담 내용은 모두 교회에 대한 불평과 목사님에 대한 불만이었습니다. 그래서 이렇게 말했습니다.

- 집사님의 말씀을 다 듣고 종합해 보니깐 극히 개인적인 기준이지 성경적으로나 주님 편에서 볼 때 목사님이 목회자로서 목회를 못 할 만큼 흠이 있거나 교회가 복음에서 빗나간 것도 아닌 것 같아요. 다시 말하면 집사님 맘에 안 드는 것이지 그 목사님이나 교회가 주님 마음에 안 드는 것은 아닌 것 같아요. 그러니 집사님의 마음에 드는 교회나 목사님을 만나고 싶다면 돈을 많이 버세요. 그리고 교회도 하나 잘 지으세요. 그래서 맘에 드는 목사님을 모셔다가 매달 넉넉하게 사례비를 드리고 그러다가 맘에 안 들면 바꾸세요. 그러다 보면 집사님 맘에 드는 목사님을 언젠가 만나게 될 거예요. 그러나 그분도 오래가지는 못할 것 같아요.

그렇게 말했더니 부끄러웠는지 고개를 숙였습니다.

- 집사님, 최고로 좋다고 소문난 교회도 누군가는 싫다고 떠나기도 하고 이 세상에 아무리 훌륭하다고 하는 목사님도 누군가는 불평하는 사람이 있다는 것을 아세요? 세계적으로 유명한 목사님, 우리나라에서 존경받는 목사님, 그 목사님들도 보십시오. 사람 사는 세상은 다 똑같습니다. 집사님 마음에 드는 교회나 목사님을 만나려고 하지 말고, 주님의 마음에 합당한 목사님과 교회를 만나도록 기도하십시오. 그리고 집사님 마음에 드는 목사님을 찾지 말고 주님께서 마음에 드는 목사님이라면 그저 순종하시고 기쁘게 신앙생활 하면 어떨까요?

- 목사님, 부끄럽습니다. 지금까지 내가 불평했던 것들이 다, 내 눈높이였나 봐요!

- 그래요 집사님, 지금 말씀하신 것처럼 어떤 불만이나 불평거리가 있을 때에 내 눈높이로 보지 마시고 주님의 눈높이로 보십시오. 내 생각과 내 기준으로 판단하지 말고, 말씀에 기준하여 판단하시면 분명히 해답이 나오게 될 겁니다. 내가 볼 때 그 목사님은 주님의 마음에 벗어난 분이 아닙니다. 말씀에서 벗어난 분도 아닙니다. 집사님의 마음에 안 드는 것일 뿐입니다. 기억하시길 바랍니다. 앞으로도 집사님 마음에 100% 흡족한 교회나 목사님은 없을 것입니다. 지나고 보십시오. 마음에 드는 목사님, 마음에 들었던 그 성도님도 얼마 지나고 나면 '이 사람이 이럴 줄 몰랐네, 저 목사님이 저럴 줄 몰랐네' 그럴 때가 오게 됩니다. 왠지 아십니까? 사람은 누구라도 100점짜리가 없기 때문입니다. 내 눈높이로 보지 마시고, 주님의 눈높이로 보십시오! 해답은 거기에서 나오게 될 줄로 압니다.

그리고 이렇게 덧붙였습니다.

- 집사님, 교회 생활할 때 성도와의 관계 속에서 내 맘에는 안 들어도 주님 맘에 드는 사람이 있을 것입니다. 반대로 내 맘에는 들어도 주님의 마음에 안 드는 사람이 있을 수도 있을 것입니다. 그렇다면 내 맘에 드는 목회자, 내 맘에 드는 사람을 찾으려고 하지 말고 주님의 마음에 드는 자, 주님의 마음에 꼭 합한 자라면 그저 같이 협력하며 생활하길 권면합니다. 그 길이 천국 길이고, 그 길이 상급 있는 길이고, 그것이 화평을 이루는 삶인 줄로 믿기 때문입니다. 집사님이 눈높이를 바꾸면 됩니다.

나에게 맞추고 살았던 눈높이를 주님의 눈높이, 말씀의 눈높이에 맞춰 사는 우리 모두가 되기를 주님의 이름으로 축복합니다.

> 기록된바 의인은 없나니 하나도 없으며 깨닫는 자도 없고 하나님을 찾는 자도 없고
> 다 치우쳐 함께 무익하게 되고 선을 행하는 자는 없나니 하나도 없도다
> [로마서3장10-12절]

순종

진정한 순종이란
내가 좋아하는 일만 하는 선택적인 것이 아니라
주님이 기뻐하시고 원하시는 일이기에 하는 무조건적인 것이다.

[여호수아 7장 11절]

제자리로 돌려놔라

　읽었던 책 중에 은혜받은 책이 있습니다. '토미 테니'Tommy Tenney가 쓴 <하나님의 유턴>이라는 책입니다. 책을 읽다 보면 나를 돌아보기도 하고, 새로운 걸 깨닫기도 하고 배우기도 하는데 이 책에서 얻은 큰 감동을 같이 나누고자 합니다. 그것은 많은 사람이 자기 것이 아닌 것에 손대고, 자기 것이 아닌 것을 취하려 하고, 자기 몫이 아닌 것에 욕심을 부리다가 하나님께 미움을 받아 받을 복조차 놓치는 경우가 있다는 내용이었습니다. 더불어 하나님께서는 내게 있는 모든 것을 하나님께 맡기면 내가 맡긴 모든 것을 하나님께서 책임져 주신다는 내용입니다. 그런데 사람들이 왜 실수를 하는가 하면 하나님이 하나님의 몫으로 구분하라고 하신 것을 사람들이 취하려 하기 때문입니다. 내 것이 아닌 하나님의 몫으로 구별한 것에 대하여 손대지 말고 욕심부리지 말아야 합니다. 또한 그것을 가지려고 하지도 말고, 취하기 위하여 교묘한 방법을 쓰지도 말고, 그것을 취하여 자기 영광으로 삼으려고도 하지 말아야 합니다. 그 모든 것이 내 것이 아니고 하나님의 것으로 구분한 것이었는데, 내 것으로 취하려고 욕심을 부렸다면 그것을 다시 '제자리'로 돌려놓아야 합니다. 비로소 그때 평안의 은혜를 입게 된다는 내용입니다.

　사람들은 때론 욕심을 부리고 내 것이 아닌 것을 취하기 위하여 손을 대기도 합니다. 그것을 취하기 위하여 교묘한 방법을 쓰기도 합니다. 또 그것을 하나님의 영광이 아닌 자기의 부귀영화를 위하여 사용하려는 자들이 있습니다. 그래서 우리는 항상 나를 돌아보며 살아야 합니다. 욕심을 부리고 있는 것은 아닌지, 하나님의 것으로 구분해 놓은 것을 내가 손대려 하지는 않는지, 하나님께서 손대지 말라고 하는 것을 내가 임의로 사용하고 있지는 않았는지, 그것을 취하기 위하여 교묘한 방법을 쓰거나 또 그것을 통하여 내 영광으로 삼고 있었던 것은 아닌지 생각하며 살아야 합니다.

성경은 어떤 것에 손대지 말아라. 전리품에 손대지 말아라. 십일조에 손대지 말아라. 주님의 거룩한 날을 임의로 쓰지 않도록 우리에게 명령하셨습니다. 혹시 그렇게 명령하신 일에 대하여 사사로운 방법으로 잘못 쓴 일들이 있었다면 빨리 그것을 제자리로 돌려놓아야 합니다. 왜냐하면 그것들이 제자리로 돌아갈 때 우리의 삶 속에는 진정한 평안이 있을 것이고, 하나님과의 관계 속에서 하나님이 주시는 평안의 복만 아니라 약속하신 우리가 누려야 될 복의 열쇠가 그 속에 담겨있기 때문입니다.

되돌려 놓아야 합니다!

하나님께서 하나님의 몫으로 구분하는 것은 제자리로 돌려놓아야 합니다. 혹시 잘못 취한 것이 있었다면 제자리로 가져다 놓아야 합니다.

그 영광을 내가 취하고 있다면 하나님의 영광을 위하여 돌려놓는 삶이 되어야 합니다. 하나님과의 약속의 복, 평안의 복, 누림의 복이 우리 모두에게 임하기를 주님의 이름으로 축복합니다.

> 이스라엘이 범죄하여 내가 그들에게 명령한 나의 언약을 어겼으며
> 또한 그들이 온전히 바친 물건을 가져가고 도둑질하며 속이고
> 그것을 그들의 물건들 가운데에 두었느니라
> [여호수아 7장 11절]

살길이 있습니다

[요한복음 3장 14-15절]

'여호와께서 모세에게 이르시되 불뱀을 만들어 장대 위에 매달아라
물린 자마다 그것을 보면 살리라'

[민수기 21장 8절]

이스라엘 백성들이 광야에서 문제를 만날 때마다 불평했던 모습을 우리는 잘 알고 있습니다. 그중에 여호와께 불평을 하자 '불뱀'을 풀어 놓으시고, 불평하는 자들을 물게 했던 것도 알고 있습니다. 여호와께서는 불뱀으로 인한 죽음의 위기에서도 살길을 하나 열어 놓으셨는데 불뱀을 만들어 장대에 매달게 하신 것입니다. 그리고 그것을 보는 자마다 살게 될 것이라고 모세를 통하여 선포하게 하십니다. '여호와께서 말씀하셨다! 불뱀을 만들어 장대 위에 매달아라! 물린 자마다 그것을 보면 살 것이다!' 이렇게 모세는 백성들에게 외쳤습니다. 아이러니한 일이 벌어졌습니다. 보기만 하면 살 수 있다고 목이 터지게 외치는데도 백성들이 듣질 않습니다. 살 수 있는 길을 알려 주는데도 그 소리가 들리지 않는 것입니다. 보는 자는 살았습니다. 반대로 보지 않는 자는 불뱀에게 물려 죽었습니다. 모세가 외치는 소리를 못 듣는 자는 왜 그럴까요? 그것은 사방에서 불뱀들이 나를 물으려 한다는 두려움에 지배당하고 있기 때문입니다.

많은 사람이 '지금 내가 교회 다닐 때냐? 내가 예수를 믿을 때냐?' '먹고 살 만한 사람이 하는 소리지. 지금 숨쉬기도 버거울 정도로 힘든 일이 쌓여 있는데'라고 합니다. 이 말뜻은 상황이 어렵다는 것이고, 형편이 복잡하다는 항변입니다. 지금 내게 닥친 삶의 무게가 버겁다는 뜻입니다. 그런데 놀라운 것은 어떤 극한 상황에서도 '장대의 불뱀'을 보는 자들 모두가 살길이 있었다는 것입니다. 지금 당신에게 살 수 있는 길을 알려주는 소리가 들리나요?
- 예수를 믿어야 살 수 있습니다. 십자가만 보고 살아야 살 수 있습니다. 천국에 소망을 두고 살아야 살 수 있습니다.

흔히 '신세 편한 소리 하지 말라'는 말을 합니다. 그러나 신세가 복잡하기 때문에 그 장대에 매달린 불뱀을 봐야 합니다. 지금 형편이 어렵기 때문에 그 장대에 매달린 불뱀을 봐야 하는 것입니다.

오늘도 주님은 주의 종들을 통하여, 말씀을 통하여, 각종 매체를 통해 여러 가지 방법으로 우리에게 살길을 알려주십니다. 우리는 순종만 하면 됩니다. 형편과 상황을 뛰어넘고, 모든 문제를 뛰어넘어 주님만 봐야 합니다. 땅 위의 불뱀을 보는 자들에게는 장대의 불뱀은 보이지 않습니다. 땅 위의 불뱀을 보는 자들에게는 살길이 보일 수 없습니다. 살길이 보이고, 살 수 있는 소리가 들리는 복된 눈과 귀가 되기를 주님의 이름으로 축복합니다.

> 모세가 광야에서 뱀을 든 것 같이 인자도 들려야 하리니
> 이는 그를 믿는 자마다 영생을 얻게 하려 하심이니라
> [요한복음3장14-15절]

[마태복음 24장 42절]

그래서 미리 알려주신 것이다

한 성도가 이런 질문을 했습니다.
- 목사님, 성경에 보니까 예수님이 비유하는데 신랑을 맞이하는 처녀가 열 명이 있다고 하는데 그러면 한꺼번에 신랑이 열 명의 처녀한테 장가를 간다는 얘긴가요?

듣고 보니 그 얘기를 잘못 들으면 그렇게 오해할 수도 있겠다고 생각을 하게 되었습니다. 그런데 우리가 그 말씀을 이해하려면 그 지역의 결혼 문화를 먼저 이해해야 합니다. 그 지역의 결혼 문화는 신랑이 신부 집으로 결혼식을 하러 먼저 갑니다. 날짜만 정하지 몇 시에 도착한다는 시간은 정하지 않습니다. 그래서 신랑이 언제 올지 몰라 신부는 친구들과 함께 기다립니다. 그러다가 신랑이 온다는 소리가 들리면 신랑을 맞으러 신부는 옆에 있던 친구들과 같이 나갑니다. 그 신부의 들러리 친구가 열 명이 있었다는 것입니다. 그리고 신부 집에서 결혼식을 마치고 나면 신랑은 신부를 데리고 신랑 집으로 가서 잔치를 합니다. 이것이 그 지역 그 나라의 결혼 문화입니다. 신랑 한 사람이 한 번에 열 처녀한테 장가를 간다는 것이 아닙니다.

마태복음 25장의 이 비유에서 예수님 말씀은 친구 열 명이 신랑을 맞기 위하여 있었는데 다섯 명은 맞았고, 다섯 명은 그 신랑을 맞지 못했다는 것에 초점이 있습니다. 바꿔 말하면 신랑을 기다리는 그 자리에 열 명의 처녀가 있었는데, 다섯 명은 신랑과 함께 잔치 자리에 들어갔고, 다섯 명은 못 갔다는 뜻입니다. 그 뜻이 무엇인가를 깨달아야 합니다. 신랑을 기다린 건 열 명입니다. 그러나 같이 있던 그 열 명이 모두 신랑을 맞는 잔치 자리에 들어간다는 뜻이 아닙니다. 열 명 모두가 등을 들고 있었는데 등불이 모두 켜져 있던 것이 아니었습니다. 신랑과 함께 잔치 자리에 들어갈 때도 문이 항상 열려있는 것이 아닙니다. 문이 열려있을 때 들어가지 않으면 그 문은 닫힌 다는 뜻입니다.

예수님이 다시 오실 때, 예수님을 만날 자들이 교회 안에 있다고 무조건 다 만나지는 못합니다. '오늘 나에게 믿음이 있다'고 하더라도 주님이 오실 때에 그 잔치 자리에 다 들어갈 수 있는 '등을 켤 기름'이 있는 자들이 아니라는 뜻입니다. 항상 구원의 문이 열려있는 것이 아니라 언젠가는 그 구원의 문이 닫힌다는 뜻이기도 합니다. 그래서 열 처녀의 비유를 통하여 우리에게 주시는 말씀을 잘 깨달아야 됩니다. 마지막 때가 있다는 말씀이고, 문이 닫힐 때가 있다는 말씀이니 같은 무리에 있다고 다 똑같이 예수님을 맞는 것이 아니라 미리 깨어 준비하라는 말씀입니다. 등이 있다고 해서 함께 불을 켤 수 있는 것도 아닙니다. 그것 또한 미리 준비하라는 뜻입니다. 마지막 때에 문이 닫히는 것을 놓치지 말고, 미리 준비하여 신랑 맞을 준비를 하여야 합니다.

내 손에 등을 들고 있다고 마음을 놓아서는 아니 됩니다. 한 자리에 같이 있다고 마음을 놓아서는 아니 됩니다. 문이 지금 열려있다고 마음을 놓아서는 아니 됩니다. 그 문은 언젠가 닫힐 것입니다. 미리 그때를 대비하라고 우리에게 알려 주신 이유가 뭔지를 깨닫고, 아직 준비할 수 있을 때 그날을 준비하고, 잔치 자리에 문이 닫히기 전에 들어가서 그 영광된 자리를 함께 누릴 수 있는 주인공이 되기를 주님의 이름으로 축복합니다.

그러므로 깨어 있으라 어느 날에 너희 주가 임할는지 너희가 알지 못함이니라
[마태복음24장42절]

참 그렇군요

[로마서 8장 28절]

    우리 교회에서 부흥회가 있을 때의 일입니다. 강사님께 식사를 대접하고 싶다고 권사님 한 분이 간절하게 부탁을 해서 식당을 잡았습니다. 식당에 가서 앉자 그 권사님이,

- 목사님, 조금 더 고급 식당으로 가시지 왜 이런 데로 잡으셨어요?
- 요즘 권사님 형편 내가 다 알아요. 그래서 여기로 잡았는데 여기도 조용하고 괜찮아요.
- 목사님, 목사님은 성도들 형편을 너무 헤아리시는 것도 문제예요. 이젠 그러지 마세요. 제가 자식들 분가시키고 애들 생활이 어려울 것 같아서 돈이 드는 일은 당분간 하지 말라고 하고 보험료도 내주고 손주 유치원 비용도 당분간 내주겠다고 했어요. 그랬더니 애들 생활이 펴지는 게 아니라 그 돈으로 휴가랍시고 해외여행 가고, 이곳저곳 놀러 가더라고요. 생각해보니까 나만 약 오르는 거예요. 내가 그렇게 도와준 거는 조금이라도 빨리 자리잡고 본인들 생활 펴라고 한 건데 노력은 하지 않고 오히려 노는데 정신이 팔려서 자기들 하고 싶은 건 다 하더라고요. 그래서 너희들 보험료고 학원비 안 낼 테니까 너희들이 알아서 하라고 했어요. 그리고 앞으로 이것도 하고, 저것도 하고, 생일날도 찾아오라고 다 시켰어요. 교회에서도 마찬가지예요. 목사님 앞에서는 죽는 소리 하고 뒤에서는 자기 할 일들은 다 하고 있더라니깐요. 그러니까 목사님, 너무 성도들 형편 헤아려서 조심하지 마세요.

    가만히 생각해 보니 그 말에 고개가 끄덕여졌습니다. 자식들도 그렇고, 성도들도 그렇고, 형편이 어려워서 못 하는 것이 아니었습니다. 형편이 어려워도 할 사람은 하고 있었습니다. 당신은 어떻습니까? 하나님의 일을 할 때

형편이 핑계가 되고, 상황이 핑계가 되어 그것이 앞서고, 내게 주신 시간과 사명이 뒤로 물러서 있는지 돌아보는 시간이 되었으면 좋겠습니다.

코로나로 인한 작금의 세상, 형편과 상황이 좋지 않습니다. 정치적으로도 그렇습니다. 유행하는 전염병 때문에 더 위축될 수도 있겠습니다. 이런 생각을 해 보았습니다. 형편이 핑계가 되어 그 일을 안 하는 자가 있는가 하면, 그 형편을 뛰어넘어 그래도 하나님의 일이기에 하는 자들도 있습니다. 아무리 질병이 유행하여도 '사는 동안은 열심히 하자!'라고 하는 사람도 있을 것입니다. 조심하지 말자는 뜻이 아닙니다. 아끼지 말자는 뜻도 아닙니다. 물론 아껴야 할 때는 아끼고, 조심할 부분은 서로 조심해야 합니다. 그러나 그것 때문에 위축되거나 공포심을 갖지는 말아야 합니다. 언제나 오늘을 인도해 가시는 하나님은 내일도 인도해 가실 것입니다. 지난날도 인도하신 '에벤에셀'의 하나님은 '여호와 이레'가 되어 우리의 앞날을 인도해 가실 것입니다.

애굽을 탈출하는 이스라엘 백성들이 홍해와 마라의 쓴물, 아말렉의 공격 등 수 없는 문제를 만나지만 결국 하나님은 가나안 땅까지 인도해 가셨습니다. 우리를 구원해 내신 하나님은 반드시 천국까지 인도해 가실 것입니다. 어떤 문제 때문에 두려워하지도 말고, 어떤 문제 때문에 공포심에 눌려 살지도 말고, 우리를 인도해 가실 하나님을 기대하며 하나님 안에서 헌신하는 충성스러운 종들이 되기를 주님의 이름으로 축복합니다.

> 우리가 알거니와 하나님을 사랑하는 자 곧 그의 뜻대로 부르심을 입은 자들에게는 모든 것이 합력하여 선을 이루느니라
> [로마서 8장 28절]

[마가복음 5장 34절]

기왕이면

　신약성경을 보면 예수님을 따라다니는 무리들이 있고 예수님이 가시는 곳마다 많은 사람이 모입니다. 그리고 예수님이 가시는 곳마다 항상 눈에 띄는 자들이 있습니다. 그들에겐 공통점 몇 가지가 있는데 그들에게는 예수님이 특별히 보아줄 만한 간절함이나 특별함이 있었던 것입니다. 대표적인 인물로 '삭개오'가 있습니다. 삭개오는 키가 작아 사람들 틈에서 까치발을 들고서라도 예수님을 보려고 했지만 못 볼 것을 예상하고 나무로 올라갔습니다.[누가복음19:4] 그 삭개오에게 특별한 관심이 생기신 주님은 그를 나무에서 내려와 곁에 있게 하셨습니다. 그리고 예수님께서 열병으로 앓고 있는 베드로의 장모에게 가던 중, 혈루증을 앓는 여인이 예수님의 옷을 만져 치료를 받았습니다. 많은 사람 중에는 주님의 눈에 띈 자가 있었고, 주님을 만지는 자도 있었으며, 주님이 찾아가서 치유해 준 자도 있습니다.

　교회를 다니는 것이 신앙생활이라고 만족하면 안 됩니다. 기왕에 신앙생활을 하려고 교회를 다니고 예수님을 믿을 거라면 주님의 눈에 띄게 살아가시기 바랍니다. 주님의 마음에 들게 행하여야 합니다. 주님은 그러한 사람을 반드시 만나주실 것이기 때문입니다. 만나면 해결될 일들이 많습니다. 그뿐만 아닙니다. 주님을 모셔 들이는 자가 있습니다. 삭개오를 보십시오. 많은 이들 중에 주님의 눈에 띄는 자가 되었습니다. 띈 걸로 끝나지도 않았습니다. '내가 오늘 네 집에 유하여야 되겠다'[누가복음19:5] 예수님이 그의 집으로 들어가셔서 예수님을 모시는 영광도 누리게 되었습니다. 12년 동안 혈루증을 앓았던 여인을 보십시오. 남들은 보기만 할 뿐 주님을 만지지도 못하는데 이 여인은 믿음으로 주님을 만졌다가 깨끗이 완치되는 경험을 합니다. 주님께서 말씀하시길 '누가 내 옷에 손을 대었느냐[마가복음5:30] 그때 제자들이 이렇게 많은 사람이 밀고 밀치는데 누가 손을 댔다고 그러십니까'[마가복음5:31] 그 말은 군중에 밀려서 닿았을 것이란 말입니다. 그런데 주님은 '아니다. 내 몸에서 능력이 나갔느니라' 즉, 누군가가 믿음으로 손을 대었기 때문에 주님의 몸에서 능력이 나갔다는 것을 주님은 알고 계셨습니다.

기왕에 예수님의 사람으로 살아갈 거라면 '보기만 하는 자'가 되지 말고, '만나는 자'가 되십시오. '주님의 눈에 띄는 자'가 되길 바랍니다. 역사는 그때 일어나게 될 줄로 믿습니다. 삭개오를 만나주신 주님, 혈루증을 고침 받은 여인, 주님의 몸에서 나가는 능력은 지금도 유효합니다. 그러니 믿음으로 주님을 만나는 사람, 부르짖는 사람, 만지는 성도라면 오늘도 주님의 몸에서 그 능력이 나갈 줄로 믿습니다. 주님의 몸에서 나가는 능력이 우리의 육체에 들어가면 육체의 질병이 떠날 것이고, 가정으로 들어가면 가정의 문제가 해결될 것이고, 사업으로 들어가면 사업의 문제가 해결될 것입니다. 예수님의 능력이 여러분의 자녀 속에 들어가면 자녀의 문제도 해결될 줄로 믿습니다.

기왕에 예수님을 믿을 거라면 예수님의 눈에 띄는 자가 되십시오. 만나는 자가 되고, 만지는 자가 되십시오. 그러면 그 주님 안에 허락되는 모든 해결의 복은 오늘 당신의 몫이 될 줄로 믿어 의심치 않습니다. 이 복이 당신의 것이 되기를 주님의 이름으로 축복합니다.

> 예수께서 이르시되 딸아 네 믿음이 너를 구원하였으니
> 평안히 가라 네 병에서 놓여 건강할지어다
> [마가복음5장34절]

[이사야 26장 4절]

어느 집사 부부의 이야기

부흥회를 통하여 은혜를 끼치러 갔다가 목사님의 모습과 교회를 섬기는 성도들의 모습, 교회의 분위기를 통하여 은혜를 받고 올 때가 많습니다.

어느 교회 부흥회 마지막 날, 점심시간에 점심을 대접하기로 한 집사 부부는 나오지 않고, 목사님이 그 부부의 이름으로 대접을 한다며 자신의 일처럼 기뻐하며 그 부부의 신앙생활에 대하여 이야기를 하셨습니다.

- 목사님, 오늘 식사 대접을 하시는 우리 집사님 부부는 참 귀한 분들입니다. 한 해 두 해가 아니고 십여 년을 변함없이 교회를 섬기는데 그 부부의 생활신조가 '드리다 죽자!'라는 것이랍니다.

그래서 목사님께 물었습니다.

- 무엇을 얼마나 드리기에 드리다 죽을 만큼 헌신하신답니까?
- 십일조를 보면 그 부부의 총수입이 계산되지 않습니까? 그래서 일 년 동안 헌금한 액수를 보니, 하나님 앞에 드리는 헌금이 총 수입 중에 60%가 넘더라고요.
- 해마다 그렇게 하십니까? 아니면 수입이 좋을 때만 그렇게 하십니까?
- 집사님의 직업이 건축 감리사인데 수입이 꽤 괜찮답니다. 그런데 작년에는 수입이 반토막 났는데도 예전에 드리던 그대로 하나님 앞에 드리는 모습을 보면서 제 가슴이 뭉클했습니다. 수입이 좋을 때는 그랬다 치더라도 수입이 반토막이 났는데도 그렇게 할 수 있는지…. 그러니 목사님, 힘껏 기도해 주세요.

그 말을 듣고 감동을 받았습니다. 혹시 '돈을 많이 내니까 목사가 감동을 받는구나' 이렇게 생각하실 수도 있겠지만 그런 뜻의 감동을 말하는 것이 아닙니다. 수입이 좋을 때든, 수입이 반토막이 났을 때든 현실에 맞춰 온도계처럼 오르내리는 생활신조가 아니라 변함없이 시작과 끝이 한결같은 모습에 감동했다는 뜻입니다. 누구나 연초에는 하나님 앞에 나름대로 작정을 다들 합니다. 각오도 갖습니다. 그런데 며칠 지나고 보면 어느 순간부터 우리의 생활 속에서 한 가지씩 사라지거나 식어지고 있는 것을 볼 수 있습니다. 그러니 그들 부부는 십여 년을 한결같이 '드리다 죽자!'라는 신앙생활의 수칙을 변함없이 지켜가고 있는 것에 감동이 되었던 것입니다. 주님이 기뻐하시는 믿음도 한결같은 믿음, 변덕이 없는 믿음이 아닐까요?

이사야 26장 3절을 보면 '주께서 심지가 견고한 자를 평강하고 평강하도록 지키신다'라고 하십니다. 우리도 심지가 견고한 믿음, 한결같은 믿음을 갖고 그 집사님 부부처럼 한 번 하기로 작정했다면 주님이 오시는 그날까지 끝까지 좋은 신앙인으로 살아갈 때 하나님은 평강을 보장해 주실 것입니다. 우리 모두 한결같은 그 집사님 부부의 모습처럼 심지가 견고한 믿음을 소유하길 주님의 이름으로 축복합니다.

> 너희는 여호와를 영원히 신뢰하라 주 여호와는 영원한 반석이심이로다
> [이사야26장4절]

[히브리서 12장 7-8절]

그것이 증거다

인생을 살면서 고난을 즐기는 사람은 없을 것입니다. 그런데 내가 원하던 원치 않던 고난은 오게 되어 있습니다. 히브리서에 보면 '내 아들아 주의 징계를 경히 여기지 말아라'[히브리서12:5]고 말씀하십니다. 그 말은 '징계를 가볍게 보지 말라'는 뜻입니다. 왜냐하면 아들이기 때문에 훈련을 시킨다는 것입니다. 여기서 '징계'懲戒라는 사전적 정의를 보면, '허물이나 잘못을 뉘우치도록 나무라며 경계함'이라고 합니다. 원어에는 '아들 만들기'라는 뜻이 있습니다. 다시 말하면 하나님이 우리를 연단 하시고 훈련시키는 것은 아들이기 때문에 훈련을 시키는 것입니다. 그러니까 그 징계가 없고, 그 훈련이 없다면 사생아요, 친아들이 아니라는 뜻입니다.

딸이 요람의 아기였을 때의 일입니다. 이 녀석이 뒤집으려고 하면 내가 엎어 놓았습니다. 그랬더니 애가 다시 힘쓰느라 얼굴이 발개져서 고개를 들었습니다. 어린 것이 얼마나 힘들었겠습니까? 그 아이가 눈을 뜨고 나를 보는 그 표정이 '너 늙으면 두고 보자!' 이러는 것 같아 보였습니다. 아빠가 그 딸을 힘들게 하려고 엎어 놓았겠습니까? 몸을 가누는 법을 배우며 성장하는 과정에서 도움이 되라고 엎어 놓은 거였습니다. 그 단계가 지나면 기어 다닙니다. 기어다니기 시작하면 아이 앞에 만질 만한 것을 놓고, 개가 겨우 기어 와서 그걸 잡을 만하면 조금 더 옮겨 놓아서 또 기어가게 만들고, 이렇게 반복하니 그 아이는 얼마나 약이 올랐겠습니까? 그런데 부모들은 그것을 보고 웃습니다. 그 아이가 힘든 걸 몰라서 웃는 것이 아니고 이제 너도 제법 움직일 만큼 커 간다는 걸 알기 때문에 대견해서 웃는 것입니다. 하나님이 오늘 우리를 훈련시키시고 연단 하신다는 것은 나를 자식으로 인정하셨다는 증거입니다. 반대로 내가 지금 그분으로부터 훈련을 받고 있는 것은 하나님이 나의 아버지라는 확증인 것입니다.

연단을 받으면서 이유도 모르고 받으면 신경질 나고 화가 나겠지만, 내가 그분의 아들이라는 '확증'을 기억한다면 이 연단은 얼마든지 이겨낼 줄로 믿습니다. 내가 연단 받는 것은 하나님의 아들이라는 증거요, 자녀라는 증거입니다. 하지만 연단은 연단으로 끝나지 않습니다. 히브리서에 '연단이 당시에는 즐거워 보이지 않지만 연단을 통과한 이후에는 견고하게 되는 축복을 받는다'[히브리서12:11]라고 기록하고 있습니다. 연단을 받는다는 것은 하나님이 다음을 준비해 놓으신 무언가가 있다는 뜻입니다.

연단을 연단으로 끝내지 말아야 합니다. 연단 이후에 하나님이 준비하신 큰 복을 기대하는 소망을 놓치지 말아야 합니다. 우리는 '욥'의 결말을 알고 있습니다. 욥만큼 연단 받은 자가 어디 있겠습니까? 그 모든 연단의 과정을 기도와 믿음과 인내로 넘어갔더니 '전의 소유보다 갑절이나 더 주셨더라'[욥기42:10]는 바로 그 '복' 말입니다. 연단은 더 좋은 복을 받아 누리도록 하기 위하여 오늘 나를 훈련하신다는 것을 놓치지 말아야 합니다. 그것이 내가 하나님의 자녀인 증거요, 그분이 나의 아버지라는 증거입니다. 그 뒤에 놀라운 복을 준비해 놓으셨다는 증거인 줄로 믿고 믿음으로 승리하기를 주님의 이름으로 축복합니다.

> 너희가 참음은 징계를 받기 위함이라 하나님이 아들과 같이 너희를 대우하시나니 어찌 아버지가 징계하지 않는 아들이 있으리요. 징계는 다 받는 것이거늘 너희에게 없으면 사생자요, 친아들이 아니니라
> [히브리서12장7-8절]

기회일 수는 있지만

[사무엘하 6장 11절]

오래도록 신앙생활을 하신 분들은 믿음이 좋고, 이제 갓 들어온 분은 믿음이 없다고 말할 수 있을까요? 어떤 때는 '아니, 신앙생활을 저렇게 오랫동안 했다고 하면서도 왜 저러지'라는 생각이 드는 분을 만날 수도 있고, 교회 들어온 지 얼마 되지 않았는데도 오래된 분이 부끄러워할 만큼 믿음이 좋은 분을 만날 수도 있습니다. '나중 된 자로서 먼저 되고, 먼저 된 자로서 나중 되리라'[마태복음20:16] 하신 말씀도 있습니다. 신앙생활이 오래됐다고 믿음이 좋거나 복 받을 일을 많이 했다는 것이 아닐 수도 있다는 것입니다. 교회에 나온 지 얼마 되지 않았다고 믿음이 부족하거나 그의 상급이 적다는 뜻이 아닐 수도 있다는 이야기입니다.

생각나는 성경의 인물 중에 두 가정이 있습니다. '아비나답과 오벧에돔'입니다. 아비나답의 집에서는 법궤를 20년 동안 모시고 있었는데 법궤를 옮기는 도중 잘못으로 그 집에 저주가 임하는 것을 성경을 통하여 알 수 있습니다. 생각해 봅시다. 법궤를 모시고 있던 20년 동안 그 집이 복 받았다는 기록은 단 한 줄도 없습니다. 오히려 옮기는 과정의 잘못으로 그 집은 저주를 받았습니다. 다윗이 그 법궤를 다윗성으로 옮기는 도중에 아비나답의 집에 저주가 임했다는 소리를 듣고 법궤 모시는 것을 두려워했습니다. 그래서 그 법궤를 성으로 옮기는 도중에 오벧에돔의 집으로 옮깁니다. 그리고 오벧에돔의 집에서 3개월 동안 법궤를 모시고 있었습니다. 그 법궤를 모시고 있는 3개월 동안 오벧에돔의 집에는 '모든 소유마다 복이 임했다'고 소문이 나기 시작했습니다.

겨우 3개월을 모셨지만 어느 집은 복이 임했는데, 자그마치 20년을 모시고 있었음에도 어느 집은 복이 임하지 않았습니다. 이는 무엇을 말하는 것일까요? 결론적으로 신앙생활을 오래 했다고 해서 꼭 복을 받는 것은 아니라는 뜻입니다. 그러나 일찍 믿을 수 있고, 주님의 부르심에 반응하여 신앙생활을 오래 할 수 있었다고 하는 것은 하늘의 상급을 많이 쌓을 기회를 부여받은 것이라고 생각합니다. 복이 아니라 기회인 것입니다. 20년을 믿었던, 60년을 믿었던, 믿은 시간은 우리에게 복 받을 기회, 하늘나라의 상급을 쌓을 기회일 수는 있지만 세월이 꼭 복과 상급이 연결되는 것은 아닙니다. 반대로 3개월 동안 예수를 믿었다고 칩시다. 그런데 누군가는 3개월 예수 믿고도 하늘나라 상급이 20년 믿은 사람보다도 많을 수 있다는 뜻이기도 합니다. 그 이유가 무엇일까요? 법궤는 거룩하고 경외하는 마음으로 모셔야 하는데 20년 동안 늘 모시던 법궤이다 보니 두려움도 없이 그냥 형식적으로 모셨기 때문입니다. 그런데 오벧에돔은 그 법궤가 옮겨오는 동안에 그 집이 어떤 벌이 임했다는 걸 들었기 때문에 그 법궤를 모시는 3개월 동안 두렵고 떨리는 마음으로 법궤를 지성스럽게 모셨을 것입니다.

신앙생활 오래 한 것을 자랑하기보다 하루하루 주님을 진심으로 섬기고, 예배하며, 한 번의 기도, 한 번의 헌신이라도 하나님을 경외하는 마음, 두렵고 떨리는 마음으로 섬긴다면 거기에는 반드시 상급과 복이 따르게 될 줄로 믿습니다. 시간이 꼭 상급은 아닙니다. 일찍 부름 받는 것 역시 상급이 아닙니다. 다만 기회일 수는 있습니다. 그 주어진 기회를 복으로 만드는 것이 우리가 할 일인 줄로 믿습니다. 이러한 '오벧에돔의 복'이 우리의 것이 되기를 주님의 이름으로 축복합니다.

> 여호와의 궤가 가드 사람 오벧에돔의 집에 석 달을 있었는데
> 여호와께서 오벧에돔과 그의 온 집에 복을 주시니라
> [사무엘하 6장 11절]

[로마서 5장 3-4절]

영원한 것은 없다

우리가 잘 아는 '요셉'은 성경적으로 볼 때 입지전적立志傳的 인물입니다. 요셉의 일대기를 보면 그는 결코 순탄하지 않은 삶을 살았습니다. 때로는 굉장히 어려운 고비를 겪었고, 억울한 누명도 썼습니다. 그러나 결국은 하나님의 사람으로 성공적인 삶을 살았습니다. 그에게 있어 가장 큰 사건은 '바로의 꿈'을 해몽한 일인 것입니다. 그가 애굽에 갔을 때 7년 풍년을 예언하고, 7년 흉년을 예언할 때 왕에게 이런 말을 합니다. '왕이시여! 하나님이 이 땅에 7년 동안 풍요로운 풍년을 줄 텐데 그 풍년이 되는 7년 동안의 모든 곡식을 모아서 곡간에 잘 모아두었다가 7년 흉년 때에 그것을 풀게 하소서' [창세기41:25~36] 그 일을 계기로 총리가 되어 흉년이 들었을 때 그 곡간의 곡식을 풀어서 굶어 죽게 될 사람들을 살립니다.

애굽의 풍년과 흉년을 통해 얻은 교훈이 있습니다. 즉, '영원한 것은 없다'는 것입니다. 이 땅에 영원한 것은 없습니다. 영원한 부자도 없고, 영원한 거지도 없습니다. 중요한 것은 7년의 풍년을 주셨을 때 흉년의 때를 준비하는 자세입니다. 또 흉년의 때는 풍년을 주실 때를 준비하는 자세가 중요합니다. 7년의 풍년이 영원한 풍년이 아닌 줄 알고 흉년의 때를 준비할 줄 아는 지혜가 있어야 합니다. 그러나 분명한 것은 흉년의 때만 있지는 않습니다. 흉년의 때를 지혜롭게 잘 넘기면 하나님이 부유케 채워 주시는 놀라운 복을 경험하게 될 줄로 믿습니다. '사르밧 과부'[열왕기하17:8~16]를 보십시오. 사르밧 과부는 흉년의 때에 먹을 것이 없어서 마지막 양식을 먹고 죽으려 했지만 하나님의 사자인 '엘리야'를 대접했다가 양식 통에 밀가루가 마르지 않는 놀라운 경험을 했습니다.

혹시 이 글을 읽는 여러분이 흉년을 만났다면 이렇게 말하고 싶습니다. 연단을 연단으로 끝내지 마십시오! 흉년을 흉년으로만 보내지 말고, 풍년의 때를 대비하여 지금을 인정받는 기회로 만들어 보십시오! 사르밧 과부는 흉년의 때에 풍년을 준비하는 기회를 믿음으로 실행하고 흉년의 때에 풍년을 맞는 놀라운 축복을 경험했습니다. 우리는 이 여인을 삶의 샘플로 삼아야 합니다. 연단이 결코 연단으로 끝나지 않는 것처럼 절대로 흉년만 있지는 않습니다. 멀지 않은 날에 풍년이 올 것입니다.

출애굽기에 있는 '마라의 쓴물'[출애굽기15:22-27]을 생각해 보십시오. 이스라엘 백성들은 마라의 쓴물을 만나자 모세를 향하여 손가락질을 하며 원망하고 불평했습니다. 그런데 그들을 향해 등 돌려 기도하는 모세를 통하여 하나님은 또 다른 응답의 길을 열어주셨습니다. 그래서 '쓴물'이 '단물'이 되었습니다. 그리고 거기서 멀지 않은 '엘림'에 이르렀습니다. 말하고자 하는 요점은 절대로 우리가 가는 길에 쓴물만 있지는 않다는 것입니다. 그 과정을 지나면 멀지 않은 곳에 엘림이라고 하는 복도 있다는 것입니다.

쓴물을 쓴물로만 여기며 머물지 말아야 합니다. 기도하여 단물로 바꾸는 놀라운 역사가 일어날 것을 믿어야 합니다. 그 과정을 지나면 하나님이 준비하신 '엘림의 복'이 있습니다. 풍년의 때는 흉년의 때를 준비하고, 흉년의 때는 풍년의 때를 준비하며 이 땅에 영원하지 않은 두 가지 삶을 통하여 하나님을 경험하며 살아가는 우리 모두가 되기를 주님의 이름으로 축복합니다.

> 다만 이뿐 아니라 우리가 환난 중에도 즐거워하나니
> 이는 환난은 인내를, 인내는 연단을, 연단은 소망을 이루는 줄 앎이로다
> [로마서5장3-4절]

[시편 65편 4절]

의무가 아니고 특권입니다

군 생활을 하면 유격 훈련을 받게 되는데, 군대 갔다 오신 분들은 '유격 훈련'이라는 말만 들어도 이가 갈린다고 합니다. 그만큼 유격 훈련이 쉽지 않다는 이야기입니다. 유격장에 가서 첫날 텐트에서 자고, 이튿날 유격 훈련을 하려는데 'OP'라고 하는 중앙통제소에서 스피커로 나를 호출했습니다. '3중대 소상병 OP로 올라와라. 본부로 올라와라.' 그래서 올라갔더니 부대와 사단에서 몇 명의 모범 사병을 차출하여 산업 시찰을 가는데 뽑혔다는 거였습니다. 그래서 큰 제과 회사, 화장품 회사 등 전국 굴지의 유명 회사들을 견학했습니다. 그리고 다니며 가는 곳마다 푸짐하게 선물도 받았습니다. 이와 반대로 전우들은 군대 말로 빡빡 기면서 유격 훈련을 받고 있었습니다. 그 힘든 유격 훈련 대신 거기에 뽑힌 것이 내게 주어진 특권이었습니다.

요즘 코로나로 인해 예배가 제대로 드려지지 못하고, 비대면 영상으로 예배를 드리는 교회들이 많습니다. 시국적으로 우리가 모여서 예배드린다 해도 코로나 이전처럼 정상적으로 예배를 드리는 것이 쉽지 않습니다. 그리고 비대면이든 대면이든 예배를 의무로 드린다고 생각하는 사람들도 의외로 많은 것 같습니다. 그런데 시편 65편 4절을 보면 '주께서 택하사 주의 뜰에 들어오게 하신 자가 복이 있다'고 말씀을 하시는 이유는 무엇일까요?

남들은 모두 유격 훈련을 받고 있는데 소수의 인원만 뽑혀서 산업 시찰을 갔습니다. 이것이 특권입니다. 세상에 많고 많은 사람 중에 선택되어 하나님의 전에 들어오도록 뽑힌 것은 정말 특권 중의 특권이고, 특별한 은혜인 줄로 믿습니다. 오늘 우리의 예배는 의무적인 행위가 아닙니다. 내가 하나님께 선택되어 하나님의 성전에 들어갈 수 있는 특권을 부여받은 자라는 특권의식을 가지고 예배를 할 수 있으니 이 예배야말로 하나님이 기뻐하시는 예배가 될 것이고, 이 예배야말로 감격적이고 감동적인 예배가 아니겠습니까?

우리나라의 전직 대통령이 선거운동 할 때 강조했던 말이 있습니다.
- 여러분 우리는 보통 사람입니다. 저는 보통 사람입니다!
나는 그 말을 들었을 때 우리는 절대 보통 사람이 아닌 특별한 사람들이라고 생각했습니다. 왜냐면 우리는 하나님께 선택된 자였기 때문입니다. 마지못해서 의무감에 드리는 예배가 아니라 하나님이 선택하여 들어오게 하신 자리에 내가 뽑혔다는 감격적인 예배가 이어져 가기를 주님의 이름으로 축복합니다. 그래서 의무가 아닌 특권의식의 예배로 드려질 때 하나님이 최고로 기뻐하시는 예배가 될 줄로 믿습니다. 우리 모두 예배의 성공자가 되기를 주님의 이름으로 축복합니다.

> 주께서 택하시고 가까이 오게 하사 주의 뜰에 살게 하신 사람은 복이 있나이다.
> 우리가 주의 집 곧 주의 성전의 아름다움으로 만족하리이다
> [시편65편4절]

무엇이 중요합니까?

[히브리서 11장 6절]

나이를 먹어 가며 이런 생각을 할 때가 있습니다. 사람에게 많이 알려지는 것과 사람에게 인기가 있는 것 중에 어떤 게 더 중요할까? 우리는 믿음의 사람이기 때문에 사람에게 알려지기보다는 하나님께 알려지고 사람에게 인정받기보다는 하나님께 인정받는 것이 훨씬 더 복이라고 생각할 것입니다. 그런데 많은 분들이 그렇지 않은 쪽에 더 비중을 두고 있다는 생각을 하게 됩니다. 나부터도 그쪽으로 더 비중이 쏠려 있지는 않나 하는 생각을 해보았습니다. 이런 고민을 하는 이유는 부흥사역을 하고 많은 선교활동도 하다 보니까 많은 나라에 가기도 하고, 또 많은 교회와 사람들을 접하게 됩니다. 그러다 보니 많은 분이 소진우 목사를 기억하고 압니다. 그런데 내가 오늘 이 자리에 있기까지 뒤에서 하나님의 사랑으로 밀어준 사람들을 기억하는 분은 없다는 생각을 하게 되었기 때문입니다.

나는 모태신앙이 아닙니다. 어려서 전도를 받아 교회에 나갔습니다. 2025년을 기준으로 신앙생활을 시작한 지도 어느덧 70여 년의 시간이 흘렀습니다. 나를 전도하신 분은 우리 시골집 울타리 건너편, 골목 사이로 아래 윗집에 사는 누님이셨습니다. 나중에 알게 된 일이지만 그 누님은 읍내 교회에 다니면서 신앙생활을 하셨습니다. 그 누님을 비롯하여 우리 동네 여러 가정이 읍내 교회로 출석하니까 읍내 교회에서 우리 동네에 교회를 개척해 세웠습니다. 이렇게 동네 분들이 개척 멤버가 되신 것이었습니다. 그런 시기에 아랫집에 사는 누님이 나를 전도했던 것입니다. 그 누님이 어린 나를 교회로 데리고 갈 때 이 꼬맹이가 나중에 커서 이런 일꾼이 될 거라는 생각을 하고 데리고 가지는 않았겠지요. 그런데 하나님은 그 누님의 손길을 통하여 나를 불러내셨습니다. 그리고 나를 오늘 이렇게 주님의 일꾼으로 세우셨습니다. 그 일을 시작하신 우리 앞집 누님은 왕십리 교회의 이순이 권사님으로 지금은 연세가 많으셔서 은퇴하신 권사님이십니다.

오늘날의 소진우 목사는 방송과 부흥사역을 통하여, 또는 선교와 글을 통하여 세계적으로 많은 사람에게 알려져 있을지는 모르겠습니다. 그렇다고 하나님이 소진우 목사를 더 기억하실까요? 아니면 이런 일꾼이 되도록 그 어린아이를 전도하여 뒤에서 기도로 밀어줬던 그 권사님을 더 기억하실까요? 당신의 생각은 어떻습니까? 하나님 편에 누가 더 기억되고 인정받을까요? 사람에게 많이 알려지는 것보다 하나님이 기억해 주시는 것이 더 중요하지 않을까요? 그런데 우리는 중요한 것을 중요하지 않게 여기고, 덜 중요한 것을 더 소중하게 여기며 살아가는 것은 아닐까요? 그러나 안타깝게도 주변에서 이런 모습을 빈번하게 보게 됩니다. 복음성가 가사 중에 '주님이 기억하시면 족하리'라는 가사가 있습니다. 그렇습니다. 주님이 기억하시면 되는 것입니다.

무엇이 더 중요합니까? 눈에 보이는 사람 앞에서 유명해지기보다는 믿음의 눈으로 주님이 기억하실 일들을 많이 남기고, 하나님 나라에 함께 올라가는 믿음의 가족이 되기를 주님의 이름으로 축복합니다.

> 믿음이 없이는 하나님을 기쁘시게 하지 못하나니 하나님께 나아가는 자는 반드시 그가 계신 것과 또한 그가 자기를 찾는 자들에게 상 주시는 이심을 믿어야 할지니라
> [히브리서 11장 6절]

[요한계시록 2장 26절]

타협과 양보

　모든 사람들은 세상을 살아가면서 자신의 목적을 위해 타협이라는 수단을 사용해 왔고 사용할 것입니다. 목적은 여러 가지가 있겠지만 그중 하나는 인기를 얻기 위한 타협입니다. 그리고 물질을 위하여, 부를 축적하기 위하여 타협을 합니다. 또 권력을 위하여, 자기의 위치를 위하여 타협을 합니다. 어디 그뿐일까요? 개인의 명예 외에 더 많은 목적을 위해서도 타협을 합니다. 그러다 보니 믿음의 사람들도 이런 문제 앞에서 많은 갈등을 겪을 수밖에 없는 세상에 살고 있는 것입니다. 성경은 타협할 부분이 있고, 타협할 수 없는 부분이 있다고 말합니다. 요한계시록 2장 18절 이하를 보면 '두아디라 교회'가 나옵니다. 하나님 앞에 많은 칭찬을 받는 교회입니다. 신앙적으로 많은 선한 일을 한 것으로 칭찬을 받습니다. 그런데 그들도 책망을 받습니다. 이유는 세상과 적당히, 이방인과 적당히, 그리고 우상을 섬기는 자들과도 적당히 타협을 하는 것 때문에 책망을 받은 것입니다.

　우리도 어떤 문제를 앞에 두고 타협점을 찾기 위해 고민하는 것은 아닌지 생각해 봅시다. 인기를 위해서? 물질을 위해서? 명예를 위해서? 아니면 주님을 위해서? 우리가 적당히 타협하고 가고자 하는 그 일이 어떤 일인지를 돌이켜보면 해답이 나올 것입니다.

　신앙인으로서 타협할 게 있지만 타협할 수 없는 것도 있습니다. 양보할 수 있는 게 있지만 양보할 수 없는 것도 있습니다. 그래서 성경은 말합니다. '부모님을 공경하라' 그러나 성경은 '주 안에서 공경하라'[에베소서6:1]고 분명한 선도 그어놓았습니다. 이같이 우리의 삶에는 타협할 것이 있고 양보할 부분이 있습니다. 그러나 주님의 뜻이라면 양보하면 안 되는 것입니다. 주님의 명령이라면 타협해선 안 되는 것입니다. 그 나머지는 다 양보할 수 있습니다. 내가 좋아하고 즐기는 일이지만 주님이 싫어하는 일이라면 우리는 결단코 그걸 해서는 안 되는 것입니다. 나로서는 정말 싫은 일이지만 주님이 좋아하시는 일이라면 우리는 그 일을 꼭 해야만 합니다. 왜냐하면 신앙생활은 내가 좋아하는 것만 골라서 하는 것이 아니기 때문입니다. 내가 좋아서 하는 것은 취미생활에 불과할 뿐입니다.

신앙생활이 무엇입니까? 일생을 살아가는 동안 수없이 만나는 갈림길에서 주님의 편을, 주님의 말씀 쪽을 선택하며 살아가는 것이 신앙생활입니다. 살아가는 동안에 인간의 삶에는 양보할 수 있는 것도 있고, 타협할 수 있는 것도 있습니다. 그러나 신앙인으로서는 타협할 수 없는 것도 있습니다. 타협해서 안 되는 것도 있습니다. 말씀 밖에서는 양보해도 됩니다. 타협을 해도 됩니다. 그러나 말씀이 그렇다면 양보해서도 타협해서는 안 됩니다. 말씀이 원칙이고, 생명의 길임을 기억하고 주 안에서 승리하는 삶이 되기를 주님의 이름으로 축복합니다.

> 이기는 자와 끝까지 내 일을 지키는 그에게 만국을 다스리는 권세를 주리니
> [요한계시록2장26절]

[로마서 14장 8절]

진짜 사랑하십니까?

신앙생활을 하면서 많은 사람들에게 부담되는 단어가 있다면 '전도'가 아닐까 생각합니다. 그런데 그게 왜 부담이 될까요? 집안에서 부부가 TV를 보는데 남자들은 군인들이 나오는 프로그램을 재미있게 보지만 부인들은 대개 지루하게 여깁니다. 그런데 군인 프로그램을 그렇게 싫어하던 아내가 아들을 군대에 보내놓고는 당신의 아들이 나오지도 않는데도 군인 프로그램에 몰입되어 손수건으로 눈물을 닦아가며 보는 겁니다. 왜 그럴까요? 그 군인들을 보는 것만으로도 아들을 보는 것 같은 생각을 하는 것이 어머니의 마음입니다. 어떤 분은 아들을 군대에 보내놓고 군복 입은 젊은이들만 봐도 눈물이 난다고 합니다. 이유는 내 아들이 그곳에 몸담고 있기 때문입니다. 다른 예를 봅시다. 우리 집 옆에 유치원이 있어도 내 아들이 고등학교를 다니면 유치원은 보이지 않습니다. 오직 고등학교만 보입니다. 출산한 지 얼마 되지 않은 부부가 백화점에 가면 유아복과 성인복 중에 시선이 어디에 머물겠습니까? 거의 다 '아이 옷만 보인다'고 합니다. 이 말의 뜻은 '세상은 내가 사랑하는 대상의 눈높이에 맞춰 보인다'는 것입니다.

'전도할 사람이 보이지 않는다'는 말은 주님을 사랑한다는 말이 거짓말이라고 스스로 증명하는 것입니다. 다시 말해 내가 주님을 사랑한다면 주님이 사랑하는 것에 나의 눈높이가 맞춰지게 되고, 내가 정말 주님을 사랑한다면 주님이 좋아하는 일에 나의 관심도 그곳에 있어야 되는 것입니다.

우리는 날마다 주님을 사랑한다고 찬양하고 고백합니다. 그런데 우리는 주님이 기뻐하시는 일에 나를 얼마나 던지고 있을까요? 주님이 기뻐하시는 일에 나를 얼마나 투자하고 있나요? 세상에 전도 대상자가 많이 보인다는 건 내가 주님을 사랑한다는 뜻 아닐까요? 주님을 사랑한다고 하면서 전도가 부담스럽다고 하는 건 혹시 그 속에 거짓이 있는 것은 아닌지 생각할 문제입니다.

"나는 주님이 좋아하는 일을 좋아하고, 주님이 싫어하는 것을 싫어한다!"
이 외침에 동의하십니까? 주님을 사랑한다면 전도하십시오. 주님을 사랑한다면 주님이 싫어하는 일을 나도 싫어해야 합니다. 그게 바로 주님과 눈높이를 맞추는 것입니다. 대부분 부모들은 자식들이 좋아하는 일이라면 힘든 줄 모릅니다. 또 서로 사랑하는 젊은 연인들을 보십시오. 사랑하는 사람이 좋아하는 것이라면 힘든 일을 해서라도 사주는 것으로 만끽하는 즐거움이 있습니다. 힘들고 피곤해도 짜증을 내지 아니하고, 오히려 기쁨과 즐거움을 누리고 있다는 것입니다. 다시 말해 주님을 사랑하는 사람이라면 주님이 좋아하는 일을 하는 것 자체가 기쁨입니다.

은혜가 충만할 때 그리고 받은 은혜에 감격할 때는 밤새 기도해도 지치지 않습니다. 봉사하고 헌신하는 것도 그저 기쁘고 감사가 넘칩니다. 이렇듯 주님을 사랑함에 빠져 살아야 합니다. 우리가 그분을 떠나 살 수 없다면 그분에게 빠져 사는 방법이 제일 행복한 방법인 줄로 믿습니다. 우리 모두 주님의 사랑에 빠져 세상을 구원해 낼 일꾼으로 살아가는 귀한 가족들이 되기를 주님의 이름으로 축복합니다.

> 우리가 살아도 주를 위하여 살고 죽어도 주를 위하여 죽나니
> 그러므로 사나 죽으나 우리가 주의 것이로다
> [로마서 14장 8절]

[누가복음 1장 37-38절]

예수님이 오시기까지

이 땅에 예수님이 오시기까지 어떤 과정이 있었는지 생각해 보았습니다. 첫 번째, 예수님을 이 땅에 보내시기 전에 하나님은 철저한 계획을 세우셨습니다. 두 번째, 하나님의 계획이 세워진 뒤에는 예언자들의 입을 통하여 예언하게 하셨습니다. 세 번째, 하나님의 계획과 예언이 이 땅에 이루어질 때는 언제나 누군가를 사용하셨는데 그 누군가를 통하여 예언이 이루어질 때마다 그 일을 직접 목격할 사람이 있게 하셨습니다. 네 번째, 그 목격자들로 인하여 하나님의 말씀이 증거되게 하셨습니다.

그렇다면 예수님이 오시기까지 쓰임 받은 대표적인 인물은 누구였을까요? 아마도 예수님의 어머니이신 '마리아와 요셉'일 것입니다. 마리아는 요셉이라는 청년과 정혼은 했지만 아직 결혼하여 함께 사는 사람은 아니었습니다. 그런데 천사가 마리아에게 나타나서 '네가 잉태하여 아들을 낳을 것이다'[누가복음1:31]라고 선포를 합니다. 그러자 황당한 소리를 들은 마리아가 항변합니다. '나는 사내를 알지 못하는 처녀인데 어떻게 나한테 이런 일이 있을 수 있습니까?'[누가복음1:34] 이에 천사가 대답합니다. '지극히 높으신 이의 능력이 너를 덮었다'[누가복음1:35] 즉, 마리아의 몸을 빌려 예수님을 그의 자궁 속에 잉태하게 하시는 과정을 아주 적절하게 묘사한 것입니다. 그때의 사회적 분위기는 처녀가 아기를 낳을 경우 돌에 맞아 죽어야 했습니다. 그런데 놀라운 건 마리아가 하나님의 뜻을 거역할 수 없다는 것을 알고 이렇게 고백합니다. '주의 여종이오니 말씀대로 내게 이루어지이다'[누가복음1:38] 돌에 맞아 죽어도 순종할 것을 다짐하는 '순교적 헌신의 순종'을 갖고 있었다는 것입니다.

마리아처럼 쓰임 받은 또 하나의 인물이 있었는데 요셉이었습니다. 성경에 보면 요셉을 '의로운 사람'[마태복음1:19]이라고 표현하고 있습니다. 여기서의 '의롭다'라고 하는 것은 율법적으로나 사회적, 도덕적으로 하나님 앞에나 사람들 앞에서도 흠 없이 경건하게 살아가는 사람이라는 것을 의미합니다. 그러한 성품을 지닌 요셉이 마리아가 돌에 맞아 죽지 않도록 고민했는데 단순한 고민이 아니라 '이 일에 대하여 깊이 생각했다'[마태복음1:20]라고 기록하고 있습니다. 다시 말하면 인간의 감정으로 미뤄볼 때 '사람들이 날보고 뭐라 그럴까?'라고 하는 소리에 휘둘리지 않고, 이럴 때 하나님 편에서 '나는 어떻게 하는 게 옳을까?'라고 하는 쪽으로 깊이 생각했다는 뜻입니다. 즉, 인간의 감정대로 치우치지 않고 성령의 감동을 따라 순종했다는 뜻이며, 그 순종이 마리아를 주저하지 않고 아내로 맞이할 수 있게 했던 것입니다.

오늘날도 예수님을 믿는 우리에게 이런 자세가 필요하지 않을까요? 한 여인의 순교적 헌신의 순종과 한 남자의 인간의 감정과 주변에 떠도는 말들에 휘둘리지 않고 오직 성령의 감동에 따라 순종했던 그 믿음처럼 우리도 재림의 예수님이 오시기까지 순교적 헌신의 순종자가 되어 인간의 지식과 감정이 아닌 성령의 감동에 순종하며 살아가는 일꾼이 되기를 주님의 이름으로 축복합니다.

> 대저 하나님의 모든 말씀은 능하지 못하심이 없느니라
> 마리아가 이르되 주의 여종이오니 말씀대로 내게 이루어지이다 하매 천사가 떠나가니라
> [누가복음1장37-38절]

[요한계시록 3장 20절]

믿음의 사람이란?

　믿음의 사람은 예수님을 나의 주인으로 모셔서 사는 사람이라고 생각합니다. 좀 더 구체적으로 표현하면 지금까지는 내가 주인이었던 나의 삶에 예수님을 모셔 들여 그분을 내 주인으로 삼고, 그분의 명령에 따라 내가 움직여 사는 사람이 믿음의 사람인 것입니다. 예수님이 말씀하십니다. '누구든지 내 음성을 듣고 문을 열면 나는 그에게로 들어가 그로 더불어 먹고, 그는 나로 더불어 먹으리라'[요한계시록3:20]

　예수님은 지금도 문밖에서 우리를 두드리고 계십니다. 우리는 마음의 문을 열고 그분을 맞아들이면 되는 것입니다. 예수님을 믿는 사람, 믿음의 사람은 예수님을 나의 주인으로 모셔 들이는 것부터가 시작인 것입니다. 그리고 예수님을 나의 주인으로 모셨다면 이제 그분으로 인하여 나의 생활이 움직여지는 것입니다. 모셔 들인 것으로 끝나서는 안 됩니다. 우리가 흔히 예수님을 '주님'이라고 말합니다. 주님이라는 뜻은 '주인님'을 말하는 것입니다. 주인님을 모셨다는 것은 내 맘대로 사는 것이 아니라 주인이 하라는 대로 살아야 하는 종의 의무가 부여되는 것입니다.

　우스갯소리로 가끔 드는 예화가 있습니다. 어느 모임에서 한사람이 술을 마시게 되었는데, 술잔을 앞에 놓고 주인께 여쭤보는 것입니다. '주인님, 지금 술을 마셔야 될 자린데 이걸 마실까요? 마시지 말까요?', '너 그거 한 잔 마시고 코가 삐뚤어져서 잘래?' 이러면 마시지 않으면 됩니다. 그러나 주인이 '목마른데 마셔라!' 그러면 마셔도 되는 것입니다. 그리고 담배를 피우고 싶을 때도 '주인님, 담배 한 대 피워도 될까요? 라고 여쭤봤을 때 주인이 '그래 편하게 한 대 피워 봐라' 그러면 피워도 되는 것이지만, 주인이 '안된다!

여러모로 너에게 유익이 없느니라' 하시면 안 하면 되는 것입니다.

우리의 삶 속에 모든 결재권이 주인에게 있음을 믿고, 나의 삶을 주인이 원하는 방향으로 살아가는 것 그것이 '믿음의 삶'입니다. 믿음의 사람은 그분이 준비한 집으로 인도함을 받기 때문에 인도하시는 대로 천국에 소망을 두고 사는 자가 믿음의 사람입니다. 그렇다면 당신은 믿음의 사람이라고 생각하나요? 그렇다면 내 안에 주님이 계신지를 다시 확인하고, 오늘 내가 살아가는 모든 삶이 그분이 원하시는 삶을 살고 있는지, 아니면 내가 원하는 길로 가고 있는지 다시 한번 점검해 보면 좋겠습니다. 우리 믿음의 사람이 갖고 있는 소망은 이 땅이 아니고 저 하늘나라입니다. 이 세상이 아니고 다음 세상입니다. 내가 다음 세상을 준비하는 삶을 살고 있는지 돌아본다면 믿음의 사람인지 아닌지가 정의되는 시간이 될 거라고 생각합니다.

주님이 내 안에 들어오셔서 나를 주관하시고, 나는 그분의 지시에 따라 한 걸음 한 걸음, 믿음의 길을 걷고 있는 줄로 믿으며 오직 천국의 소망으로 살아가기를 주님의 이름으로 축복합니다.

> 볼지어다 내가 문 밖에 서서 두드리노니 누구든지 내 음성을 듣고 문을 열면
> 내가 그에게로 들어가 그와 더불어 먹고 그는 나로 더불어 먹으리라
> [계시록 3장 20절]

[창세기 22장 11-12절]

한 단계 더 나아가라

성경에는 예수님께서 행하신 많은 기사와 이적이 기록되어 있습니다. 그중에 예수님의 첫 번째 기적이 요한복음 2장 1-12절에 나옵니다. 갈릴리 인근의 '가나안'이라는 마을에 혼인 잔치에서 포도주가 떨어져 곤란한 처지가 되었을 때 예수님께서 물로 '포도주'를 만드신 것이 첫 번째 기적이었습니다. 본문에 등장하는 사람들은 예수님과 예수님의 어머니, 그리고 예수님의 제자들과 하인들이며 이 포도주 사건에 등장하는 인물들이 어떻게 기록되었는지 주목해야 합니다. 말씀을 보면 하인들은 '알더라'[요한복음2:9] 알았다고, 제자들은 '믿으니라'[요한복음2:11] 믿었다고 기록되어 있습니다. 다시 말하면 똑같은 시간과 장소에서 예수님께서 행하신 기적을 보고 누구는 그저 '아는 믿음'에서 끝나고 누구는 '믿는 믿음'으로 받아들인다는 것입니다. 여러분은 예수님을 '알고' 사나요? 아니면 예수님을 '믿고' 살아가나요? 어느 쪽의 믿음인지 정의만 돼도 우리의 믿음은 훨씬 더 확신을 갖고 살아갈 수 있지 않을까 생각을 합니다.

예수님의 첫 번째 기적을 통하여 강조하고 싶은 것이 있습니다. 포도주가 떨어졌을 때 예수님은 별다른 말씀 없이 그저 그 '빈 항아리에다가 물을 가져다 부으라'고 하셨습니다. 그리고 '채운 물을 떠서 사람들에게 주라'고 하셨습니다. 그런데 하인들이 시키는 대로 순종하며 물을 떠다 빈 항아리에 부었고, 그 채워진 항아리에서 물을 떠서 연회장에 갖다주었을 때 물이 '포도주'가 되는 놀라운 역사가 일어났던 것입니다.

그것을 본 하인들은 그것이 어떻게 된 사건인지 알았고, 제자들은 믿었다는 것입니다. 여기서 '믿었다!', '알았다!'라고 하는 것이 왜 중요할까요?

아브라함을 믿음의 조상이라고 합니다. 믿음의 조상이라고 하는 아브라함에게 하나 더 얹어서 '순종의 조상'이라고 말을 하고 싶습니다. 왜냐하면 아브라함은 믿는 것으로 끝나는 것이 아니라, 하나님의 말씀이 인간의 상식으로 와 닿지 않을 때에도 자기 상식을 포기하고, 하나님의 말씀에 순종하는 믿음으로 살았기 때문입니다. 그래서 하나님이 그의 믿음을 '의'로 여겼다는 것입니다. 기적은 전능자가 행하십니다. 그런데 순종자를 통하여 일하신다는 것을 기억해야 합니다.

예수님을 알고만 있는 자가 되지 말고 믿는 자가 되어야 합니다. 믿기만 하는 자가 아니라 순종까지 따르는 행함이 있을 때 주님이 기적을 행하실 줄로 믿습니다. 지금도 세계 안팎에서 여러 가지로 어렵다고 합니다. 그렇지만 분명한 것은 전능자 되시는 하나님은 오늘도 우리가 주님께 굴복하고 순종하며 살아가기를 원하신다는 것입니다. 많은 주의 사자와 주의 성도들이 말씀에 입각하여 온전히 주님 앞에 굴복하고 순종할 때 하나님은 지금도 그 기적을 이 민족과 우리 교회들을 통하여 이루어 가실 것이라 확신합니다. 알지만 말고!, 믿으며 순종까지 하여 주님의 충실한 증인으로 살아가기를 주님의 이름으로 축복합니다.

> 여호와의 사자가 하늘에서부터 그를 불러 이르시되 아브라함아 아브라함아 하시는지라 아브라함이 이르되 내가 여기 있나이다 하매 사자가 이르시되 그 아이에게 네 손을 대지 말라 그에게 아무 일도 하지 말라 네가 네 아들 네 독자까지도 내게 아끼지 아니하였으니 내가 이제야 네가 하나님을 경외하는 줄을 아노라
> [창세기22장11-12절]

그 수준을 뛰어 넘어라

[사무엘상 15장 22절]

어느 성도와 이런 대화를 나눴습니다.

- 목사님, 성경에 보면 '사르밧' 과부가 나오는데 그 사르밧 과부는 상당히 가난한 사람이 아닙니까? 그런데 어떻게 마지막 양식 한 끼 먹고 죽게 될 형편인 사람한테 남은 양식을 달라고 할 수 있을까요? 그것이 진짜 성령의 감동이었을까요? 아니면 자기 배고픔을 면하고자 하는 그 선지자의 마음이었을까요?

- 집사님, 나도 몰라요. 그러나 분명한 것은 인간의 욕심을 이루려고 했던 것은 아니라고 생각합니다. 그런데 질문의 정확한 뜻이 뭔가요?

- 성경을 읽다가 선지자가 양심이 없는 것인지 아니면 하나님이 인정이 없으신 것인지 헷갈려서요.

- 그래요! 선지자가 성령의 감동으로 말을 했다고 하더라도 인정머리가 없어 보일 수도 있겠지요. 하지만 목회를 하다 보면 인정을 넘어, 성령의 감동으로 가야될 때도 있습니다. 물론 그렇게 가다 보면 사람 편에서는 인정머리 없어 보이는 목사일 수도 있겠지요. 그런데 중요한 것은 사람의 보편적인 입장에서 생각하기 보다는 하나님의 감동이 앞서야 될 때도 있다는 것을 깨달은 거죠. 정말 놀라운 것은 사람의 감정이 움직일 때는 기적이 안 일어나지만, 성령님께서 주시는 감동대로 움직일 때는 '기적'이 일어나는 것을 보게 됩니다. 분명한 것은 사람이 옳다고 생각하는 것이 하나님의 생각에서 옳은 것이 아니듯, 사람의 방법이 꼭 옳은 것이 아닐 것입니다. 그러니 신앙생활 할 때 너무 사람의 생각에 머물지 말고 하나님의 말씀을 있는 그대로 순수하게 믿어 보십시오. 분명한 것은 하나님의 말씀대로 순종하며 가다 보면 기적은 일어납니다. 인간의 이성으로 판단하기 힘들어도 하나님의 말씀에 순종하다 보면 기적이 일어나는 것을 볼 수 있습니다.

신앙생활을 하다 보면 인간의 이성을 넘어 판단하기 쉽지 않을 때가 많습니다. 때로 성령의 감동이 인간의 이성을 앞질러 간다면 그 성령의 감동에 따라 살아가십시오. 내 이성으로 이해가 안 되어도 성령님께서 주신 분명한 감동이라면 순종하며 살아가십시오. 때로는 목회자가 설교 중에 혹은 기도 중에 성령의 감동을 선포할 때가 있습니다. 어쩌면 인간의 생각으로는 이해가 안 되거나 쉽게 납득하기 어려운 문제들도 만나게 될 것입니다. 그러나 분명한 것은 우리의 상식과 인정, 그 수준을 뛰어넘을 때 성령님께서 일하시어 기적이 일어납니다.

사르밧 과부의 입장을 고려한다면 마지막 양식을 먹고 죽어야 될 그 사람을 찾아갔을 때 호주머니에 있는 것을 다 털어 주고라도 그를 살리는 것이 일반적인 인간의 상식입니다. 그런데 하나님은 그 선지자를 통하여 그의 마지막 양식을 얻어먹게 만들지요. 이해가 되지 않을 것입니다. 그런데 결과는 어떠했나요? 인간의 이성적 상식을 뛰어넘을 때, 이해가 안 가는 성령의 감동이라 할지라도 주님 편에서 순종하면 기적은 거기서 일어나는 것입니다.

인간의 이성에 따라 살아갈 것인지, 성령의 감동으로 살아갈 것인지 잘 판단하되 부디 성령의 감동으로 살아가길 소망합니다. 인간의 이성이라는 상식을 뛰어넘기만 하면 기적은 바로 당신의 것이 될 거라 확신합니다. 사르밧 과부처럼 그 수준을 뛰어넘는 기적의 주인공이 되기를 주님의 이름으로 축복합니다.

> 사무엘이 이르되 여호와께서 번제와 다른 제사를 그의 목소리를 청종하는 것을 좋아하심 같이 좋아하시겠나이까 순종이 제사보다 낫고 듣는 것이 숫양의 기름보다 나으니
> [사무엘상 15장 22절]

[요한복음 12장 48절]

함께 두려워 합시다

　신앙생활을 하는 성도들 중에 목사님의 말씀이라면 무조건 순종하며 하나님의 말씀으로 듣고 따르는 성도가 있는가 하면, 어떤 성도들은 그런 순종파 성도들을 향해 '그래, 목사 똘마니나 해라 목사가 무슨 하나님이냐, 목사를 무슨 우상 섬기듯 해!' 이렇게 야유를 보내는 성도들이 있습니다. 당연히 목사는 하나님도 예수님도 아닙니다. 그러나 목회자들은 하나님의 말씀을 전하는 전도자입니다. 그래서 목사가 하나님은 아니지만 목사를 잘 섬긴다거나 목사를 두려워할 줄 안다는 것을 나쁘다고 생각지는 않습니다. 목회자가 하나님의 말씀으로 권면할 때 목회자가 그 말씀대로 100% 살지는 못할지라도 목회자의 입을 통하여 나오는 하나님의 말씀은 목사의 말이 아니라 하나님의 말씀으로 믿고 따를 때 하나님께서 우리에게 은혜를 베풀어 주시는 것입니다.

　목회자는 하나님을 두려워하는 마음이 있어야 하고, 그 목회자를 통하여 선포되는 하나님의 말씀을 듣는 성도들은 목사를 두려워할 줄도 아는 것이 좋은 믿음이라고 생각합니다.

　믿음이 한창 뜨거울 때는 목사님 입에서 선포되는 말씀을 두려워합니다. 그런데 믿음이 식으면 목사의 말은 커녕 천사가 말을 해도 듣지 못하는 것은 왜 그럴까요? 우리의 마음이 그만큼 간사하기 때문입니다. 믿음이 좋고 한창 뜨거울 때는 목사님의 말씀을 하나님의 말씀으로 '아멘'하고 받지만 시험이 들고 나면 목사님의 말씀은 들리지 않고 '왜 예수 믿는 나에게 이런 고난을 당하게 하냐'며 불평하고 원망하는 것이 우리 인간의 본모습입니다.

교회에 처음 나갔을 때, 또는 목사님의 설교를 처음 들을 때, 마음에 찔리는 얘기가 나오면 우리는 어떤 반응을 보였습니까? 은혜가 충만하면

- 아멘! 아멘!

하며 주체하지 못하는 눈물을 흘리며 목사님의 말씀을 통해 나를 깨닫게 하시니 감사로 회개한 적이 있지 않습니까? 하지만 내 마음에 뭔가 꼬인 것이 있을 때는 눈을 내려깔고 속으로 이렇게 말하지 않았습니까?

- 그래, 때려라 때려!, 까라 까!

나를 깨우치는 소리가 아니라 목사님이 나를 때리는 소리로 들린다는 것입니다.

목사는 하나님을 두려워하고 하나님 편에서 온전히 하나님의 말씀만 전하는 신실한 주님의 전도자로 살아야 합니다. 성도는 그러한 목사님을 두려워할 줄 아는 마음과 자세로 살아가야 하는 것입니다. 우리 함께 하나님을 두려워하는 마음으로 살아갈 때 그 안에 승리하는 삶이 이어지기를 주님의 이름으로 축복합니다.

> 나를 저버리고 내 말을 받지 아니하는 자를 심판할 이가 있으니
> 곧 내가 한 그 말이 마지막 날에 그를 심판하시리라
> [요한복음12장48절]

[창세기 22장 16-18절]

그 예배 후에

아브라함에게 '모리아산'에서 이삭을 바치라고 하신 하나님을 잔인하신 것 같다고 생각하는 사람들이 있습니다. 그러나 하나님이 아브라함에게 이삭을 바치도록 요구는 했지만 이삭을 죽이지는 않으셨습니다. 아브라함이 이미 이삭을 죽인 것으로 받아들이고 그의 순종적 행위를 인정하셨기 때문에 하나님께서는 아브라함에게 이렇게 약속하셨습니다. '내가 네게 큰 복을 주고 네 씨가 크게 번성하여 하늘의 별과 같고 바닷가의 모래와 같게 하리니 네 씨가 그 대적의 성문을 차지하리라 또 네 씨로 말미암아 천하 만민이 복을 받으리라'[창세기22:17-18] 이 약속은 줄기를 타듯 그 후대를 통해 내려와 그의 가문에서 예수님이 태어나셨고, 예수님을 통하여 온 천하 만민이 구원을 받는 놀라운 축복의 역사로 이어지게 되었습니다.

아브라함이 이러한 축복을 받게 된 이유는 '네가 아끼지 않고 드렸기 때문이다'[창세기22:16]라고 하셨습니다. 다시 말해 하나님은 복을 주시되 그냥 주지는 않으신다는 것입니다. 신앙인들이 오해하는 것 중 하나가 '복은 달라고 하면 오는 것'이라고 착각하는 것입니다. 절대 그렇지 않습니다. 심은 대로 거두고, 행한 대로 거두는 것이지 절대로 공짜는 없습니다. 하나님이 아브라함에게 큰 복을 주신 이유는 두 가지입니다. 첫 번째는 아끼지 않고 하나님께 드렸다는 것과 두 번째는 하나님의 말씀을 지켜 따라 행하였기 때문입니다. 그 예배 후에 아브라함은 놀라운 축복을 받았습니다. 우리는 복을 달라고 요구만 하는 신앙생활을 하는 건 아닌지 돌아보아야 합니다. 혹시 기복신앙으로 가고 있는 것은 아닌지, 하나님이 어떤 믿음을 원하고 계신지 돌아보아야 합니다. 복을 달라고 하는 신앙에서, 하나님을 기쁘시게 하는 신앙으로 바꿔 가야 합니다. 우리가 자식을 키우다 보면 아이들이 예쁜 짓 하면 달라고 안 해도 호주머니에 손이 저절로 들어가 속에 있는 돈이 자식들에게 돌아갑니다. 하지만 막상 주려고 준비했다가도 얄미운 짓을 하면 뒤로 감춰 놓거나 마지못해 억지로 주지 않습니까?

하나님의 창고가 열릴 수 있고, 하나님의 주머니에 들어간 손이 후하게 주실 수 있도록 우리는 하나님 보시기에 예쁜 삶을 살아가야 합니다. 그렇다면 어떻게 살아야 복을 받을 수 있을까요? 내가 먼저 주님을 위해 아낌없이 드려야 합니다. 주님께 달라고 하기보다는 주님이 원하시는 삶으로 살아가는 것입니다. 내 몸과 마음을 드리고, 시간과 재능도 드려 하나님이 원하시는 때에 하나님의 말씀에 따라 순종하며 살아간다면, 아브라함에게 주셨던 자자손손이 잘 되는 축복이 오늘 우리에게도 허락될 줄로 믿습니다.

'기도로 필요한 것은 구하라!' 여기서 동사 '구하다'를 사전에서는 '필요한 것을 얻으려고 찾다. 다른 사람의 이해나 동의, 도움을 얻으려고 하다' 이렇게 정의하고 있습니다. 기도만 하는 것으로는 구할 수 없습니다. 다른 사람, 즉 하나님의 이해나 동의, 도움을 받기 위해 하나님의 뜻대로 살아갈 때 그분께서는 우리에게 필요한 것을 주십니다. 기도를 통해 나의 삶이 주님이 원하시는 삶으로 변할 때 하나님께서는 우리가 알지 못하는 크고 놀라운 축복을 허락하십니다. 이 신령한 복의 주인공이 되기를 주님의 이름으로 축복합니다.

> 이르시되 여호와께서 이르시기를 내가 나를 가리켜 맹세하노니 네가 이같이 행하여 네 아들 네 독자도 아끼지 아니하였은즉 내가 네게 큰 복을 주고 네 씨가 크게 번성하여 하늘의 별과 같고 바닷가의 모래와 같게 하리니 네 씨가 그 대적의 성문을 차지하리라 또 네 씨로 말미암아 천하 만민이 복을 받으리니 이는 네가 나의 말을 준행하였음이니라 하셨다 하니라
> [창세기22장16-18절]

[출애굽기 40장 36-38절]

우리 하나님은요

출애굽기 13장을 보면 하나님이 우리에게 어떤 분이신지 아주 정확히 말씀하고 있습니다. '여호와께서 그들 앞으로 가시며 낮에는 구름기둥으로 밤에는 불기둥으로 그들에게 비추사 낮이나 밤이나 진행하게 하시니' [출애굽기13:21] 이스라엘 백성들을 애굽에서 인도하여 홍해를 지나 광야로 들어가게 하셨을 때 이렇게 인도하셨습니다. 핵심은 '여호와께서 그들 앞으로 가시며 우리를 인도하고 계신다'는 것입니다. 우리의 하나님은 우리보다 먼저 앞서가시고 나보다 나의 갈 길을 먼저 아시고, 더 잘 인도해 가시는 분이십니다.

우리가 신앙생활을 하면서 너무 서두르는 것 때문에, 너무 조급한 마음 때문에 실패하거나 실수한 적은 없었습니까? 만약에 그러한 일로 실수했었다면 우리는 하나님의 말씀보다 내가 너무 앞서갔고, 기도보다 먼저 서둘러 결정했기 때문에 그랬을 것입니다.

"말씀보다 앞서지 말고, 기도보다 서둘지 말자!"

하나님이 가라 하면 가는 것이고, 하나님이 멈추라면 멈추면 되는 것입니다. 우리가 잘 알고 부르는 찬양이 있습니다. '주님 말씀하시면 내가 나아가리다. 주님 뜻이 아니면 내가 멈춰 서리다'라는 노랫말처럼 주님 말씀에 따라 나아가고, 주님의 뜻이 아니라면 우리는 멈춰야 하는 것입니다. 하지만 우리의 생활은 어떠한가요? 찬양은 입술로만 부르고, 삶은 내 뜻과 내 생각대로 행동하며 살아가고 있으니 실수가 많을 수밖에 없는 것입니다. 주변의 후배 목사님들이 이렇게 물어올 때가 있습니다.

- 목사님, 사십여 년을 단 한 주도 쉬지 못하고 부흥사역을 다니다가 코로나

때문에 꼼짝도 못하고 계시니 얼마나 답답하셔요?
그러면 이렇게 말을 합니다.
- 막히면 멈추고, 뚫리면 가!

세상에서 제일 편한 방법은 하나님이 어떤 분이신가를 알고, 하나님의 뜻에 순응하고 따라가면 되는 것입니다. 구름기둥이 멈추고 불기둥이 멈추면 하나님이 멈추라는 사인으로 알고 멈추면 되고, 구름기둥과 불기둥이 움직이면 하나님께서 가라는 사인인 줄 알고 또 출발하면 되는 것입니다. 요즘 눈에 보이지도 않는 작은 바이러스로 온 지구촌이 시끄럽고 우리의 일상을 멈추게 하였습니다. 그러나 분명한 것은 이 코로나 시대에도 하나님의 뜻이 있는 줄로 믿습니다.

하나님은 나를 더 잘 아시기 때문에 때와 장소와 환경에 따라 나를 인도해 가신다는 것을 전적으로 신뢰하고 따라가기만 하면 되는 것입니다. 억지로 살지 말고 순리에 따라 살아갑시다. 고집부리지 말고 순종하며 살아갑시다. 내 고집대로 하다가 넘어지고 쓰려져 만신창이가 되어 다시 돌아오기보다, 나보다 나를 더 잘 아시는 하나님을 신뢰하고, 그분의 인도하심에 따라 살아간다면 그 걸음은 반드시 승리자의 삶을 살아가게 될 것입니다. 말씀보다 앞서지 말고, 기도보다 서둘지 않는 그런 삶으로 살아가기를 주님의 이름으로 축복합니다.

> 구름이 성막 위에서 떠오를 때에는 이스라엘 자손이 그 모든 행진하는 길에 앞으로 나아갔고 구름이 떠오르지 않을 때에는 떠오르는 날까지 나아가지 아니하였으며 낮에는 여호와의 구름이 성막 위에 있고 밤에는 불이 그 구름 가운데에 있음을 이스라엘의 온 족속이 그 모든 행진하는 길에서 그들의 눈으로 보았더라
> [출애굽기40장36-38]

대한예수교 장로회
예복교회

담임목사 소 진 우